·豆豆妈妈系列图书·

# 儿童时间管理训练手册

## 升级版

## 训练手册

### 30天让孩子的学习更高效

钟思嘉　王宏　李飞　雨露◎著

清华大学出版社

北京

## 内 容 简 介

为什么别人刷牙洗脸用几分钟，你的孩子却要用半个多小时？为什么孩子从早上七点就开始写作业，到了晚上十点钟还写不完？为什么家长不断催促他，孩子自己也着急，却仍是快不起来？其实要让"慢性子"的孩子快起来，也不是不可能。只要找出孩子变慢的深层原因，并且让他学会合理利用时间，这些孩子完全可以变得积极起来。

本书根据孩子的心理特点，针对4~18岁孩子提出30天儿童时间管理训练方案。该方案分为四个步骤，简称"一立三高"，分别是建立时间观念、提高做事速度（快）、提高做事准确度（准）、提高做事效率（快而准）。按照"一立三高"的训练流程，帮助孩子制定"三表一录"（时间表、星星表、礼物表、美言录），其核心是把家长的期望转化为孩子的目标，为家长提供儿童时间管理训练的抓手和杠杆，帮助孩子快快乐乐地完成任务，达到家长的期望——搞定一切还能玩！

**图书在版编目（CIP）数据**

儿童时间管理训练手册：30天让孩子的学习更高效：升级版 / 钟思嘉等著. —北京：清华大学出版社，2018（2025.8 重印）

（豆豆妈妈系列图书）

ISBN 978-7-302-50096-4

Ⅰ．①儿…　Ⅱ．①钟…　Ⅲ．①时间—管理—儿童读物　Ⅳ．① C935-49

中国版本图书馆 CIP 数据核字（2018）第 088868 号

责任编辑：杜春杰
封面设计：刘　超
版式设计：楠竹文化
责任校对：赵丽杰
责任印制：沈　露

出版发行：清华大学出版社
　　　　　网　　址：https://www.tup.com.cn, https://www.wqxuetang.com
　　　　　地　　址：北京清华大学学研大厦 A 座　　邮　　编：100084
　　　　　社 总 机：010-83470000　　　　　　邮　　购：010-62786544
　　　　　投稿与读者服务：010-62776969, c-service@tup.tsinghua.edu.cn
　　　　　质量反馈：010-62772015, zhiliang@tup.tsinghua.edu.cn
印 装 者：三河市东方印刷有限公司
经　　销：全国新华书店
开　　本：170mm×240mm　　印　　张：20.25　　插　　页：1　　字　　数：276 千字
版　　次：2018 年 5 月第 1 版　　　　　　　　印　　次：2025 年 8 月第 15 次印刷
印　　数：118831~119830
定　　价：69.80 元

产品编号：079881-03

# 你再忙，也要为孩子进行儿童时间管理训练

《儿童时间管理训练手册》2015 年 3 月出版以来，近 3 年的时间加印 20 次，畅销 20 万册，获得读者的赞誉，在当当网评论近三万条，好评率 99.9%，大家一致认为本书的方法**简单、实用、具体、可操作、见效快**，为迷茫中的家长提供教育孩子的抓手！

豆豆妈妈团队经过十余年的磨砺，形成了一套专业、系统、实用的儿童时间管理训练方法，简单有效，立竿见影。按照"一立三高"的训练流程（建立时间观念，提高做事速度，提高做事准确度，提高做事效率），把孩子的生活、学习、运动、交友等点点滴滴都具化在"三表一录"（时间表、星星表、礼物表、美言录）中，训练孩子的时间管理、目标管理、绩效管理、情绪管理、交友管理等五大自我管理能力，30 天让孩子的学习更高效！

在帮助很多父母训练孩子时间管理能力的同时，也有很多父母在制定"三表一录"时遇到各种困惑和障碍，如孩子不要红星也不完成任务，孩子刚开始对红星有兴趣但后来没兴趣，孩子不执行时间表，孩子对礼物不感兴趣，孩子总是达不到目标，孩子表现波动很大等，父母非常烦恼并因此产生了挫败感，甚至放弃儿童时间管理训练，贻误孩子成长的关键期。

如果父母制定的"三表一录"是为了让孩子更听话，其实质是"狼追型"教育，违背了儿童时间管理训练的初衷和目标——"驱力型"教育，阻碍"三

表一录"的实施。这些困扰源于父母只见树木不见森林，只关注"时间管理"，忽视了时间管理的主体是"儿童"——忽视了儿童的心理特点和成长规律（更多内容见《儿童时间管理效能手册》）。

有一点需要澄清，"三表一录"只是工具，如果家长内心的理念是"狼追型"，"三表一录"没有好处，甚至有害。家长只有在"驱力型"教育指导下，对自己的期望和教育目标进行分解，找到自己孩子的"最近发展区"，"三表一录"才会起到激励孩子内在动力的作用。

任何有效的"三表"至少要经过 30 天的调整，按照"一立三高"的训练流程才能逐渐形成，网络、书本和他人的"三表"可以作为模板，切忌照抄照搬，不要简单地在这些表的基础上增减，更不要想当然地按照家长的期待制定"三表"，否则可能无效，或者暂时有效而不具有长远性。

因此，制定"三表"最重要的是从第三章的"做好时间日志"开始，即观察记录孩子当下的情况（舒适区），再把父母的期望列出来（潜能区），儿童时间管理训练的目的就是帮助家长在"驱力型"教育理念指导下，克服重重障碍，陪伴、引导、鼓励孩子从舒适区到潜能区积极奋进，健康成长。

为了帮助家长更好地训练孩子的时间管理能力，本书在以下几个方面进行了调整和完善。

（1）强化训练的基础。家长的情绪管理和良好的亲子关系是训练的基础，如果没有达到这个标准，家长就要一边"戒吼"，一边给孩子写 / 说"美言录"，提高自己作为"家长"的掌控力，重塑良好的亲子关系，暂缓制定"三表"。

（2）强化训练的理念。放弃提醒、催促、唠叨、警告、奖励、贿赂等"狼追型"方法，采用从外驱力到内驱力的"驱力型"训练理念，帮助孩子实现从外控到内控，从他律到自律的转变。

（3）强化训练的流程。有了以上的训练基础，按照"一立三高"的步骤，在 30 天的时间内循序渐进地进行训练，为孩子制定"三表"——用"外驱力"

激发孩子的好行为，辅以"美言录"——转化为"内驱力"，并成为习惯，此为"三表一录"；未达到以上标准之前，应采用"一录三表"的顺序训练，先从"美言录"开始，并给出很多参考句型和正面话语。

（4）强化训练的工具。明确"三表"的定义——训练孩子时间管理的工具，就像刀子可以伤人，也可以为我所用，关键是使用工具的人（狼追型？驱力型？）和使用的方法（主观自行制定三表？一立三高？）。

（5）强化训练的效果。每个人都是独一无二的，家长和孩子都有自己独特的性格特点，训练的起点和接受能力各有不同，因此不能一概而论地用单一时间标准来要求所有人；为了保证训练效果，前六章增加了"闯关问答"，帮助读者判断自己是否完成了当下阶段的训练，以及是否达到了进入下一阶段训练的标准。

（6）强化训练的反馈。增加了一章（第七章），分享家长进行儿童时间管理训练的感悟和反馈，包括学习地图、心路历程、纠结痛苦、戒吼感悟、灵魂升华、涕泪交加等，真实地再现了很多家庭的训练情景，仿佛置身其中，身临其境。这些家长都用自己的亲身经历和深刻感悟告诉你——你并不孤独！

毋庸置疑，孩子的幸福是每一位父母的期盼，那就不要停留在提醒、催促、唠叨、抱怨、困惑、愤怒中，而要立即行动起来——戒吼＋美言录。你再忙，也要为孩子进行儿童时间管理训练，不然真的会后悔！

王宏

2018 年 1 月 8 日

## 时间都去哪儿了

自从《时间都去哪儿了》这首歌在 2014 年春晚播出爆红后，朋友聚会谈起时，不少人感伤时间的消逝。事实上，我们都知道时间本身没有意义，因为它并非客观存在，而是人类因生活需要给予主观的意义，也因此才有秒、分、时、日、周、月、年的计算，而钟表正是现代人类为了珍惜时间而发明的。

美国著名的科学家富兰克林说过一句为人熟知的名言："时间就是金钱。"这话提醒我们，只有善用时间的人才会成功。换言之，一个人时间管理的能力高低决定他生活和事业的成败。虽然我们都有相同的时间，但在不同人的身上却有不同的价值，其关键在于有无良好的时间管理。然而，时间管理不是与生俱来的，必须通过学习来获得，且非狭隘地只限在工作、学习方面，而是广义地包含一个人生活的各层面，包括早晚作息、休闲活动、人际交往等，因为今日世界强调的是全人的生涯发展。

在正式介绍时间管理训练课程之前，本书特别用了两章的篇幅写给父母，第一章一方面帮助父母先了解自身的压力和学习减压的方法，使自己能从容地对孩子进行训练；另一方面希望父母多观察、多了解孩子，包括他的日常喜好、对父母的认识、学习习惯等，这是时间管理训练的基础。第二章介绍简单的时间管理知识、训练目标和流程，学习运用资源和方法，以奠定时间管理训练的框架。

　　第三章到第六章是循序渐进的四周训练课程，父母配合一些记录、表单等运用，可以清楚地理解每周训练的目标和理念，并运用具体可行的策略和方法进行训练，相信假以时日就能看到孩子明显的进步。必须要提醒家长们的是，本书虽然强调30天让孩子的学习更高效，但是训练不能操之过急。如果孩子以往没有时间管理的观念和行为，更要有耐心地一步一步训练，而且四周训练后仍然要持续强化和巩固他们的时间管理习惯。

　　第七章分享了家长进行儿童时间管理训练的感悟与学习心得。第八章收集了父母在孩子时间管理训练上的诸多疑惑，除了提供解决问题之道，也提供一些排除可能障碍的方法，因此父母在训练过程中有不顺利或困难时，不妨先阅读本章相关的问题与解答。第九章呈现10个时间管理训练的成功案例，其目的除了展现训练的有效性，更是给父母建立信心和对持之以恒实践的鼓励。

　　有幸与豆豆妈妈工作室的伙伴王宏、李飞、雨露一起共事多年，合作写书更是一偿多年夙愿。本书的问世也要感谢清华大学出版社的编辑在写作及出版过程中给予的宝贵意见和协助。最后，感谢时间给了我们一个美好的记忆，也提醒父母以身作则地做好自己的时间管理，成为孩子学习的表率。

钟思嘉

2018 年 1 月 18 日

## 时间管理的目标是搞定一切还能玩

人生有三样东西是无法挽留的：生命、时间和爱，你想挽留却渐行渐远。时间留不住，我们唯有用心面对必然消失的每一刻，跟上时间的脚步，珍惜现在，把握未来，学会时间管理，让自己的学习更高效。

记得刚开学时和几个同学聊天，我问他们："开学一周了，觉得怎么样？累吗？"孩子们说："现在刚开学，不累，假期最累了。""啊？为什么啊？"我惊讶地问。

- ❑ "因为假期要上好多课外班，英语、作文、奥数……"
- ❑ "我上完课外班，回家还要写作业、弹琴呢。"
- ❑ "我们每天都很忙，真希望像爷爷奶奶一样，可以痛痛快快地看电视。"
- ❑ "我每天的作业都写不完，所以就慢慢写，反正也没有玩的时间。"

我完全理解孩子们现在的学习和生活状态。对于课外班多的孩子，我们经常会用"赶场"这个词形容。周末时，孩子从早上就开始奔波。奥数班结束后，中午稍微休息吃点东西就要赶去上剑桥英语。英语课结束后，可能还要赶着去上游泳课。第二天，上午安排孩子上钢琴课，然后开始写作业，为周一上学做准备。本来应该休息的周末，孩子比平常上学还忙。我曾经见过一个女孩，她周末两天要上 7 个课外班，忙得连吃饭都在车上快速完成，父母更是专职司机。

对于现在的应试教育，家长应对的方法就是赶场似的给孩子报课外班。大家都希望孩子多学一点，不要输在起跑线上。因此很多家长认为，多上课外班可以提高孩子的学习成绩。殊不知，很多孩子因为课外班有家长陪伴，不能偷懒，但因为超负荷的学习，他们选择在平时上课时"偷懒"，注意力不集中、发呆发愣，甚至调皮捣蛋等。久而久之，他们不再珍惜时间，更谈不上时间管理，形成了做事拖拉无效的行为习惯，必将影响孩子未来的工作和生活质量。

### 学会时间管理有助于提高孩子的主动性

不能有效管理时间的孩子通常都需要家长盯着学习，而且孩子在做作业时会玩尺子、橡皮等。这样盯出来的孩子会出现"学习不主动"的问题。相比之下，孩子如能从小养成时间管理的习惯，他会把写作业、学习当作一个目标来完成。自己对学习负责，能够按照预定的时间或者提前完成学习任务，孩子的成就感得到满足，自信心也将得到很大提高。

有个磨蹭的孩子，以前回家后先喝水、小便、看电视等，到写完作业要用 5 个小时，不仅耽误睡觉，而且学习成绩也不好。学习时间管理后，他回家喝完水就立刻开始写作业，17:00 时就已经完成了两项作业。吃晚饭前又写完一项。19:50 作业就全部写完了。从 19:50 开始到 21:30 都是孩子的自由活动时间：运动、游戏、看电视、亲子沟通等。21:20 的时候孩子说："今天晚上的时间怎么这么长啊。以前这时我还没写完作业呢，今天我都玩了好长时间了。"快乐之情溢于言表。

### 学会时间管理能够提高孩子的自控能力

学习和完成作业都是需要目标感和自控力的事情，学会时间管理能够提高孩子的目标感和自控能力。如果孩子没有时间观念，没有学习时间管理，他会做事磨蹭，注意力很容易分散。

例如明明正在写作业，突然家里的门铃响了，他马上就要从屋里伸出头看看，打听是谁来了。相比之下，能够对时间进行管理的孩子会规划学习任务，按优先顺序排列、预测时间并在实施过程中想方设法赶时间完成目标。

## 时间管理是一种习惯

曾经与一位资深老师讨论孩子学习习惯的问题，我们当时的讨论直到今日仍记忆犹新："我们学校的孩子入学时都进行了智商测试，孩子们的智商都没有太大区别，基本都是正态分布。慢慢你就发现孩子们一、二年级时一个班里分数也就是 90 分和 100 分的差别。可是，到了孩子们五、六年级时，一个班里谁学习好、谁学习不好的差别就出来了，会是 70 分和 100 分的差别。"

这几年孩子们的智商没有发生什么变化，差别就是孩子们的学习习惯，会不会管理时间、上课会不会听讲就决定了学习是否有效率，成绩是否理想。低年级写作业磨蹭的孩子，到了四年级时，把学校布置的作业写完就已经很晚了，家长根本没有时间给孩子增加课外的知识。

如果孩子学习效率低下，将形成恶性循环：上课注意力不集中，回家不会写作业或完成作业的准确率不高；家长讲题，指出错题，孩子再改错。这样看来，如果家长能够从小培养孩子时间管理，孩子才能更高效地学习，即上课认真听讲，回家专心写作业，考试快速答题并留出更多时间自己检查，最终考出理想成绩。

总之，我们都知道时间本身是无法管理的，它不会因个人的意愿而稍作停留；我们也知道，上天是公平的，每个人的时间是一样的，但是我们可以通过管理我们和时间的关系而有万千差异。管理好自己和时间的关系，不是为了做更多的事、更加忙碌，而是为了有足够的时间享受生活，让自己过得既充实又舒畅。

　　正如荷兰的未来学者、作家与演讲家巴卡斯所说的："时间管理最重要的目的是创造更多的休闲时间。"对于孩子来说，时间管理的目标是"搞定一切还能玩！"**这里的"一切"是家长期望孩子完成的任务，"玩"是孩子的动力和目标，二者的有机结合，就是本书的核心。**

# 目 录

# 第一章

# 家长压力过大，阻碍时间管理

## ❁〜 一、致家长的一封信 〜❁

亲爱的父母亲：

你们好！欢迎你们来到豆豆妈妈工作室，作为父母，我们都是"无证上岗"，但是我们不能认为"无师自通"，做父母是要学习和成长的。父母要先调整好自己，让自己先成长、成熟，然后再心平气和地带孩子。

"父母"是你这辈子最重要的事业。你有了孩子，不仅现在觉得可爱，将来还要看着他成功，你的心里才会高兴。否则，你的后半生，看着这个孩子到社会上出现了问题，你就会比较痛苦，也可能会对自己的"父母"角色没有承担好而感到内疚。

那就和我们一起帮助孩子学习时间管理，请你跟随我们的指导和表格，从第1天到第30天循序渐进地完成。请你每天都在相应的表格中填写完成情况，最后在总表中进行总结。

也许你会觉得非常麻烦，尤其是看到孩子磨蹭拖拉、粗心大意、注意力不集中等行为，多次提醒无效时，真想大吼一声或打他一顿，让孩子立即乖乖听话。这些方法你已经用习惯了，驾轻就熟了，几乎是自动化的反应。

但是当你看到孩子一次次地含着眼泪、撅着小嘴写作业时，当你和孩子一次次重演这种家庭战争时，当你一次次对自己的方法苦恼不已、疑惑重重时，当你发出"我和孩子只要不谈学习和作业就非常好"的感慨时，你需要的是《儿童时间管理训练手册——30天让孩子的学习更高效（升级版）》，帮你从根本上彻底解决这个难题！

随着这些表格的完成，不仅孩子的时间管理能力能得到训练和提升，你也将收获一份作为父母的幸福感！

坚持！加油！豆豆妈妈和你在一起！

更多家庭教育信息请关注公众号：豆豆妈妈儿童时间管理（doudoumama2004）。

豆豆妈妈

## 二、孩子档案

请你**独立（不要询问孩子）**完成孩子以下的信息，这非常重要！

```
    姓名：
    昵称：
    性别：
    生肖：
    身高：
    体重：
    出生日期：
    最喜欢的课程：
    最喜欢的老师：
    最喜欢的颜色：
    最尊敬的人：
    最喜欢的家庭成员：
    最要好的朋友：
    最喜欢的一句名言：
    最喜欢的诗：
    最喜欢的歌：
    最喜欢的明星：
    最喜欢的运动：
    最喜欢的电影：
    最喜欢的动画片：
    最喜欢的卡通人物：
    最喜欢的乐器：
```

当你的眼睛一行行扫描以上问题时，是否发觉很多问题都无法回答，或者你的回答多数是"不知道、不确定、不清楚"？你的内心是否开始有种异样的感觉，仿佛刹那间不敢肯定地说"我很了解我的孩子"了？是否有种莫名的压力油然而生？

是的，我们常常认为自己非常了解孩子，认为自己的想法和做法都是对孩子最好的，我们常常在与孩子的沟通中因不畅引发冲突，尤其是看到孩子磨蹭拖拉、粗心大意、注意力不集中时，这种摩擦几乎每天都会发生。这是否和我们常常误以为自己非常了解他们有关？是否和我们常常不被觉察的压力有关？是否和我们没有找到有效教育孩子的方法有关？

我们非常希望把自己的经验传递给孩子，让他们提高效率，少走弯路，但是我们却因为不了解他们，甚至不了解自己，而采用了不恰当的方法，结果事倍功半——不仅孩子没有学到我们的经验，而且我们还失去了亲子关系，得不偿失。

就让我们踏上时间管理的旅程，从现在开始，从了解自己、了解孩子开始吧。

首先你可以写下自己的感觉，包括你的压力，帮助你静下心来，尽可能排除一切干扰因素，专注于即将开始的训练。注意：把你的感觉、思考、醒悟写下来，这很重要，请不要一带而过！

> ❧ 我的感觉 ❧

## ✦ 三、家长压力自检 ✦

### （一）为什么要做压力自检

在这个充满竞争的时代，为人父母者，谁没有生活的压力？父母自己是否成熟，直接影响教育子女的质量。喜怒忧思悲恐惊，都是自然送给人类的礼物。**情绪不分"好情绪"与"坏情绪"，烦恼也是我们人生的伙伴。**如果你可以这样想一想，我选择了婚姻，就等于我选择了婚姻给我带来的烦恼；我选择了要孩子，就等于选择了抚养孩子成长的烦恼，你可能就不那么急，不那么生气，变得更有智慧并能认识到情绪控制的重要性。

媒体上时有报道，说某个家长把孩子打死了或打伤了，那么这个父亲或母亲是天生的坏爸爸或坏妈妈吗？当然不是。他们在不发脾气时对孩子是很好的，对孩子的生活照顾得无微不至，打完孩子以后他们也非常后悔。很多家长告诉我，打完孩子后，经常后悔。尤其到了晚上，看着孩子熟睡的样子就像小天使，真不明白自己怎么下得去手。平常那么疼爱孩子的爸爸妈妈为什么会做出让自己后悔的事情呢？**用心理学的话说，这些家长的理智已经被情绪控制了，不是他来管理、控制情绪，相反他被情绪控制，情绪占了上风。**

**当我们进行压力自检时，就是给情绪找个出口。**情绪需要流动，人不能总停留在一种情绪里面，当压力比较大，心里很烦闷时，要给自己的情绪找个出口，别把气撒在孩子身上。

父母进行压力自检，学习情绪管理，对于孩子建立自信也有帮助。孩子年龄小，不知道爸爸妈妈为什么高兴、为什么不高兴，他会觉得是他惹得爸爸妈妈不高兴，会产生我是一个惹麻烦的孩子、我是一个笨孩子的自卑心理。很多这样的信息收录到孩子的大脑中，孩子会形成一些对自己的负面看法，在他的成长过程中，会对他造成不良影响。爸爸妈妈不高兴，孩子会处于自我责备的状态中。这是我们要学习情绪管理的一个很重要的原因。

还有就是父母的情绪很容易被孩子学去。一名23岁的年轻人说，他在一次情绪爆发时，他爸爸心脏病发作去世了，他总认为是他把爸爸气死的，非常内疚。他说爸爸是个特别暴躁的人，经常打他和妈妈，他总想长大后一定不要成为那样的人。但他从小在爸爸身上学会了这种处理情绪的方法，长大后他的脾气也非常暴躁，打他爸爸，最后造成了爸爸心脏病发作去世的悲剧。有的家长生气时口不择言，什么都敢说；有的家长生气时非常暴力，劈头盖脸就打骂孩子，这样的情绪发泄方法孩子都会学到的。**学习控制情绪，受益的不只是我们，还有我们的孩子。**

## （二）压力测验

这里有 30 道简单的问题，能粗略地估计你目前感受到多少压力，请你以最近六个月的生活情形来回答这些问题。不要在任何题目上花太多时间，凭直觉回答即可。

如果大致符合，记 1 分；如果没有，记 0 分，全部完成后计算自己的分数。这个测试只是帮助你了解自己的压力，不是专业的压力测试，分数和解释仅供参考。如果你有进一步的需要，可以咨询专业机构，获取更多帮助。

| 题　　目 | 分　　数 |
|---|---|
| 1. 你常感到让自己不舒服的紧张吗？ | |
| 2. 你常看周遭的人不顺眼吗？ | |
| 3. 你对自己的婚姻或感情生活感到不满吗？ | |
| 4. 你常有睡不着觉或失眠的情状吗？ | |
| 5. 你觉得生活中充满无力感吗？ | |
| 6. 周遭有许多人常干扰或激怒你吗？ | |
| 7. 你常吃糖果或甜食吗？ | |
| 8. 你常有不想吃饭的情况吗？ | |
| 9. 你抽烟或喝酒（咖啡）的量越来越多吗？ | |
| 10. 你发现要集中精神在工作上有困难吗？ | |
| 11. 你经常感到腰酸背痛吗？ | |
| 12. 你随手放的东西，经常过不久就忘记放在哪里吗？ | |
| 13. 你对一些重要的事情（如约会、缴贷款）容易忘记吗？ | |
| 14. 你上洗手间的次数增多了吗？ | |
| 15. 有人说你气色不太好吗？ | |

续表

| 题　　目 | 分　　数 |
|---|---|
| 16. 你常和他人有言语或意见上的冲突吗？ | |
| 17. 你常不止一次感冒生病吗？ | |
| 18. 你在身体或精神上常感到疲劳吗？ | |
| 19. 你常有作呕或者想吐的感觉吗？ | |
| 20. 你几乎每天都觉得轻微的头痛和眩晕吗？ | |
| 21. 你常有胃部翻搅的感觉吗？ | |
| 22. 你总是在匆匆忙忙地赶时间吗？ | |
| 23. 你常被一些事情烦恼或困扰吗？ | |
| 24. 你常觉得自己不开心或不快乐吗？ | |
| 25. 你常不想上班吗？ | |
| 26. 你的手机 24 小时不关机吗？ | |
| 27. 你度假或出差时带笔记本电脑吗？ | |
| 28. 你度假或出差时不断打电话回办公室或家里吗？ | |
| 29. 你每天到办公室第一件工作是查看有无电子邮件吗？ | |
| 30. 你常检查自己手机里的微信吗？ | |
| 分数合计 | |

现在请对比一下自己的分数，看看自己的压力值在什么水平。

| 1～9 分 | 你在承受轻度的压力 |
|---|---|
| 10～18 分 | 你的压力已经达到中等水平，你需要关注自己的压力，开始实施制订减压计划 |
| 19～30 分 | 你正在承受着高度的压力。请你注意，你急需减压。请你务必寻求专业的帮助 |

## （三）怎么减轻压力

　　一位讲师正在给他的学生讲课，课题是压力的管理。他举起一杯水，然后对他的学生发问："你认为这杯水有多重？"

有位学生回答得很精妙："这要看你将它拿了多久。"

"如果你将它拿起一分钟，那就很轻。

"如果你将它拿起一个小时，你就会手臂酸痛，感到很重。

"如果你将它拿起一整天，我们就要为你叫救护车了。

"重量并没有改变过，可是你拿得越久，你就觉得它越重。"如果一直都背负压力，我们迟早会无法继续背负下去，因为压力会越变越重。**我们需要做的是，将杯子放下，休息一会儿，然后再将它拿起。**

听完这个小故事，现在我们看看有什么方法可以把自己的压力杯放下。

### 1. 私人角落

强烈希望各位父母在家里找一个自己的专属角落，这个地方只属于你自己。和家人约定，当你进入这个角落时，就不能被打扰。在这个角落，你可以做各种让自己身体放松的活动，如听轻音乐、做瑜伽、冥想……

### 2. 关照自己

从忙碌中抽身出来，为自己安排时间从事感兴趣的活动，如爬山、游泳、阅读、听音乐……这可以帮助你恢复体力和精力。只有你注意自己的身心健康，才能真正地帮助孩子。利用一些时间好好照顾自己，才会有能力照顾好孩子。

### 3. 寻求社会支持

当父母感觉孤立或超出自己能承受的压力时，如果能寻求家庭成员、朋友的协助会很有帮助。要有至少三个无话不谈的朋友，经常和朋友沟通，可以缓解自己的压力。

### 4. 培养良好的生活习惯

增加运动量、建立健康的饮食习惯、保证充足的休息和定期的放松可以改善一个人对压力的调适能力。每周心率在 120 次 / 分的运动至少三次，每次坚持 30 分钟以上。睡眠要保证 7～8 小时。

### 5. 情绪管理 123

训练自己控制情绪，尤其是生气的情绪，让情绪流动起来。你的情绪出口在哪里？面对孩子，你生气了，马上就要吼出来了，怎么办？**以下几个方法——情绪管理 123，能够有效地帮助家长进行情绪管理（更多情绪管理案例见《和熊孩子过招的心理战术》"情绪篇"）。**

**（1）情绪管理方法 1：灭"火"口诀**

**首先要对自己叫"停"——闭上嘴，迈开腿，然后就要使用灭"火"口诀——一离二吸三凉水（见第二章），之后记录以下的每周"情"雨表，家长可以自己制定一个月的表格，打印并贴在家里的墙上，方便记录。**

**（2）情绪管理方法 2："情"雨表**

可以在表格中画"正"字来记录每天的各种情绪次数，建议请孩子帮忙记录。注意：如果家长和孩子的观点不一致，如家长认为自己生气没发脾气（如讲道理、声音高、说话快等），而孩子认为家长生气发脾气了，**要以孩子的判断为准，**并和孩子约定解决办法。例如，家长和孩子沟通过程中可以约定如下，当孩子说"爸爸 / 妈妈，你发脾气了"，此时家长如果能闭嘴、离开，就不计为发脾气，如果家长继续说下去，每一句话记为一次发脾气，5 句话就是一个"正"字了。这也是帮助家长"戒吼"——"控制冲动，延迟满足"最有效的方法。因为在第五章"家长生气、发脾气、责罚孩子"时要送给孩子红星，以此来补偿孩子"受伤"的心灵，一举两得。

"情"雨表

| 日　　期 | 开　心 | 平　静 | 生气没发脾气 | 生气发脾气 | 生气发脾气打孩子 |
|---|---|---|---|---|---|
|  |  |  |  |  |  |
|  |  |  |  |  |  |
|  |  |  |  |  |  |

续表

| 日　期 | 开　心 | 平　静 | 生气没发脾气 | 生气发脾气 | 生气发脾气打孩子 |
|---|---|---|---|---|---|
|  |  |  |  |  |  |
|  |  |  |  |  |  |
|  |  |  |  |  |  |
|  |  |  |  |  |  |

### （3）情绪管理方法 3：戒吼打卡记录表

家长每天填写戒吼打卡记录表，可以承诺戒吼 7 天，也可以承诺戒吼 30 天。以下是几位家长承诺戒吼 30 天的感悟（更多反馈和分享见第七章）。通过戒吼训练，有的家长第一个 30 天成功戒吼 10 天，第二个 30 天成功戒吼 15 天，第三个 30 天成功戒吼 20 天……也有的家长第一个 30 天就成功戒吼 30 天，第二个 30 天成功戒吼 25 天，第三个 30 天成功戒吼 30 天……无论是一直进步的，还是反复的，都是正常的，因为人的学习和成长就是错误递减的过程（更多内容见《儿童时间管理效能手册》第 3～7 页）。

"11 月 28 日，我承诺戒吼 30 天，第 9 天我对孩子没发脾气。我的感悟是：面对孩子的魔鬼行为，没有找到好的方法前要保持冷静！"

"11 月 28 日，我承诺戒吼 30 天，第 9 天我对孩子没发脾气。我的感悟是：自己的心慢下来的时候，孩子做作业就快了。"

"11 月 28 日，我承诺戒吼 30 天，第 9 天我没发脾气。我的感悟是：其实自己对于孩子一些行为还是很生气，但是自己能闭上嘴，在单独空间看书，让自己冷静下来。对于大人为什么生气，孩子是不知道的，其实好多是我自己想法错了，自己需要调整情绪。"

"11 月 28 日，我承诺戒吼 30 天，第 9 天我还是没忍住，对孩子发脾气。昨天回来时穿着去的校服背心又没穿回来，不知道自己脱哪儿去了。然后问他语文书有没有带回来，他说可能是丢了吧（结果是翻书包，在书包里找到了）。加上周一和上周几次的作业丢三落四，一下子激起了我心中的怒火。生气地不让他吃饭，直接做作业，把之前没做的作业全补上。后来在画四季图的作业时，画得很鲜明，我的心情也平复了许多，表扬他画得很漂亮，四季分明。也缓和了一下关系，后面做作业也顺利完成。"

### 表一：我承诺戒吼 7 天

× 月 × 日
我承诺戒吼 7 天，第 × 天我对孩子发脾气 / 没发脾气。
我的感悟是：

### 表二：我承诺戒吼 30 天

× 月 × 日
我承诺戒吼 30 天，第 × 天我对孩子发脾气 / 没发脾气。
我的感悟是：

　　情绪的控制和管理是一个长期的过程，学会灭"火"口诀至关重要。何时使用这个口诀呢？首先你要学会觉察和辨别出生气的信号，越早觉察，才能越早使用，效果也越好。道理很简单，就如房间着火，越早发现，越早灭火越容易。灭火后，再去寻找避免着火的解决办法，防患于未然。以下的时间管理训练就能起到防微杜渐的作用。

　　常见的生气信号包括身体、想法和行动信号等。例如：

| 身 体 信 号 | 想 法 信 号 | 行 动 信 号 |
| --- | --- | --- |
| 心跳速度是否加快 | 我讨厌我自己 | 殴打 |
| 呼吸速度是否加快 | 我想要伤害我自己 | 大吼 |
| 流汗是否增加 | 我讨厌他 | 哭泣 |
| 脸色是否泛红 | 我要打他 | 威胁 |
| 肌肉是否紧绷 | 我想摔东西 | 坐立不安 |
| 身体有无发热 | 我想骂人 | 发抖 |

### 6. 自我暗示

运用调适性的自我对话暗示自己。例如：

| | |
|---|---|
| 放轻松 | 我可以应付得来 |
| 保持冷静 | 如果我做得不好也没关系 |
| 平静下来 | 我会尽力去做 |
| 做一些深呼吸 | 不要轻言放弃 |
| 我越来越紧张了，放松点 | 没什么大不了的 |

## （四）请选择适合自己的减压方式并记录下来

亲爱的爸爸妈妈们，做完压力测验，看完减压小方法，你的压力水平还有多高呢？现在先为自己减减压吧。请写下你选择的放松减压方式。

> ❧❧ 我的减压方式 ❧❧

## 四、孩子秘密知多少（认识你的孩子）

俗话说"知子莫若父，知女莫如母"，很多爸爸妈妈觉得自己对孩子了如指掌，其实在前面完成孩子档案的过程中，有些父母已经对自己的这个想法大打折扣了。请你根据平时了解的情况填写下表中的各项，填好后暂时放下，并让孩子填写表格"认识父母"（见"五、孩子眼中的父母"），然后进行比对，看看你有几个答对了，几个答错了，就能大致知道你和孩子之间的了解有多少了。

### 认识孩子（由父母回答以下问题，可以分别作答，父母各一张）

| 项　目 | 对 | 错 |
|---|---|---|
| 孩子最好的朋友是： | | |
| 孩子最喜欢的功课是： | | |
| 孩子最喜欢的菜是： | | |
| 孩子最不喜欢的菜是： | | |
| 我最爱看的电视节目是： | | |
| 我最喜欢的菜是： | | |
| 我最不喜欢的菜是： | | |
| 我在家里最经常的话题是：（可选三个）<br>1.<br>2.<br>3. | | |

现在我们再来深入了解一下你的孩子吧！下面有 30 个问题，你试着回答，可以帮助你进一步了解你的孩子。答完后与孩子核对是否正确。

1. 孩子最尊敬的老师是哪一位？ _____
2. 孩子最好的朋友是谁？ _____
3. 孩子最崇拜什么样的人？ _____
4. 孩子最看不起什么样的人？ _____
5. 孩子最听谁的话？ _____
6. 孩子最喜欢哪一位亲戚？ _____
7. 孩子最喜欢哪一门功课？ _____
8. 孩子最不喜欢哪一门功课？ _____
9. 孩子对哪种动物、植物感兴趣？ _____
10. 孩子在什么情况下最容易撒谎？ _____
11. 孩子最爱看哪一类电视节目？ _____
12. 孩子最爱玩什么游戏？ _____
13. 孩子课外喜欢看哪一类书？ _____

14. 孩子向往什么职业？ _____

15. 孩子认为什么职位没意义？为什么？ _____

16. 孩子敢于为自己受到的委屈而辩护吗？ _____

17. 什么事情最容易使孩子生气？ _____

18. 孩子敢于当面批评父亲吗？ _____

19. 上学期，孩子最遗憾的是什么事？ _____

20. 上学期，孩子最高兴的是什么事？ _____

21. 孩子希望星期日最好怎样度过？ _____

22. 孩子爱干哪种家务？ _____

23. 什么事情使孩子最着迷？ _____

24. 最近，老师对孩子总的看法是什么？ _____

25. 孩子最突出的优点、缺点是什么？ _____

26. 孩子最爱吃什么？最不爱吃什么？ _____

27. 孩子对家庭的最大抱怨是什么？ _____

28. 家庭之外对孩子生活影响最大的是谁？ _____

29. 在学校里，孩子是否感到自己被其他孩子喜欢？ _____

30. 在孩子所做的事中，他最感到自豪的是哪一件？ _____

**每题 1 分**

如果你得到 25 分以上，就可以说你很了解你的孩子。

如果你得到 14～25 分（包含 25 分），就可以说你比较了解你的孩子。

如果你只能得到 13 分以下，就可以说你不太了解你的孩子。

各位爸爸妈妈，你得到了多少分呢？你是了解孩子的父母吗？如果不是就要赶紧行动起来，加深对孩子的了解。现在我想你也一定很想知道孩子眼中的父母是什么样子吧。

## 五、孩子眼中的父母（认识你的父母）

当下的中国，一个家庭一般只有一个孩子，孩子常常占据家庭中的主要地位，孩子承载了父母长辈太多的爱，也承受了太多的期盼。很多父母为了孩子可以牺牲自我，放弃自我的发展，放弃自我的空间，放弃夫妻的交流，甚至放弃了亲子的亲密关系……

当爸爸妈妈为孩子放弃了这么多，付出了这么多时，你觉得孩子理解你的心意吗？爸爸妈妈们想知道孩子眼中的你们是什么样子吗？你可以让孩子填写下表，然后和你刚刚填的表格比对，就能知道父母和孩子对彼此的了解是怎么样的。请你根据平时了解的情况填写下表中的各项：

**认识父母**（由孩子回答以下问题，可以分别作答，父母各一张）

| 项　　目 | 对 | 错 |
|---|---|---|
| 父母最爱看的电视节目是： | | |
| 父母最喜欢吃的菜是： | | |
| 父母最不喜欢吃的菜是： | | |
| 父母在家时最经常谈论的话题是： | | |
| 我最好的朋友是： | | |
| 我最喜欢的功课是： | | |
| 我最喜欢吃的菜是： | | |
| 我最不喜欢吃的菜是： | | |

比对以上两个表格（"认识孩子"和"认识父母"）后，爸爸妈妈有的开心，有的可能伤心。为了更好地完成时间管理训练，就从了解孩子开始。了解孩子就是要进入他的世界，用他的眼睛看世界、看问题，才能真正帮助他。

**美国心理学家派克说：爱不只是给予，它是合理的给与合理的不给；是**

合理的赞美和合理的批评；是合理的争执、对立、鼓励、敦促、安慰。而合理，不能只凭直觉，必须经过思考和判断以及有时不怎么愉快的取舍决定。真正能做到这一点的父母并不多，大多数父母给予孩子的是强势的溺爱或者无原则而放纵的宠爱。

## 六、儿童学习习惯测试（学前版和学龄版）

豆豆妈妈工作室自 2004 年成立以来，十余年来专注于儿童训练，训练儿童 3 000 多人（每人至少跟踪训练一年），培训家长 3 万余人，对孩子出现的问题和家长的困惑加以总结，按照出现频率高低排列出以下十大困惑。

（1）学习不主动。

（2）注意力不集中。

（3）磨蹭拖拉（一日雷区：起床、吃饭、写作业、睡觉）。

（4）粗心大意（丢三落四，抄错题）。

（5）畏难情绪（遇到困难容易放弃，找理由）。

（6）不能批评（只能表扬）。

（7）胆小退缩（不敢举手，不敢表现自己）。

（8）做错事找理由（不认错，找客观理由，推卸责任）。

（9）没有上进心（总和比自己弱的同学比）。

（10）人际交往能力弱（不会和同龄人交往）。

这十大困惑进一步延展，形成了以下的学龄前儿童和小学生学习习惯测试，测试来源于有限的经验，不具有诊断作用，仅供家长参考。中学生家长可以参考以上的十大困惑来判断。

## （一）学龄前儿童学习习惯测试（幼小衔接，建立规矩）

请你根据孩子的真实情况快速记分，做完 24 题后，累计总分。评分标准：如果以下行为经常出现记 2 分，偶尔出现记 1 分，没有出现过记 0 分。

| 具 体 行 为 | 分　　数 |
|---|---|
| 1. 经常被小朋友欺负，打不还手，骂不还口 | |
| 2. 只能表扬不能批评，一批评就生气甚至发脾气 | |
| 3. 不敢和小朋友玩，朋友少，不合群 | |
| 4. 犯错不认错，爱狡辩，总说是别人的错 | |
| 5. 遇到困难不会解决，闹情绪，特别爱哭 | |
| 6. 只能赢不能输，一输就哭，或者发脾气、打人 | |
| 7. 玩具撒了一地，却在看动画片，让他收拾也不听 | |
| 8. 孩子去客人家，很想带走别人的玩具，不让带就一直哭 | |
| 9. 不按时睡觉，总是缠着父母，没完没了 | |
| 10. 孩子感冒，你规定他不能喝冰水，结果发现他偷喝，但大声说没有 | |
| 11. 和小朋友一起玩时，总是抢玩具、争吵 | |
| 12. 任性，想干什么就干什么，稍不如意，就发脾气 | |
| 13. 家里来客人，你让孩子打招呼，孩子却不肯说 | |
| 14. 在公共场合，孩子兴奋地大喊大叫，怎么说都不听 | |
| 15. 孩子总是坐不住，跑来跑去 | |
| 16. 特别冲动逆反，爱骂人、打人 | |
| 17. 胆小，有事不敢和老师说，不敢举手发言，不敢上台表演 | |
| 18. 不会和小朋友分享玩具或食物 | |
| 19. 想要某样东西，不给就哭，不能等待 | |
| 20. 不经主人同意，随意拿别人的东西 | |
| 21. 遇事总听别人的，不敢表达自己的想法 | |
| 22. 好胜心不强，总和比自己弱的小朋友比较 | |
| 23. 注意力不集中，容易受外界干扰 | |

续表

| 具 体 行 为 | 分　数 |
|---|---|
| 24.不会清楚表达自己的想法和问题（需要父母、老师询问猜测半天） | |
| 合计： | |

## （二）小学生学习习惯测试

请你根据孩子的真实情况快速记分，做完24题后，累计总分。评分标准：如果以下行为经常出现记2分，偶尔出现记1分，没有出现记0分。

| 具 体 行 为 | 分　数 |
|---|---|
| 1. 学习不主动 | |
| 2. 上课注意力不集中，容易受外界干扰 | |
| 3. 遇到困难，容易放弃 | |
| 4. 考试或作业粗心大意，漏题、抄错题、点错小数点等，考试成绩欠佳 | |
| 5. 只能表扬，不能批评 | |
| 6. 胆小，不敢表现自己 | |

续表

| 具 体 行 为 | 分　　数 |
|---|---|
| 7. 犯错不认错，会找客观理由 | |
| 8. 没有上进心，总喜欢和比自己弱的同学比较 | |
| 9. 人际交往、沟通能力弱 | |
| 10.早晨起床磨蹭：多次叫起床，穿衣慢腾腾，洗漱也慢 | |
| 11.写作业磨蹭：玩笔、尺子、橡皮等，不断地大小便、喝水、吃零食等 | |
| 12.吃饭磨蹭：挑食、玩餐具、说话等，主要是早餐 | |
| 13.晚上睡觉磨蹭：尽其所能延迟上床时间 | |
| 14.独立解决问题能力弱（遇到问题不思考，直接求助父母和老师） | |
| 15.想表现好但又不愿付出行动和努力（如学习、练琴、打球等） | |
| 16.一学就会，一做就错，一考就蒙 | |
| 17.记不全老师留的作业和通知 | |
| 18.父母、老师问话，总是爱答不理的，或者说"不知道" | |
| 19.上课不敢举手发言，或者发言声音小（通常是老师告诉家长的） | |
| 20.考试因紧张而丢分，考试成绩不理想 | |
| 21.情绪不稳定，逆反、顶嘴，发脾气、生闷气、哭泣等 | |
| 22.家长和老师不盯着，就不知道写作业 | |
| 23.不会收拾书包（桌子上总是堆满了书本，书包很乱） | |
| 24.经常丢东西：外套、红领巾、考试卷子、作业本、笔、橡皮等 | |
| 合计： | |

　　常言道："不要让孩子输在起跑线上"，所以家长们都争着抢着让孩子早早就开始学习各项技能，纷纷加入抢跑的行列，唯恐被落下。

　　殊不知孩子的成长不是短跑，而是马拉松，抢跑只会耗尽孩子的能量，**"如何能跑到终点"** 才是硬道理。我们都知道，有经验的马拉松选手在开始和中间的过程中不会抢跑和冲刺，只要"跟得上"就好，要卸掉包袱轻装上阵，要保存实力等到最后的冲刺。无论是 2 分，还是 48 分，以上各项的分数就像马拉松长跑中选手的包袱一样，分数越高，表明包袱越重，孩子跑得越辛苦。

　　**孩子成长的包袱来源于家长、老师、自己三个方面，可谓三座大山。** 因此，家长们首先要放下自己的包袱（从压力自检开始），不仅要从自己的肩上放下，而且还要从孩子的肩上放下（家长对孩子不切合实际的期望，包括让孩子完成自己未尽的事宜、理想等，以及期望孩子立即达到较高的目标等，都是把自己的压力转嫁给了孩子），再帮助孩子卸掉包袱（从时间管理开始），帮助他们轻松跑到终点。

## 七、闯关问答

在进入下一章训练之前，请家长思考以下几个问题，确定自己是否达到本章训练的目标。如果达到，可以进入下一章的训练；如果没有达到，说明时机未到，请补充训练相应的内容，为接下来的训练打好扎实的基础。当然，在补充训练的同时，你可以继续阅读本书的其他章节，了解豆豆妈妈儿童时间管理训练的方法和技巧，但是不可以立即训练孩子，否则不仅没有好处，而且可能会加重对孩子的伤害。

1. 你是否了解自己的孩子？
2. 你自己的压力是否在轻度水平？
3. 你是否能及时觉察到自己生气的信号并灭火？
4. 你是否每天都能放下自己的压力杯？
5. 你是否愿意帮助孩子逐渐减少孩子成长的包袱？

第二章

# 如何进行时间管理

## 一、时间管理与训练目标

时间管理就是有效地运用时间，其目的在于决定哪些事该做，哪些事不该做，并通过事先的规划，对人进行提醒与指引，降低变动性，提高效率，快速达到设定的目标。

### （一）时间管理的概念

戴维•艾伦（David Allen）在《尽管去做：无压工作的艺术》一书中提出时间管理的概念：完成每一件事（Getting Things Done，GTD），具体做法可以分成收集、整理、组织、回顾与行动五个步骤。

（1）收集。就是将你能够想到的所有未尽事宜全部罗列出来，收集的关键在于记录下所有的工作。

（2）整理。罗列以后就需要定期或不定期地进行整理、分类。

（3）组织。组织主要分为对参考资料的组织与对下一步行动的组织。

（4）回顾。一般每周都需要回顾与检查所有清单并进行更新，在回顾的同时可能还需要进行未来一周的计划工作。

（5）行动。现在你可以按照任务清单开始行动了，在具体行动中可能会需要根据所处的环境、时间的多少、精力情况及重要性来选择清单以及清单上的事项。

### （二）如何为孩子制定目标

30天儿童时间管理训练中的目标不是简单的目标，而是要让目标达到SMART标准，这个标准是指：

（1）具体性（Specific）。这是指目标必须是清晰的，可产生行为导向的。

例如，"我要学习好，成为好学生"就不是一个具体的目标，而"我要上课认真听讲，回家主动写作业"就是一个具体的目标。

（2）可衡量性（Measurable）。这是指目标必须用指标量化表达。例如，"我要回家主动写作业"的目标，它就对应着许多量化的指标——不用提醒就写作业，写作业时头不抬、手不停、嘴不动，完成作业后自己认真检查等。

（3）可行性（Attainable）。"可行性"有两层意思：一是目标应该在能力范围内；二是目标应该有一定难度。如别人 1 小时的作业，你的孩子 3 小时完成，可行性目标不是马上 1 小时完成作业，而是第一周 2.5 小时，第二周 2 小时，第三周 1.5 小时，第四周 1 小时，30 天达到终极目标。否则，如果目标经常达不到，就会使孩子感到沮丧并产生挫败心理，以致失去动力。同时也应注意：太容易达到的目标也会让人失去斗志。总之，目标要分解，在舒适区和发展区之间的目标才是有效的目标，可行性目标要符合最近发展区的原则（更多内容见《儿童时间管理效能手册》第 11～17 页）。

（4）相关性（Relevant）。"相关性"是指与现实相关，而不是简单的"白日梦"，例如孩子性格内向，如果家长把目标定为"外向性格"，那就是不可能实现的目标。如果用水果来比喻，假如自己的孩子是香蕉，我们的目标就是帮助他成为最好的香蕉，而不是把他揉搓成苹果，因为那是不可能完成的任务。

（5）及时性（Time-based）。"及时性"比较容易理解，是指目标必须确定完成的日期，例如孩子目前的学习成绩是中下，而家长的目标是中上，就需要加入时间因素，如在 3 个月内提高至中等，在下个学期末提高至中上。

家长在为孩子制定目标之前，常常遇到的是孩子的问题，因此要制定以下的"**三变三为**"方案，即**变**问题**为**期望，**变**期望**为**目标，**变**目标**为**行动。如孩子的问题是磨蹭拖拉，三变三为方案是：我期望孩子快速完成作业 / 早晨起床 / 晚上睡觉 / 吃饭（一变一为，具体性、相关性）；我期望孩子 1 小时完成作业（二变二为，可衡量性）；我期望孩子每天提前 10 分钟完成作业（三变三为，可行性、及时性）：第一周目标是 3 小时（现在 4 小时完成作业，第一天 3 小时 50 分钟，第二天 3 小时 40 分钟……），第二周目标是 2 小时，第三周目标是 1 小时，家长要根据孩子的压力进程调整学习计划，要符合"焦虑曲线"（更多内容见《和熊孩子过招的心理战术》第 131～134 页）。

　　每个阶段选择的训练任务要适度，符合孩子的意愿和能力，不可同时开展太多的任务，导致训练失败。如磨蹭拖拉，可以从早上起床、晚上睡觉、吃饭、写作业中任选一两个开始训练，完成后再增加其他的训练。

## 二、各年龄阶段孩子的训练目标

| 年　　级 | 训 练 目 标 | 孩子可能出现的问题行为 |
|---|---|---|
| 学前儿童 | 幼小衔接，建立规矩 | 1. 孩子坐不住<br>2. 老被人欺负<br>3. 爱发脾气，爱打人 |
| 小学<br>1～2 年级 | 注重细节，养成习惯 | 1. 记不全作业和通知<br>2. 不会跟同学一起玩<br>3. 上课注意力不集中 |
| 小学<br>3～4 年级 | 自我控制，提高效率 | 1. 写作业磨蹭拖拉<br>2. 对学习没有兴趣<br>3. 没有上进心，爱和不如自己的同学比 |
| 小学<br>5～6 年级 | 主动学习，提高成绩 | 1. 考试时粗心大意，成绩不理想<br>2. 一学就会，一做就错，一考就糊<br>3. 情绪不稳定，为一点小事就发脾气 |
| 初中<br>1～3 年级 | 情绪稳定，自主学习 | 1. 考试成绩大起大落<br>2. 莫名烦恼，情绪失控<br>3. 学习没有动力，方法不得当 |

## 三、哪些孩子适合30天儿童时间管理训练

30天儿童时间管理训练适合4～18岁正常发展的孩子，只要家长愿意付出努力，一定会收到事半功倍的效果。具体表现如下：

（1）孩子没有时间观念，做事效率低，成绩不理想。

（2）孩子没有生理（神经系统）或病理（脑组织损伤）原因的心理问题，如智力低下、自闭症、多动症（ADHD）等。

（3）家长有改变的意愿，并且愿意每天花10～30分钟与孩子沟通。

**关于第（2）条的特别说明：**

孩子是否有生理方面的心理问题，家长可以简单判定，如果让孩子做他喜欢做的事情，如看电视、玩游戏、吃东西等，是否可以正常完成任务？

所说的"正常"是指不同的年龄可以持续一定的时间，3岁以前，主要是被动注意。随着年龄的增长，主动注意开始出现，6岁的孩子主动注意时间大约能维持10分钟，7～8岁的孩子主动注意持续时间为20～25分钟，10岁左右的孩子主动注意时间约为30分钟，12岁的孩子主动注意时间约为50分钟。

如果可以达到，则说明孩子的问题主要是态度和习惯的问题，不存在生理方面的问题；如果不能达到，则可能有认知（感觉、知觉、注意、记忆、思维、想象、言语）方面的问题，即和大脑神经系统有关系，需要到相关机构进一步确诊，以免贻误最佳治疗时机。

这里要特别强调的是，**家长不要随意给孩子贴标签**，说孩子有多动症。更不要擅自把孩子的问题和一些不可逆的事情联结，如把孩子的感统失调归于剖腹产，或者说孩子数学不好是因为妈妈/爸爸数学就不好等，甚至不经检查就给孩子吃药。笔者的观点是无论孩子有什么习惯或者态度等心理问题，首先要确诊，之后是训练，最后才是吃药。

## 四、30天儿童时间管理训练流程

"30天儿童时间管理训练"结合时间管理技巧和孩子训练目标整合而成，目的是帮助家长和孩子在最短的时间内达到想要实现的目标。

### （一）每周的训练目标

首先要根据孩子的年龄确定每一阶段的核心训练目标，再把它逐步分解到以周为单位（即每周的目标），依次根据重要程度排序，然后依照目标设定详细的计划和方法，最后就是依照计划执行。当然，每一周结束和下一周开始都要进行回顾和调整，以确保目标的顺利实现。

（1）一立三高。以下是30天儿童时间管理训练中每一周的训练目标和达到目标的计划与方法：

| 日　　期 | 阶段性训练目标 | 计划和方法 |
| --- | --- | --- |
| 第一周 | 建立孩子时间观念 | 记录孩子每日时间和活动 |
| 第二周 | 提高孩子做事速度（快） | 制定时间表、星星表、礼物表 |
| 第三周 | 提高孩子做事准确度（准） | 好行为给红星，调整以上表格 |
| 第四周 | 提高孩子做事效率（快而准） | 制定黑星标准，从下周开始给黑星 |

（2）以上30天为一个标准训练周期，每周都有具体的训练目标，前一个目标达到了（第一章至第六章结尾都有"闯关问答"），才能进入下一个训练，否则无法按时完成任务。

（3）每个孩子具体的训练时间和周期都会不同，这和家长制定的目标大小、任务多少以及孩子的能力高低有关。因此，要保证孩子的训练顺利进行，家长就需要更多地了解目标的SMART原则，尤其是"可行性"标准，为孩子制定合情合理的目标。

（4）同期训练的任务量要适度，不可过度训练，更不要把儿童时间管理训练方法作为约束孩子的工具，导致孩子因经常体验挫败感而形成失败效应，失去对时间管理训练的积极性。

（5）关于黑星的说明，首先在儿童时间管理训练的第一个30天不可以给黑星，孩子做到了给红星，没有做到的不给星，即只给孩子红星，不扣星。第二，家长何时可以给孩子黑星？原则上家长对孩子"不吼不叫不纠结"至少持续30天，才可以给孩子黑星；不吼，即不对孩子发脾气；不叫，即停止提醒、催促、警告、唠叨等；不纠结，即发自内心地接纳孩子的不完美、不好的行为等。

当你看到这里时，相信你已经阅读并理解了前面的内容，你和孩子能够心情平静，沟通顺畅，拥有良好的亲子关系，现在要一起努力合作，看看如何能把任务安排得更合理？如何能有更多的时间游戏、运动、休息？

**当然，如果你和孩子正在发生冲突，彼此很生气，请回到"情绪自检"和"自我放松"，管理好自己的情绪，直到你能平静地和孩子沟通，再回到这里。**

## （二）每天的训练流程

### 1. 父母必读

与人一滴水，必有一桶水。为了训练孩子的时间管理（一滴水），需要父母的爱心、耐心和技巧三个方面的配合才能达成目标。毫无疑问，父母爱心满满，无论你们做了什么，那一定是以爱为出发点的，这一点毋庸置疑。耐心却是仁者见仁，智者见智，与父母的性格、情绪和压力管理、儿童心理知识、父母效能系统培训等多方面综合能力有关——父母需要学习。**"父母必读"的内容就是保证父母先有一桶水，确保父母放弃"狼追型"方法，采用"驱力型"理念训练孩子，因此这个环节是必不可少的，是孩子时间管理顺利进行的基础。**

豆豆妈妈系列图书——《儿童时间管理效能手册》《儿童时间管理亲子手册》《儿童时间管理案例手册》（简称"全三册"）和读者见面了，为儿童时间管理训练提供了更系统、更专业、更实用的理念与方法！

如果用武术来比喻的话，《**儿童时间管理训练手册**》是练习武术的外功，即形似；"**全三册**"就是练习武术的内功，即神似；内外兼修、从形似到神似是高效能父母的必修课！"**效能手册**"帮助家长从理念和方法上放弃"狼追型"，采用"驱力型"教育方法，由内而外地激发孩子的主动性；"**亲子手册**"手把手教家长应用"驱力型"方法和孩子沟通，帮助家长在良好的亲子关系中教育和引导孩子；"**案例手册**"透过现象看本质，以实际案例诠释"驱力型"教育，并从孩子性格的角度应用"驱力型"教育，为家长提供了高效实用的教养建议。

《**和熊孩子过招的心理战术**》从情绪、习惯、学习、性格、问题等五大方面，以真实的咨询案例，纵向分析家长和孩子的心理活动和内心世界，帮助家长学习和综合运用"驱力型"教育和"父母效能"技巧，全面、系统地解决"熊孩子"的各种问题，进而成为高效能父母。

家长看书的顺序：建议"训练手册"和"效能手册"同时看，其他三本可以根据个人喜好来阅读。也可以参考以下表格，制订适合自己的读书、学习计划。做好儿童时间管理训练，先从父母自己的时间管理开始——从读书计划开始（更多见公众号"豆豆妈妈儿童时间管理"2017年11月23日的文章"跟着豆豆妈妈玩转儿童时间管理那点事儿"）。

| 日期 | 《儿童时间管理效能手册》 | 《儿童时间管理亲子手册》 | 《儿童时间管理案例手册》 | 《和熊孩子过招的心理战术》 |
|---|---|---|---|---|
| 第一周建立时间观念（立） | 第一章：儿童时间管理的心理因素（沟通三部曲、交友管理等）第二章：儿童时间管理的具体应用（注意力不集中，写作业坐立不安等） | 第一章：行为目的魔法篇 我"讨厌"卷卷飞 身在哪里心在哪里 考试不写卷子的晨晨 你们嘲笑我 惹人厌的迪迪 爱"逗"妈妈急的东东 | 第一章：性格特点如何影响时间管理（性格缺陷、内驱力）第二章：行为目的如何影响时间管理（孩子和家长斗法四步升级） | 第一章：情绪篇 晚餐大哭大闹的女孩 揭开校园多动症的谜底 第二章：习惯篇 早晨磨蹭一声吼 好习惯是打出来的吗 孩子，你为什么撒谎 |

续表

| 日期 | 《儿童时间管理效能手册》 | 《儿童时间管理亲子手册》 | 《儿童时间管理案例手册》 | 《和熊孩子过招的心理战术》 |
|---|---|---|---|---|
| 第二周提高做事速度（快） | 第三章：孩子的行为目的（关键期、行为目的、处理方法）<br>第四章：父母的情绪管理（生气的原因、不生气的法宝和灭火口诀） | 第二章：家长情绪魔法篇<br>种一棵烦恼树<br>要把别人当别人<br>健康的好爸爸<br>你怎么变聪明了<br>妈妈，请你笑一笑<br>用皮带抽自己的爸爸 | 第三章：家长的情绪如何影响孩子的时间管理？（费斯汀格法则，家长生气会浪费孩子时间）<br>第四章：亲子关系如何影响儿童时间管理？（亲子冲突） | 第三章：学习篇<br>分数重压下的孩子<br>厌学的幼儿园大班孩子<br>功课全部不及格怎么办<br>怎样在10点前写完作业<br>写不完的作业<br>一激动就动手的孩子 |
| 第三周提高做事准确性（准） | 第五章：积极倾听（父母的七种错误角色、沟通的六个技巧、老师告状、上课说话等）<br>第六章：问题所有权（父母该管哪些事、不该管哪些事） | 第三章：倾听魔法篇<br>听懂孩子的情绪<br>我害怕鬼<br>他们冤枉我<br>第四章：沟通魔法篇<br>有了弟弟妹妹之后<br>计较输赢的小木 | 第五章：家长如何说孩子更愿意听？（7种孩子厌恶的家长沟通方式）<br>第六章：如何让孩子更高效率地完成任务？（孩子老师的原始时间记录） | 第四章：性格篇<br>害怕天黑的男孩<br>不催不动的男孩<br>眼睛"掉"进电视……<br>明知故犯哪般<br>上小学后的烦恼<br>见着困难就绕着走 |
| 第四周提高做事效率（快而准） | 第七章：鼓励让孩子更自信（鼓励不会宠坏孩子、美言录、孩子乐学不是梦）<br>第八章：有效对待孩子的犯错行为（惩罚无效、行为结果法） | 第五章：鼓励魔法篇<br>今天你喂了哪只狼<br>今天你美言了吗<br>不知道，想不通，随便<br>第六章：责任魔法篇<br>你怎么撒谎<br>幸福的普通人<br>爱上读书 | 第七章：如何"有效"惩罚才能让孩子更有效地管理时间？（不让孩子练琴反而出现奇迹）<br>第八章：儿童时间管理作品展示（孩子眼中的时间管理） | 第五章：问题篇<br>孩子行为密码<br>沟通三部曲：接纳……<br>孩子发脾气家长怎么办<br>妈妈，我什么都做不好<br>儿子考了79分<br>孩子不爱写作文怎么办<br>孩子犯错怎么办 |

## 2. 情绪自检

现在的你是不是感觉有些疲惫和沮丧？孩子正在写作业，你是不是又看到了他的一些不好行为呢？是否很想让他停下来，给他讲"一寸光阴一寸金"的道理？是否冲动地想去批评孩子，冲他发脾气，好好训他一番？根据我们压力自检中教的方法观察一下自己现在的生气信号，包括身体、想法、行动信号，并记录在下表中。

| 生 气 信 号 | | 实际情况记录：第一周 | | | | | | |
|---|---|---|---|---|---|---|---|---|
| | | 第1天 | 第2天 | 第3天 | 第4天 | 第5天 | 第6天 | 第7天 |
| 身体信号 | 心跳速度是否加快 | | | | | | | |
| | 呼吸速度是否加快 | | | | | | | |
| | 流汗是否增加 | | | | | | | |
| | 脸色是否泛红 | | | | | | | |
| | 肌肉是否紧绷 | | | | | | | |
| | 身体有无发热 | | | | | | | |
| 想法信号 | 我讨厌我自己 | | | | | | | |
| | 我想要伤害我自己 | | | | | | | |
| | 我讨厌他 | | | | | | | |
| | 我要打他 | | | | | | | |
| | 我想摔东西 | | | | | | | |
| | 我想骂人 | | | | | | | |
| 行动信号 | 殴打 | | | | | | | |
| | 大吼 | | | | | | | |
| | 哭泣 | | | | | | | |
| | 威胁 | | | | | | | |
| | 坐立不安 | | | | | | | |
| | 发抖 | | | | | | | |

### 3. 自我放松

当你正在辅导孩子学习时，看到磨蹭的孩子，你一定会体察到身体的反应，如语速急促、呼吸加速、心跳加快等，表明你**开始生气了**（情绪发生），请用"一离二吸三凉水"的方法暂时处理自己的生气情绪。当你做完这四步后，你的情绪就会平静，气也就消了。

要知道每个人的情绪都是按照倒 U 形曲线自然发生、发展、结束的。只要你能给自己几分钟的独处时间，让自己的情绪曲线走完，就会快速平静，不会因彼此情绪的传染、互动而此消彼长，爆发情绪战争。

当你能平静地与孩子沟通时，才能真正解决问题。这样不仅节省了时间，而且能保持良好的亲子关系，更重要的是学会了管理情绪，不仅大大提高情商，而且因为更关注问题本身而使解决问题的效率和能力得到提升。

什么是一离二吸三凉水？

> 一离：即"**闭上嘴，迈开腿**"，迅速离开那个让你生气的孩子/现场，最好去卫生间，看看镜子中的自己，生气的样子很恐怖吧？相信你也是第一次看到生气的自己，想想看，这样恐怖的面孔，如何能让孩子不害怕？他还怎么有精力听你讲道理呢。所以你离开一会儿，让自己稍稍安静一下。为何有的家长会把孩子打伤，甚至打死？打孩子是一个情绪动作，很多家长越打越来气，直至控制不住而发生惨剧。所以不要让它发生，你要在第一时间离开情绪现场，暂时离开让你觉得生气的孩子，先做到"眼不见"，再去想办法"心不烦"。
>
> 二吸：即找一个安静的地方进行放松，可以是深呼吸、冥想等；看着镜中的自己，**深呼吸四五次（一组）**，随着你转移注意力到呼吸上，一般两三组后你的情绪曲线（倒 U 形）会慢慢回落，各种情绪信号减弱、消失，你的情绪渐渐平静了，镜中的你也就变得平和了。
>
> 三凉水：如果深呼吸之后还没有平静下来，说明你还是很生气，**就用凉水洗脸吧**！也可以喝点凉开水。这时，你的理智就恢复了，也只有这样，你才有办法应对孩子的各种状况。
>
> **这就是生气时的灭"火"口诀——"一离二吸三凉水"。** 保持冷静和理智之后再去面对造成压力的孩子，否则就是教训孩子，而不是教育孩

子。至于你心中的疑问——我为什么会生气？我如何能不生气？请你阅读《儿童时间管理效能手册》，在第四章中你一定能找到答案。

在哪里放松比较好？

卫生间比较好，因为有镜子，你可以看到自己生气的样子，一定很狰狞可怕；另外，那里还有凉水，能让你的情绪快速恢复平静。

如何深呼吸？

☐ 闭上眼睛，为你的身体找一个舒服的姿势。

☐ 把手放在下腹部，当你感觉身体都很放松时，开始做深呼吸4～5次，吸气时肚子鼓起来，呼气时肚子瘪进去。注意：越慢越好。

自我放松记录表（读者可以自行制定四周的表格）：

| 放 松 方 式 | 记录时间：第一周 | | | | | | |
|---|---|---|---|---|---|---|---|
| | 第1天 | 第2天 | 第3天 | 第4天 | 第5天 | 第6天 | 第7天 |
| 离开现场 | | | | | | | |
| 深呼吸 | | | | | | | |
| 凉水 | | | | | | | |
| 其他方法 | | | | | | | |

**4. 爱心加油站**

通过记录孩子每天的行为，判断孩子每天是否有表中的行为，在相应的格子中画"√"，可以直观了解孩子每个行为（好的、不好的）出现的频率和随着时间变化的趋势，从而发现内在的规律，有助于调整训练方案。

孩子行为观察记录表（请在以下表格中画"正"字来记录次数）：

（读者可以自行制定四周的表格）

| 分类 | 孩子可能的行为 | 第一周 | | | | | | |
|---|---|---|---|---|---|---|---|---|
| | | 1 | 2 | 3 | 4 | 5 | 6 | 7 |
| 写作业不好的行为 | 经常走神儿，精神不集中，不知道在想什么 | | | | | | | |
| | 写作业的时候手里总是玩东西，橡皮啊，尺子啊…… | | | | | | | |
| | 写作业的时候一会儿就会去趟厕所 | | | | | | | |
| | 写作业一遇到困难就喊爸妈 | | | | | | | |
| | 写作业一会儿想喝水，一会儿想吃东西 | | | | | | | |
| | 写作业就是图快，字迹潦草，粗心大意，经常出错 | | | | | | | |
| 写作业好的行为 | 孩子回到家就主动坐在书桌前，打开书包准备写作业 | | | | | | | |
| | 在写数学作业的时候 80% 的题目都答对了 | | | | | | | |
| | 作业字迹工整，干净整齐 | | | | | | | |
| | 写完作业就把书包收拾得很整洁 | | | | | | | |
| | 孩子写作业的速度比前一天有所提高 | | | | | | | |
| 孩子平时的好行为 | 早上爸妈一叫就起床 | | | | | | | |
| | 自己主动穿衣服并且速度很快 | | | | | | | |
| | 洗漱时间很快 | | | | | | | |
| | 吃早点很认真 | | | | | | | |
| | 上学出门准时 | | | | | | | |
| | 自己主动背小书包 | | | | | | | |
| | 主动和家人打招呼或者说再见 | | | | | | | |
| | 放学后主动和家人说学校发生的事情 | | | | | | | |
| | 帮助爸爸妈妈做家务（摆筷子，扫地，擦桌子，端菜，收拾书桌） | | | | | | | |
| | 自己的文具自己收拾 | | | | | | | |
| | 吃饭吃得又快又好，不挑食，蔬菜和肉都吃 | | | | | | | |
| | 按时洗漱 | | | | | | | |
| | 按时上床睡觉 | | | | | | | |

续表

| 分类 | | 孩子可能的行为 | 第一周 | | | | | | |
|---|---|---|---|---|---|---|---|---|---|
| | | | 1 | 2 | 3 | 4 | 5 | 6 | 7 |
| 其他 | | | | | | | | | |
| | | | | | | | | | |
| | | | | | | | | | |
| | | | | | | | | | |

当你看到孩子的好行为时，一定很开心吧？请不要暗自高兴，要及时鼓励孩子，这是你的爱心变成动力的最有效方式。

请把你喜欢的孩子行为记录下来，填写在"美言录和知心话"中，并把你想对孩子说的称赞的话也记下来。及时用鼓励、欣赏的语气告诉孩子，要声情并茂，有感染力，对他说："妈妈今天看到你收拾了房间，房间很整齐，我很开心。你是怎么做到的？"引发孩子的内省能力，激发他的上进心和进取的动力，形成自信心和成就感。

**"你是怎么做到的？"** 这句话十分关键，可以让孩子思考自己怎样做是好的行为，如自己是怎么做到把房间收拾整齐的？孩子可能会说："因为我今天很开心。"请把孩子的回答记录在"孩子语录"中。**注意：一定不要用反讽式的恭维，例如，你总算把房间清理好了，为什么以前都不做？**

当你看到孩子那些不好的行为时，可能会生气吧？请暂时忽视这些行为，一定要先处理好自己的情绪（见"情绪自检"和"自我放松"）。

四周结束后对比各周记录表，看看各种行为在每一周发生的频率，也许你会有所感悟吧，请把你的感悟写下来。

❀❀ 我的感悟 ❀❀

## ❀❀ 五、闯关问答 ❀❀

在进入下一章训练之前，请家长思考以下几个问题，确定自己是否达到本章训练的目标。如果达到了，可以进入下一章的训练；如果没有达到，说明时机未到，请补充训练相应的内容，为接下来的训练打好扎实的基础。

当然，在补充训练的同时，你可以继续阅读本书的其他章节，了解豆豆妈妈儿童时间管理训练的方法和技巧，但是不可以立即训练孩子，否则不仅没有好处，而且可能会加重对孩子的伤害。

1. 你对孩子的训练目标是否符合 SMART 原则？
2. 你是否了解适合自己孩子年龄特点的训练目标？
3. 你是否了解 30 天儿童时间管理训练流程的细节？
4. 你是否了解每天的训练流程并按照步骤具体实施？
5. 你是否完成了"孩子行为观察记录表"？

请你再次确认是否完成了以上 1～5 项，如果你的回答都是"是"，说明你已经准备好了。让我们一起进入儿童时间管理训练的旅程吧！

# 第三章

# 建立时间观念，克服漫无目的

时间管理训练就是帮助孩子把看不到、摸不着的时间落实为具体的事件，通过记录孩子每日的时间日志，收集和明确孩子要完成的任务，以及每项任务所需要的时间，从而帮助孩子建立和明确时间观念，为以后的训练奠定基础。收集过程中尽可能全面而系统，然后对其进行整理、组织，提高做事效率。

在训练之前请先填写下表，对孩子在 30 天儿童时间管理训练之前和每周结束后的学习情况进行对比，以便更好地了解孩子，有的放矢地加以训练。

## 孩子学习情况一览表

填表说明：

（1）期中考试、期末考试是指最近的一次考试，可以是本学期和上学期的。

（2）平时考试、作业是指最近 1～3 个月的记录（大多数成绩是什么），如果没有具体的，可以根据家长的主观感觉填写。

（3）如果有具体的分数，请直接填写在表格中；如果没有，请把等级填写在表格中，如优 ***、优 **、优 *、优、优 -、良、中、达标、待达标等。

（4）班级排名：如果有排名可以记录下来；如果没有，请家长根据自己的判断来填写，目的是给自己提供参考，如 10 名左右，20 名左右，或者中等、中上、中下等。

（5）家长监督：是指家长催促孩子和检查孩子作业的频率，如"天天""每周 3 天""每周 1 天""从不检查"等，"天天"的话每天催促几次等。

训练前（读者可以自行制定四周的表格）：

| 成　绩 | 语　文 | 数　学 | 英　语 | 备　注 |
|---|---|---|---|---|
| 期中考试 | | | | |
| 期末考试 | | | | |
| 平时考试 | | | | |
| 平时作业 | | | | |

续表

| 成　绩 | 语　文 | 数　学 | 英　语 | 备　注 |
|---|---|---|---|---|
| 班级排名 | | | | |
| 家长监督 | | | | |

填表日期：　　　　　　　　　　　　填表人签名：

我的感悟：对比各表（训练前和第一、二、三、四周后），我发现……我的感悟是……

我的感悟

## 一、做好时间日志（时间管理过程之收集）

### （一）观察和记录

请把孩子的每日活动详细记录在下表中，从早上起床到晚上睡觉都要记录下来，即24小时全天候地记录，以便明确时间消耗在什么事情上了。

在备注栏中写下你的感觉和判断，逐一分析和深入了解孩子这样表现的原因和行为目的，对这些原因进行整理和归类，**有些是父母应该承担的**（父母需要学习——父母必知的心理学知识，父母效能技巧以及压力管理，更多内容见《儿童时间管理效能手册》），**有些是老师要负责的**（家校合作——见"老师告状怎么办——如何与老师沟通"），**有些是孩子应该负责的**（训练孩子时间管理）。这样就能分清父母、老师、孩子的问题所有权，才能有的放矢地解决问题，为以后的训练奠定基础。

　　填写以下记录表，做好时间日志非常重要，不可忽略！通过这张表，找到孩子的舒适区，为孩子制定合情合理的目标（更多内容见《儿童时间管理效能手册》第11～17页），否则，孩子无法完成任务、达到目标，更达不到父母的期望。

　　记录表（星期一至星期日，每日一张表格，共计八张，其中一张作为总结，即平均值）：

| 序号 | 事件 | 开始时间 | 实际时间 | 备注 |
|---|---|---|---|---|
| 1 | | | | |
| 2 | | | | |
| 3 | | | | |
| 4 | | | | |
| 5 | | | | |
| 6 | | | | |
| 7 | | | | |
| 8 | | | | |
| 9 | | | | |
| 10 | | | | |
| 11 | | | | |
| 12 | | | | |
| 13 | | | | |

　　以下是孩子一天的记录表范例，其中备注栏中的磨蹭、老师告状、无精打采、催促写作业、走神、不认真、发脾气等，是豆豆妈妈工作室十余年来对三千多个孩子训练过程中常出现的问题，为了给家长答疑解惑，我们以一个个的专题来简述这些问题的可能原因和应对办法，希望帮助家长扫清障碍，快速开启儿童时间管理训练的旅程。随着训练的深入，家长可以一边训练孩

子的时间管理，一边学习《儿童时间管理效能手册》，来丰富和深化自己的知识体系，游刃有余地帮助孩子提高做事效率。

例如，星期一"记录表"：

| 序号 | 事件 | 开始时间 | 实际时间 | 备注 |
|---|---|---|---|---|
| 1 | 起床、洗漱 | 6:30 | 40 分钟 | 磨蹭 |
| 2 | 早餐、出门准备 | 7:10 | 30 分钟 | 吃很少、磨蹭 |
| 3 | 白天学校表现 | 7:20 | 10 小时 | 老师告状 |
| 4 | 放学、晚餐 | 17:20 | 40 分钟 | 无精打采 |
| 5 | 看电视、休息 | 18:00 | 30 分钟 | 催促写作业 |
| 6 | 语文作业（小便、发呆） | 18:30 | 30 分钟 | 提醒 |
| 7 | 数学作业（喝水、玩笔） | 19:00 | 30 分钟 | 提醒、催促 |
| 8 | 英语作业 | 19:30 | 20 分钟 | 走神、生气 |
| 9 | 钢琴（小便、拿琴谱、提问） | 19:50 | 40 分钟 | 发脾气 |
| 10 | 奥数 | 20:30 | 20 分钟 | 无精打采、畏难 |
| 11 | 阅读 | 20:50 | 30 分钟 | 不认真 |
| 12 | 自主、洗漱、上床 | 21:20 | 10 分钟 | 磨蹭 |
| 13 | 睡觉 | 21:30 | 9 小时 | 安静 |

## （二）分析与解释（对记录表中的备注栏内容加以分析和解释）

### 1. 孩子为什么磨蹭？

十个孩子九个磨，磨蹭是孩子最常见的行为，一般是早上起床磨蹭，吃饭磨蹭，写作业磨蹭，晚上睡觉磨蹭，我们把这**四个容易出现磨蹭的时间段称为一日雷区**。早上起床，一叫他不动，二叫他不动，三叫他刚穿上一只袖子；吃饭时磨蹭，叫了半天才慢慢腾腾地踱到饭桌边，这个不爱吃，那个不想吃，要不然就是太烫了、太凉了、太硬了、太烂了等，挑三拣四地不满意、找茬；写作业时更磨蹭，一会儿饿了要吃东西，然后就是一趟趟地小便、喝水，铅笔芯粗了，橡皮找不到了等各种找理由，就是不写作业；晚上该睡觉时也有很多事，花样翻新，就是不上床。

家长通常是提醒他，催促他，不停地唠叨，然后就怒了，开始吼叫、惩罚、警告，亲子间战争爆发也是常有的事。要知道，6～12岁的孩子，家长说得越多，孩子听得越少。家长明明知道这些方法都无效，却还是一再地运用，其实都是在浪费时间，因为家长根本不明白孩子为什么磨蹭。一般来说，磨蹭可以分为以下七大类。

第一个类型就是吸引注意型。如有个孩子学习特别好，每天都认真完成作业，父母也很忙，认为孩子没什么事，就各自忙着自己的事情，彼此相安无事，很少有共度时光。可是有一天，孩子偶然间玩橡皮，爸爸就过来说"别玩了，快做作业"，然后他就发现自己一玩橡皮、铅笔，爸爸或者妈妈就会过来制止他，这个时候孩子就会误认为"好好学习被忽视，玩橡皮会受到关注"，因此更多地表现出类似的行为，父母也就不得不更多地"关注"他了。根据戴克斯行为目的观点（见《儿童时间管理效能手册》第三章），孩子最喜欢的是被鼓励和肯定，其次是被批评和责罚，他最不喜欢的是被忽视。他表现良好时，你一方面认为是应该的，另一方面认为不应该打扰他"专注写作业"，客观上就是忽视他，这是孩子最不喜欢的。当他无法得到家长的鼓励和肯定时，会退而求其次，用不好的行为被提醒、催促，甚至被批评和责骂，至少孩子得到了家长的精力和时间，即孩子的行为目的达到了。随着这些行为的多次重复，成为吸引注意型磨蹭。对于这类型的孩子，我们给家长的建议就是：当孩子有好的行为时就一定要鼓励和肯定他，当孩子有不好的行为时暂时忽视他、不理他。要注意：鼓励孩子时一定要具体，说细节才有效。

第二个类型是家长期望过高型。夏令营有个孩子，画画特别好，曾经获得国家级比赛的一等奖，可是他总是觉得自己画得不好，把画藏起来，不敢给大家看他的画。后来我们和家长沟通发现，家长对孩子的要求特别高，如孩子考试得了 95 分，家长就会立即指出那个 5 分是怎么丢的，多数都是粗心造成的，家长就会说孩子不认真、不细心等，毕竟得到 100 分的机会比较少，孩子多数时候都是被批评、指责的，孩子就会误认为自己不够好，家长不喜欢自己，家长只是喜欢 100 分。久而久之，就造成孩子总是被笼罩在挫败感中而无法自拔，自我评价极低，不自信，不相信自己能成功。对于这样的家长，我们建议你把目标分解为小目标，加入时间因素，给孩子一个进步的空间，让孩子更多地体验到努力后的成功——成就感是孩子进步的动力。

第三个类型就是父母包办型。父母什么都替孩子做了，替他穿衣服、喂饭，整理书包、衣物等。夏令营中的很多孩子不会剥鸡蛋皮，他们说只见过白色鸡蛋（没皮的）；还有很多孩子不会吃完整的水果，不会剥橘子皮，因为在家里都是父母把水果削成小块给他们吃的；教室里有的孩子上一门课，拿出一堆书和本子，到了下午，书包空了，满桌子、满地都是他的书本，铅笔、尺子、橡皮更是经常不翼而飞，校服、水杯也是常常消失。不会系鞋带、扣子的孩子更是大有人在……这些基本的生活技能应该在幼儿园阶段得到训练，而家长都替代了，无形中剥夺了孩子学习的机会，生活能力没有得到提升和锻炼，到了上学阶段，也就没有办法迁移至学习能力，而学习——听讲、写作业、考试等是家长无法替代的，表现出生活、学习都磨蹭的现象。对于这样的家长，赶紧从生活习惯开始，要给孩子自己锻炼的机会，让他多去尝试，相信孩子自己能做好，生活能力的提高有助于学习能力的提高。

第四个类型就是杂乱型。作业太多，所有作业做完之后就要睡觉了，孩子感到无望，因为写作业快意味着更多的作业，有些孩子甚至到晚上

12 点都写不完作业。如何判断孩子的作业是不是太多了？孩子的自主时间周一到周五每天应该有一个小时，周六日应该有一天（见下面的解释）。如果违反了这个规律，孩子就会消极抵抗，表现花样翻新的磨蹭，除了以上的表现以外，还会发呆、发愣，暂时变成木头人，就像电脑死机一样（见下面的"新旧脑说"）。

第五个类型就是慢半拍型。有的人天生反应比较慢，这和他的神经过程有关。巴甫洛夫根据神经过程的强度、平衡性、灵活性不同，确定了四种高级神经活动类型，分别是兴奋型、活泼型、安静型、抑制型，这和希波克拉底的胆汁质、多血质、黏液质、抑郁质等气质类型相对应。前两种类型的人反应比较快，后两种类型的人都属于反应缓慢型。对于这种天生慢半拍的孩子，家长一方面要有适当的期待，另一方面要训练他的反应速度，以加强孩子的竞争意识。

第六个类型是缺乏时间观念型。这类孩子没有时间意识，没有紧迫感，放学回家先玩了再说，等到父母催促了才慢腾腾地写作业，一边写一边玩，认为时间有的是而不着急，反正有人着急，会催着他完成作业的。就像木偶一样，推一下，动一下，不推不动。到了学校，由于没有父母的催促，他们也是边玩边学，常常不能按时完成学校作业，回家后还要补作业，增加了家庭作业的负担，而且养成了听课效率低的习惯，随着进入中高年级，孩子的成绩大幅度降低。对于这类孩子，需要训练他们学会自我管理时间，在规定的时间内完成计划中的任务，持之以恒，提高自制力。

第七个类型是注意力分散型。这类孩子容易因受到周围的事件干扰而分神。例如，有的孩子听课时，听见小鸟叫声他就走神了；正在写作业时听见门铃声，他就跑去开门了；上课时看见同学的文具掉到地上，他冲过去帮忙捡起来；家长在客厅聊天，他也能搭茬儿。有个三年级的小女孩考试得了 84 分，错题让她再做一遍她都会，问她为什么考试时错了？她说自己考试时东张西望，看着老师批改卷子很好玩，就一边做题一边看着老师，结果就错了。这种现象在一、二年级比较多见，这个阶段的孩子的目标感不强，注意力容易随兴趣转移，需要家长帮助他设定小的目标，让他明确自己该做什么，最开始以 10 分钟为单位，然后延长至 15 分钟，依此类推，直至 40～50 分钟。这个过程也是提高孩子自制力的过程，需要在他的大脑中培养一个小警察，每当他的注意力分散时，这个小警察都会提醒他"快回来，你还有事情要做呢"。

了解孩子磨蹭的原因以后，就能够对其进行合情合理的分类——不仅要分清父母和孩子的责任，而且要分清孩子先天和后天的影响因素：对于先天的部分要勇敢地接纳，对于后天的部分要合理地规划和改善，帮助孩子健康成长。

（更多内容见《和熊孩子过招的心理战术》第 49～52 页，113～115 页，122～125 页）

## 2. 什么是自主时间？

**"自主"指自己做主，不受别人支配。**心理学中"自主"就是遇事有主见，能对自己的行为负责。自主时间就是孩子想做什么就做什么，只要没有干扰他人，对他人、对自己都没有危害的行为都可以做，即使发呆、发愣、躺着、幼稚行为、晃来晃去、无所事事都可以，父母无权干涉。当然，他也可以读书、看报、运动、玩游戏、看电视、打电话、上网等，只要没有违反你们的约定就可以。这里的"约定"包括玩游戏、看电视、上网等屏幕类的规则，具体请参考第四章的"如何管理游戏和电视时间"，和孩子制定相应的规则——"三时一定一通"。

如果孩子一天 24 小时中，除了睡眠都是在一个个目标和任务中度过的——在学校有课表和老师监督，在家里有作业和父母监督，他就一直处于紧张状态，没有机会放松，必然导致孩子不受控制地"放松"——发呆、发愣、走神、磨蹭、接下茬、捣乱、追跑打闹等，以此来缓解紧张的神经。

换句话说，自主时间就是主动留出时间让孩子的神经放松，这段时间没有目标，随心所欲，这种极大的放松对孩子至关重要，他可以得到很好的平衡，在学习和生活中起到减压和复原的作用。从大脑的工作来看也是这样，紧张（凡是有目标的事情都会造成紧张）过后需要放松，大脑神经会因在松弛有度间保持良好的弹性而效率最高。

中低年级的孩子周一至周五，每天至少要有 1 小时的自主时间，对于自控力弱的孩子，一般把自主时间安排在睡觉前，这样安排的好处是：一方面可以起到激发孩子快速完成任务的外驱力作用；另一方面也能有效避免孩子因为在自主时间（假设自主时间在学习写作业之前）过度放松、过度沉浸在当时的有趣活动中无法停止而导致亲子冲突（如孩子正在玩游戏、阅读、拼插、交友等，到时间难以停止，父母提醒后孩子不高兴），进而带着情绪学习和写作业，影响效率。周六、周日至少有一天自主时间，可以是一整天，也可以是两个半天。高年级孩子最好有同样的自主时间，如果实在没有这么多时间，可以适当减半。

有些家长认为孩子的自主时间很浪费，把孩子的时间表安排得满满的，导致孩子被迫在学习、写作业时挤出时间来"自主"，即我们通常所说的注意力不集中、磨蹭拖拉、边写边玩等。长此以往，孩子会形成不好的学习习惯和不专注的行为模式。与其孩子在学习、写作业过程中穿插着零零散散的"自主时间"，不如预先给孩子独立的、完整的自主时间，就像电脑整理碎片一样，孩子的做事效率也会大大提高。

### 3. 什么是新旧脑说？

大脑的结构很复杂，为了说明问题，我们把它简化为新脑和旧脑（还有脑干）。新脑负责传达喜怒哀乐等情绪，旧脑负责记忆力、理解力、创造力和干劲等。新旧脑不能同时活动，新脑兴奋，旧脑就被抑制，仿佛被捆绑住一样。

孩子如果一天到晚不安、易怒，不信任别人，有警戒心，那么新脑便会过分地活动，以致阻碍了旧脑的发展。因此，孩子的记忆力、理解力、创造力便会减弱，效率低下在所难免。

可见，当家长不停地唠叨、催促孩子去学习，甚至用吼叫、责骂的方式逼迫孩子坐在课桌前，人在心不在，孩子的新脑会不自觉地处于过分活动状态，同时，他的旧脑就像死机一样地不作为——罢工了！

这种现象得到了耶克斯—多德森定律（也叫焦虑曲线，更多内容见《和熊孩子过招的心理战术》第131~134页）的印证。美国心理学家耶克斯和多德森研究证实，动机强度与工作效率之间不是线性关系，而是呈倒U形的线性关系。具体体现在：动机处于适宜强度时，工作效率最佳；动机强度过低时，缺乏参与活动的积极性，工作效率不可能提高；动机强度超过顶峰时，工作效率会随强度增加而不断下降，因为过强的动机会使机体处于过度焦虑和紧张的心理状态，干扰记忆、思维等心理过程的正常活动。例如，运动员一天的比赛成绩千差万别，运动技能的影响很小，主要是受心理状态的影响。所谓心理状态，就是机体的动机水平，即新脑的活动性大小。

因此，家长要作用于孩子的新脑，即帮助他们在动机水平上保持最佳状态，具体来说，就是帮助孩子早上高高兴兴去上学，晚上快快乐乐写作业，这样孩子的旧脑就会得到最大的发挥。

#### 4. 老师告状怎么办——如何与老师沟通（亲师沟通）？

老师告状当然是指孩子在学校发生了状况，如在学校打架，扰乱课堂秩序，做操不听指令，破坏学校财物，拿同学物品，不认真听讲，没完成作业，考试考砸了，顶嘴，强词夺理，不尊重老师等不听老师话，让老师费神、生气的事情。

一般来说，这些行为都是多次发生，老师用尽各种办法——提醒、催促、警告、批评等方法无效时，就会告诉家长，期望家长有办法让孩子的行为有所收敛和改善。殊不知，这是大错特错了！因为这些行为发生在学校里，家长不在现场，不能直接解决问题。因此，家长感受到的是无奈和无助，继而生气、发脾气，指责孩子在学校的不当表现，而对孩子的行为改善没有任何积极的作用。孩子也许因为害怕打骂而暂时减少或停止这些行为，稍后继续我行我素。

面对老师的告状，家长在保持自己情绪平静的前提（如果自己也处于情绪状态中，请先灭"火"，"一离二吸三凉水"）下，应做到以下四点。

（1）接纳和理解。老师告状时通常是有情绪的，因为一定是老师用尽各种办法都无效时才求助于家长，老师也是人，也是有情绪的，有情绪就需要出口。作为家长的我们要坦然接纳，这样的理解是和老师沟通的良好基础。如果家长总是躲避老师，害怕和老师沟通，孩子就只能自己承担这些压力，这不利于孩子的行为改善和健康成长。毕竟孩子醒着的大部分时间是和老师在一起的，家长应该定期和老师沟通，彼此通力合作，让老师成为教育的合伙人，共同帮助孩子向着目标前进。

（2）感谢和道歉。无论老师说了什么，或者做了什么，都是因为老师和家长一样对孩子有期望，希望孩子表现好。老师为孩子付出了很多时间和精力，所以要对老师的付出表示感谢，对孩子给老师工作造成的困难表达歉意，这才是解决问题的积极态度。

（3）请教和转换。等到老师的情绪平静以后，再向老师请教如何配合老师，共同教育孩子。可以说："老师，您看我们家长如何做来配合学校教育？"对于老师的建议，请一分为二地对待。如果老师说要严厉批评或惩罚孩子，就像老师在学校的方法一样，请忽视这些方法，并不是对老师不尊重，而是实在无效。设想一下，老师用这样的方法在学校直接干预都没有效果，家长在家里间接干预怎么会有效呢？这时需要进行转换，要把老师的建议做积极的转换，如老师说："孩子上课还是说话。"面对孩子要转换为："老师说你有进步，今天只有 1 节课说话，4 节课都特别注意听讲。"然后针对那 4 节课引导和鼓励孩子："你是怎么做到的？"对孩子进行积极暗示，当孩子关注好行为的细节时，他就会更多表现好行为。而且，孩子对老师的肯定也会发生"标签化"（老师说自己有进步，那就要用进步的行为配合这个标签），他会报以更多的好行为——多次重复后就会成为习惯。（关于转换，更多内容见《儿童时间管理效能手册》第 134～137 页）

（4）反馈和鼓励。和老师沟通后，在一周之内要再次主动与老师沟通，告诉老师你实施了老师的办法（当然是经过转换的，不必告诉老师你是如何做的）以后，孩子的努力和进步，注重细节的描述。**通过对老师的鼓励来引导老师看到孩子的优点，容忍孩子的缺点——这些缺点需要时间来慢慢减少，即错误递减。**这样老师就会用积极的态度来发现孩子的进步，更注重孩子成长的过程，而不是用结果来衡量和评价孩子，老师直接给孩子积极的标签——"好孩子标签"，这让孩子的"天使"更强大，更有力量战胜"魔鬼"。

（更多亲师沟通内容见《和熊孩子过招的心理战术》第 53～57 页，第 85～89 页）

### 5. 你给孩子贴标签了吗？（标签化）

将某人或某物定型化或者归入某一类，而不是将其视为一个独特的个体。例如，将某人归类为一个侍者或一个警察而非独特的个人。同理，把某个孩子归为好孩子、调皮捣蛋的孩子、磨蹭的孩子、注意力不集中的孩子、不爱学习的孩子等都是对孩子进行标签化。

从自我概念的形成来看，孩子在社会我阶段（三四岁到十三四岁）受到周围他人的影响最大，尤其是父母和老师，如果我们每天都说他的问题——磨蹭、注意力不集中、对学习没兴趣、这也没做好、那也不满意等，这些评语累积起来就成为各种标签，孩子就会按照这些标签来表现自己。正应了这句话："**说你行，你就行，不行也行；说你不行，你就不行，行也不行。**"等到孩子过了青春期进入心理我阶段，这些标签就会向内循环，内化成为孩子自身的价值观和人生观，即性格。

因此，父母和老师给孩子贴的标签至关重要！**积极的标签促进孩子潜能发挥，帮助孩子进步，这在皮格马利翁效应中已经得到印证。**

（更多关于贴标签案例见《和熊孩子过招的心理战术》第77～80页）

### 6. 什么是自我概念？生理我、社会我、心理我有何区别？

从"自我"概念的形成和发展来看，从出生到三四岁是"生理我"阶段，个体主要是对自己躯体的认识；三四岁到十三四岁，处于"社会我"阶段，开始处于自我的中心，能够了解自己的期待，并根据社会的期待（主要是身边人对自己的看法）来调整自己的行为；从青春期到成年大约十年的时间是"心理我"阶段，形成自己独特的世界观和人生观。

这样看来，父母和老师最大有可为的是"社会我"形成的十年，即教育的关键期！因为这个阶段，孩子会根据身边人对自己的看法来调整自己的行为，最重要的"身边人"就是父母。孩子会把父母的看法内化为自己的看法，如果父母对孩子的看法是积极的、鼓励的，孩子就会自信、乐观、积极进取，主动完成任务；如果父母经常提醒、催促、警告、唠叨孩子，对孩子的看法是消极的、否定的，孩子就会自卑、畏难、退缩等，遇事被动消极。

很多父母说自己对孩子的看法是积极的，可是他们却总在要求、提醒、唠叨、挑剔、批评孩子，在这种内外不一致的情况下，孩子看到的是父母外在的行为，他们无法理解父母内在的想法，因而形成消极的"社会我"，并将带着这种观点进入"心理我"的阶段，形成消极被动的性格。

（更多内容见《和熊孩子过招的心理战术》第175～180页）

### 7. 什么是"天使"与"魔鬼"（行为的两面性）？

每个孩子内心都住着"天使"和"魔鬼"，他们一直在斗争："天使"想学习，"魔鬼"想玩耍，就像两个小人在拔河一样，谁胜了，孩子就表现谁。当"天使"胜出时，孩子就表现良好的行为；当"魔鬼"胜出时，孩子就表现不当行为。这也可以用孩子行为的两面性来解释。例如，一个男孩把家里的玻璃打碎了，父母很生气，对他责罚有加。后来了解到孩子当时看到父母吵架，爸爸要动手打妈妈，情急之下，他用砖头砸碎了玻璃，他是为了保护妈妈。

打碎玻璃这个行为，一面是淘气（魔鬼）——引起父母生气；一面是保护妈妈（天使）——父母非常感动。如果家长能多看孩子的优点，就是帮助"天使"，孩子更多表现"天使"面，直至"天使"变得强大而打败"魔鬼"；如果家长看到缺点多些，就是帮助"魔鬼"，"天使"难以胜出。

我们都知道，谁拥有问题，谁才能解决问题，即孩子的问题只有他自己才能解决，我们只能从旁辅助和影响而已。换句话说，就是孩子的"魔鬼"只有他自己的"天使"才有可能打败。"魔鬼"生来很强大，"天使"生来很弱小，后者更需要鼓励和支持。

（更多内容见《和熊孩子过招的心理战术》第 126～130 页）

8．什么是错误递减（试误说）？

心理学家桑代克做过很多动物实验，其中饿猫逃出"问题箱"是他的经典实验之一。他把饿猫放入箱子，一开始，饿猫只是无目的地乱咬、乱撞，后来偶然碰上脚踏板，饿猫打开箱门，逃出箱子，得到鱼。接着第二次，桑代克再把饿猫关在箱子中，如此多次重复，最后，猫一进入箱中即能打开箱门。他认为学习的过程是一种渐进的尝试错误的过程。在这个过程中，错误的反应逐渐减少，而正确的反应最终形成，这就是"试误说"——错误递减的过程。

孩子正确行为的形成也遵循尝试错误、错误递减的规律，只要孩子的错误越来越少就是进步，就是学习。家长和老师对孩子的期望应该符合这个规律，不要期望孩子的错误行为立即消失，要给予孩子犯错和改正的机会。例如，今天的作业错了 5 道题，下周错了 4 道题；今天犯规 3 次，下周犯规 2 次；这周忘记作业 3 次，下周忘记 2 次；期中考试 90 分，期末考试 91 分；期末考试 85 分，但是上次计算题错了，这次全对……

总之，评判孩子的标准是人为的，教育者的智慧在于看到孩子尝试错误过程中所付出的努力，以及错误递减的项目，并用语言表达出来，让孩子看到自己的进步，从而增强对自我的评价，这才是孩子进步的内在动力。

（更多内容见《儿童时间管理效能手册》第 3～7 页）

### 9. 什么是皮格马利翁效应？

皮格马利翁效应（Pygmalion Effect），也叫罗森塔尔效应或期待效应，由美国著名心理学家罗森塔尔和雅各布森提出。他们考查某校，随意从每班抽 3 名学生共 18 人写在一张表格上，交给校长，并极为认真地说："这 18 名学生经过科学测定全都是智商型人才。"事过半年，他们又来到该校，发现这 18 名学生的确超过一般，长进很大，再后来这 18 人全都在不同的岗位上干出了非凡的成绩。这一效应就是期望心理中的共鸣现象。

皮格马利翁效应告诉我们，人们会不自觉地接受自己喜欢、钦佩、信任和崇拜的人的影响和暗示。因此，对一个人传递积极的期望，就会使他进步得更快，发展得更好。反之，向一个人传递消极的期望则会使人自暴自弃，放弃努力。

皮格马利翁效应在学校教育中表现得非常明显。受老师喜爱或关注的学生，一段时间内学习成绩或其他方面都有很大进步，而受老师漠视甚至歧视的学生就有可能从此一蹶不振。一些优秀的老师也在不知不觉中运用期待效应来帮助后进学生。同理，**家长对孩子的积极暗示和积极期待对孩子的进步作用也非同小可。**

（更多内容见《和熊孩子过招的心理战术》第 108～112 页）

### 10. 晚餐时孩子为什么无精打采？

中国的习惯是早餐匆匆忙忙，午餐各自在学校、单位解决，只有晚餐一家人才能坐在一起，从容吃饭，所以这应该是亲子快乐时光。但是，很多父母也在这个时间开始教育孩子，内容包括学习、生活等方方面面，原本愉快的交流瞬间变成父母对孩子的批评。原本兴高采烈的孩子也瞬间变得无精打采了，默默地低着头，快速把饭菜填入口中，仿佛完成任务一般。

父母这样做，不仅不利于孩子的消化吸收，而且给孩子示范一心二用、不专注，更导致亲子关系紧张。所以，**请让孩子吃饭时专注吃饭，玩耍时专注玩耍，他才能学习时专注学习，这些专注的能力是共通的。**

### 11. 为什么总要催促很多次，孩子才开始写作业？

想想看，孩子做什么事情是从来不用催促的？当然是玩了。玩和学习的区别在于前者是兴趣导向的——"魔鬼"驱使，后者需要自制力——"天使"驱动。只有当"天使"胜出，孩子才会自动、自觉地写作业。

家长的多次催促，也只能把孩子的身体约束在书桌前，至于孩子的心，还不知在哪里呢。所以他写作业时总是不专心，老是有事，花样翻新，一会儿喝水，一会儿小便，一会儿又说痒痒，要挠挠，要不然就是走神发呆。

孩子练琴时老是动来动去的，说他就不高兴，生气、发脾气，明明他错了，就是不承认，再说还哭了。

这都是因为孩子的身心不合一，因此无法专注，效率也非常低。

（更多内容见《和熊孩子过招的心理战术》第68～71页，第122～125页）

### 12. 为什么孩子遇到困难就逃避？他就不能努力克服吗？

畏难情绪即恐惧困难的一种心理状态。具体表现是，遇到"困难"采取退缩、躲避、迂回的态度，缺乏面对"困难"的勇气，没有解决"困难"的信心，不采取积极主动的行为解决问题，甚至无意识地夸大困难。

儿童阶段的畏难情绪主要表现在学习生活上。从心理学角度分析，原因有几点：惰性——孩子不愿付出努力和劳动，而是采取躲避、绕道的方式回避困难；缺乏自信和勇气，害怕失败；缺乏成功后的自豪感，甚至从未体验过战胜困难后的喜悦。

因此，当孩子遇到困难时，家长要停止唠叨和抱怨，帮助他分解困难，鼓励孩子勇于接受挑战，一个困难、一个困难地解决，引导孩子通过努力从失败走向成功，**重视孩子每一个微不足道的成功经历，真诚分享孩子战胜困难后的喜悦，提高孩子战胜困难的自豪感**。这是一个尝试错误的过程，一旦形成了固定的思维模式，习惯就成为自然了。

（更多内容见《儿童时间管理效能手册》第7～11页）

### 13. 我为什么生气了？我能不生气吗？

面对孩子的各种不当行为，家长常常会生气，我们常常说："都是你不听话，我才生气的。"我们生气真的是因为孩子的行为吗？

例如，前面提到的孩子打碎玻璃，开始时父母认为他淘气捣乱，所以生气发脾气、责罚他；后来知道他是因为要保护妈妈才这样做的，家长会为此感动而不是生气。这样看来，导致父母生气的不是孩子的行为，而是父母对孩子行为的想法或解释，即父母的期望或价值观。

因此，**当他人的行为没有达到我的期望时，我就生气了**。我生气，不是因为孩子，而是因为我自己的想法，那么生气的权利在我自己手中，而不是由孩子掌控，**我们自己才是情绪的主人，我们能够自己决定是否生气，我们有选择生气与否的自由和权利**。

常言道："江山易改，本性难移。"我们的期望和想法一时难以彻底改变，生气在所难免，生气后我们可以选择沟通而不是发脾气。我们首先要知道生气的责任人是自己，生气说明需要沟通；其次要学会灭"火"口诀——"一离二吸三凉水"；最后要等到自己平静后再去和孩子沟通。

（更多内容见《儿童时间管理效能手册》第四章，《和熊孩子过招的心理战术》"情绪篇"）

## 二、对任务进行评估（时间管理过程之整理）

时间管理就像整理电脑碎片。电脑在长时间使用后会越来越慢，甚至会因出现故障而罢工，有经验的工程师会帮助你整理碎片，把零零散散的储存空间分门别类，就会省出很大的空间，电脑也因此更灵活。如果我们在大脑中建立时间抽屉，在每一个时间抽屉中放入一类事项，如语文、数学、英语、休闲、吃饭、游戏、运动、睡觉、阅读等，每当开启一个抽屉时，就要关闭其他抽屉，不仅培养了专注力，而且提高了效率。

经过一周的记录和学习，家长对孩子的各种表现都了然于心。在周日的晚上，家长要把这一周每天的记录表进行评估，就像电脑整理碎片一样。美国时间管理专家科维博士提出"四象限时间管理"法，他认为所有的事情根据其重要程度和紧急程度都可以归纳到以下四个象限里。

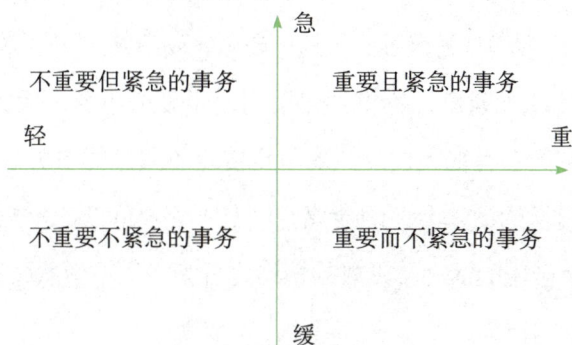

急

不重要但紧急的事务　　　　重要且紧急的事务

轻　　　　　　　　　　　　　　　　重

不重要不紧急的事务　　　　重要而不紧急的事务

缓

时间管理坐标体系

重要而不紧急的事务：在四个象限中，重要而不紧急是最有价值的一个象限。它代表长远收益和持续发展，四象限时间管理法最重要也是决定性的原则是在任何可以掌控的时间内都应该把它用于重要而不紧急的事情，如孩子学习能力培养（包括七大要素，见下面的解释）。

重要且紧急的事务：在企业管理中，虽然工作和生活的状态因人而异，但是企业中所有的人难免都会处理这类事情，如承担有时间期限的任务，应对危机，应对突发的紧急任务。重要且紧急的事务伴随着压力、紧张、加班和疲劳。这些事务使大家处于一种被动支配时间的状态，必须先去处理完毕，才可以转回到主动支配时间的状态，如孩子要应对各种类型的大小考试等。

不重要但紧急的事务：不重要但紧急的事务往往是一些突发性的琐碎事情，这些工作必须及时处理，如果不处理，就会引发一些不良影响，如某些陌生人突然到访、公司临时下发必须马上处理上交的数据统计等。这一类事情表面上容易与"重要且紧急的事务"相混淆，因为迫切的事情会让我们产生错觉，认为这件事情很重要。二者的区别在于这件事是否有助于我们达成既定的目标，如果答案是否定的，那么就该把此类事务归入"不重要但紧急的事务"象限，如参加各类竞赛、考级等，或者应对临时检查而需要完成的作业等。

不重要不紧急的事务：不重要不紧急的事务对应于一个富有戏剧性的象限。严格来说，正常的行为很难归于这一象限，如应酬、娱乐、休闲活动、旅游，但是这些活动并非不紧急也不重要，反而是重要的事务，因为它们对健康、生活品质和人脉关系有很大贡献。既不重要也不紧急的事务是指由某些情绪和不良习惯所引发的，如无谓的会议，以及不解决问题的争执、发呆、心理不平衡等无价值产出的活动。无效的情绪化行为产生不紧急又不重要的事情，如孩子各种磨蹭的行为，即小便、喝水、吃零食等。

什么是学习能力的七大要素？

学习能力是获取一切知识的基础，包括以下七大要素，都与情商有关。

（1）自信心。控制和掌握自己的身体、行为和世界的感觉；孩子认为自己所从事的活动获得成功的可能性较大，而且成年人会提供帮助。

（2）好奇心。认为探寻事物本质是积极、有趣的。

（3）意向性。产生影响的意愿及能力，并且持之以恒。意向性又与竞争力、有效性的感觉相关。

（4）自控。与年龄匹配的调整和控制自身行为的能力，以及内在控制的感觉。

（5）关联性。与他人相互理解、交往的能力。

（6）沟通能力。用语言与他人交流想法、感受与概念的意愿和能力。沟通能力又与对他人的信任感以及与他人（包括成年人）相处时的愉悦有关。

（7）合作性。在群体活动中协调自身与他人需要的能力。

（摘自：丹尼尔·戈尔曼《情商：为什么情商比智商更重要》）

## 三、对任务进行排序（时间管理过程之组织）

在激烈的竞争中，学会时间管理的孩子将占有强大的优势，不仅不会输在起跑线上，而且会跑到终点。让我们讲个小故事来进行说明。

一天，时间管理专家为商学院的学生讲课。他对那些自命不凡的学生说："我们来做个小测验。"说完便拿出一个一加仑的广口瓶放在他面前的桌子上。

随后，他取出一堆拳头大小的石块，仔细地一块一块地放进玻璃瓶。直到石块高出瓶口，再也放不下了，他问道："瓶子满了吗？"所有学生回答："满了！"

时间管理专家从桌子下面拿出一桶砾石，倒了一些进去，并敲击玻璃瓶壁使砾石填满石块的间隙。

"现在瓶子满了吗？"他第二次问道。这一次学生有些明白了。

"可能还没有。"一位学生回答道。

专家从桌子下面拿出一桶沙子，开始慢慢倒进玻璃瓶。沙子填满了石块和砾石的所有间隙。

他又一次问学生："瓶子满了吗？""没满！"学生们大声说。

专家微微点头，然后他拿过一壶水倒进玻璃瓶，直到水面与瓶口平齐。他抬头看着学生，问道："这个例子说明了什么？"

一位心急的学生举手发言："时间就像海绵里的水，只要你愿意挤，总是有的。"时间管理专家摇了摇头说道："这说明只有你先把大石头放进瓶子，你才可能放进小石头，再放沙子，如果一开始你放的就是沙子，那么瓶子很快就满了。所以，在时间管理中，最要紧的是要先放大石头，那些对你来说非常重要的事情，然后是小石头，最后才是沙子。"

所以学会时间管理的孩子，通常会把自己要做的事情做主次的区分，主要的事情就是大石头（A类任务），次要一点的是小石头（B类任务），再次要点的是沙子（C类任务）。

对孩子要完成的任务进行评估后，就可以用时间ABC法进行排序，并制作任务清单。

### 1. 时间ABC法排序

按照轻重缓急把孩子的任务进行分类，分为A（重要，紧急且重要的事务）、B（次要，包括紧急不重要和重要不紧急的事务）、C（一般，不重要不紧急的事务）三类。对于成长中的孩子来说，吃好、睡好、玩好、学好都非常重要，"学"分为学校学习和课外学习两种。我们认为孩子健康的饮食、充足的睡眠、适当的自主时间、完成学校作业等属于紧急而重要的A类任务；适当的运动、周期交友和亲朋聚会等属于次要的B类任务；其他的如课外作业、练琴、学棋等是C类任务。

按照时间ABC法，合理安排各项任务的优先顺序。例如，在保证孩子充足睡眠时间的前提下，首先完成学校老师留的作业，然后是保证孩子一定的自主时间，最后是适当的运动，如果还有时间才是完成奥数等课外班的作业、钢琴、阅读等。当然，这不是标准答案，每个家庭都有自己的标准来划分 ABC 类任务，孩子成长中常常没有所谓对与错，更多时候用是否有效来衡量的。

如果到了睡觉时间孩子还没有写完作业，那也要停止作业去睡觉，保证孩子充足的睡眠。否则不仅第二天早上孩子可能会赖床，而且白天上课效率也会受到严重影响，可能注意力不集中、无精打采、扰乱课堂纪律等，由于没有认真听讲，导致晚上的家庭作业不会做，这样的恶性循环终究不是解决办法。不如该睡觉时睡觉，没有完成作业可以和老师沟通，周末补齐，至少保证孩子第二天的学习、生活处于正常的状态。

### 2. 集中零星时间，分类安排任务

把零星时间集中起来，成为连续的时间段。设法减少无效的时间，例如，如果孩子在做纸上作业，那么那段时间就都做纸上作业；如果他要朗读课文，就把朗读和背诵安排在一起完成；如果有思考的作业，这段时间就只做思考作业；如果该休息了，就把喝水、小便、提问、准备文具等一次完成。

### 3. 给每项任务设定合理的完成时间

通过一周的观察和记录，家长把每天例行的任务时间累加之后取平均值，就是该项任务的标准时间了，如学校作业（包括语文、数学、英语等）周一至周五的时间不同，取平均值后的时间是 50 分钟，那么就把孩子完成学校作业的时间标准定为 60 分钟，包括 10 分钟休息时间。孩子晚上学习的时间按照 50 分钟学习 +10 分钟休息的节奏进行，低年级孩子可以按照 45 分钟学习 +15 分钟休息进行。如果有特殊情况，如期中、期末考试前的复习阶段，由于练习比较多，可能超出这个时间：首选减掉 C 类，如奥数、练琴、阅读等；可以适当减少 B 类任务，如缩短交友和运动时间等；不可以减少 A 类任务，如睡眠和自主时间等。

任务清单（用于下一周每天记录）：

| 序号 | 任务 | 实际时间 | 标准时间 | 节省时间 |
|---|---|---|---|---|
| 1 | 起床、洗漱 | | 40 分钟 | |
| 2 | 早餐、出门准备 | | 30 分钟 | |
| 3 | 白天学校表现 | | 10 小时 | |
| 4 | 放学、晚餐 | | 40 分钟 | |
| 5 | 看电视、休息 | | 30 分钟 | |
| 6 | 语文作业 | | 20 分钟 | |
| 7 | 数学作业 | | 20 分钟 | |
| 8 | 英语作业 | | 20 分钟 | |
| 9-1 | 钢琴 | | 40 分钟 | |
| 10-1 | 奥数 | | 20 分钟 | |
| 11-1 | 阅读 | | 30 分钟 | |
| 12-1 | 自主、洗漱、上床 | | 10 分钟 | |
| 9-2 | 钢琴 | | | |
| 10-2 | 奥数 | | 40 分钟 | |
| 11-2 | 阅读 | | | |
| 12-2 | 自主、洗漱、上床 | | 60 分钟 | |
| 13 | 睡觉 | | 9 小时 | |

如何计算标准时间？

> 平时的标准时间 =（周一 + 周二 + 周三 + 周四 + 周五）/5
>
> 周末的标准时间 =（周六 + 周日）/2

如何调整任务清单？

> 　　为了保证 A 类任务顺利完成（孩子自主时间），就要适当减少 C 类任务（钢琴、奥数、阅读），对比以上任务清单中第 9-1~12-2 号各项目的时间变化——用后一类（9-2~12-2）取代前一类（9-1~12-1）的任务安排，即减少钢琴、奥数、阅读的时间，增加自主、洗漱、上床的时间。事先和孩子约定如果没有按时上床，第二天要先洗漱，后自主时间。

如何确定孩子睡眠时间是否充足？

要把早晨起床和晚上睡觉时间固定，根据每个孩子的具体情况来定。例如，有的孩子需要 9 小时睡眠，有的孩子需要 10 小时。睡眠充足的判断原则是孩子早起不费劲、白天活动有活力、晚上作业有精神。

如果孩子早上赖床，叫几次都不愿意起床，首先要考虑孩子是否缺觉，可以和孩子约定早上晚起，晚上要早上床。例如，孩子晚起 10 分钟，晚上就要早上床 10 分钟，直至调整到孩子充足睡眠的合情合理点——晚上上床和早上起床时间点，然后基本固定下来即可。

如何给孩子睡眠定义？

睡眠即孩子完成洗漱等任务，关灯或者开夜灯（有的孩子怕黑），上床躺着，闭嘴，闭眼，不动即可。至于孩子何时睡着不是评价的指标，没有人能控制自己何时睡着，别人更不能命令自己睡着。家长可以管理和控制的是孩子上床的时间和营造睡眠的环境、气氛等。有的孩子入睡很快，有的孩子慢一些，这些都是正常的。

什么是学校作业？

学校作业包括语文、数学、英语等学校老师留的作业，这些作业都有时间限制，必须第二天交，也是对当天课堂学习的巩固与掌握情况的检查，属于 A 类任务。如果有的孩子在保证自主时间和充足睡眠前提下无法完成 A 类任务，还可以细分为 A+ 和 A-，先完成 A+ 的任务。如果家长发现孩子在完成学校作业时有困难，就要和老师及时沟通，了解孩子在学校的课堂听讲和活动情况，分析原因，如是身体原因、睡眠不足，还是不会听课、注意力不集中等。不要盲目给孩子补课，更不要简单地批评指责孩子，以免贻误教育的良机。

A 类任务中的作业细分如下：

A+：第二天要交的、三门主科、书面的

A-：背诵、预习、复习、每天阅读 × 分钟

如果 A+ 作业做完，孩子只剩 1 小时自主时间，那就不能再做 A- 作业，家长要跟老师沟通，为孩子撑起一片成长的天空，可以安排周末、作业少的时候补，这些要提前跟孩子说好。

是否需要给孩子检查作业?

原则上不应该给孩子检查作业，更不该帮助他更正，因为家长检查、修改过的作业都是对的，老师批改作业就无法了解孩子的学习情况，也就无法因人而异地改善自己的教学。

如果学校老师有规定，要求家长检查并签字，也有变通的方法，如让孩子在改错时做出标记，以便老师能了解孩子的真实作业情况。可以和老师沟通，告诉老师你希望孩子自己为学习、作业负责任，家长只履行监督的责任，确保孩子完成作业，不负责作业是否正确，一定要取得老师的认可才行。

如果老师不认可你的做法，建议你采取前面的变通方法。**不要把与老师的分歧告诉孩子，造成问题复杂化。**

孩子说身体不舒服、想请假在家怎么办?

如果孩子说身体不舒服，不想上学了，首先要带孩子去医院确诊，并遵医嘱休息、吃药。

如果家长很明确知道孩子身体没有大碍，不需要进行看医生、吃药、打针等治疗，请不要说孩子装病，更不要强迫孩子去学校，只要按照如

下的方法应对即可：

（1）让孩子卧床休息，不可以看电视、玩游戏、看书等，可以听故事、音乐等；

（2）饮食上要清淡，和生病一样对待，如喝粥，吃清淡的蔬菜、咸菜等，不可以吃大鱼大肉；

（3）多喝水，定时测量体温，随时观察孩子的身体变化；

（4）如果孩子不想卧床，可以起床在室内活动，也可以按照课表自学，并在当天询问老师家庭作业，及时完成；

（5）如果第二天孩子还是想在家里休息，请尊重孩子的选择，并和头一天一样对待。

切记：不可以让孩子在家里自由自在地玩，更不可以随意看电视、玩游戏、看书等。这样在家里一两天的缓冲，既尊重了孩子的选择，让孩子体会到上学、学习是自己的事情；也让孩子稍感疲惫的身心得以放松和恢复，这也是让孩子充电的过程，即所谓磨刀不误砍柴工。

如果家长无法请假在家陪伴孩子，不妨想象一下，假如孩子真的发烧了，怎么办？我想你一定能找到解决办法的，孩子这种没有身体大碍、却不想上学的情况，比身体真的发烧、生病要严重得多。因为孩子即使被父母强行带到学校，他也不会合作，可能上课注意力不集中、走神发呆，更可能和同学发生冲突，不遵守课堂纪律等。两害相权取其轻，与其在学校没有效率，不如在家里休息一两天，再精力充沛地回到学校。

## 四、闯关问答

在进入下一章训练之前，请家长和孩子沟通以下几个问题——家长询问，孩子回答，确定孩子是否达到本章训练的目标。如果达到，可以进入下一章的训练；如果没有达到，说明时机未到，请补充训练相应的问题，为接下来的训练打好扎实的基础。

1. 孩子是否了解时间的含义？

2. 孩子是否明确自己每天要完成的任务？

3. 孩子是否相信自己有能力在规定时间内独立完成这些任务？

4. 父母是否做到了帮助孩子制定合情合理的目标（目标分解），帮助孩子完成任务、体验成就感、享受自主时间？

5. 孩子是否对时间管理充满期待和信心？

# 第四章

# 提高孩子做事速度，克服磨蹭拖拉

经过第一周的训练，孩子对时间有了初步的认识，明确了每天要完成的任务，发现自己有能力在有限的时间内独立完成任务，父母的任务在于帮助孩子发现自己的优点和资源，调动孩子的积极性，激发孩子对于即将到来的时间管理训练充满期待和信心。所以，**父母一定要以孩子的兴趣为核心，让他们体验到努力之后的成就感，感受到快得值得。切记：不要因为孩子做事快就增加任务，也不要因为孩子做得快而追求做事的精细度。**

## 一、优点大轰炸

目标：找出孩子自身的优点，帮助孩子建立自信心，激发孩子内在的动力。

### 1. 孩子有哪些优点和资源

例如，守信用、有爱心、积极进取、乐观向上、乐于助人等，请写在下面的表格中。

| 优点、资源 | 举 例 说 明 |
| --- | --- |
|  |  |
|  |  |
|  |  |
|  |  |
|  |  |

### 2. 你的感觉是怎样的

这是个难得的机会，请一定要把你此刻的心情记录下来，这是最宝贵的财富，因为这种满足和愉悦会稍纵即逝。相信你写着写着，就会感到无比自豪和骄傲，感到信心十足。

你的感觉

### 3. 孩子有哪些反应

请你带着这种骄傲和自豪感，用欣赏和钦佩的语气告诉孩子，要告诉孩子你想到的具体事例，这是非常有说服力的。当你诉说时，请仔细观察孩子的反应。害羞？高兴？疑惑？眼睛发光？渴求的态度？拥抱你？神采奕奕？总之，你将会看到孩子自信的种子生根发芽了。

### 4. 孩子喜欢什么

你的孩子为了得到下述这些喜欢的东西而努力快速完成学习任务，如看电视、看电影、玩游戏、郊游、找同学玩，以及玩具、图书、食物、亲子时光、游戏机等。请记录孩子想要的东西，无论是什么，都要如实记录，不要评价好坏，更不要批评、指责、讽刺、挖苦等。请记录下来。

## 二、时间管理过程之回顾和行动

　　根据第一周的收集、整理和组织，把每天要完成的任务列出清单，告诉孩子每一项都有标准时间（见第一周的记录表），如果孩子能提前完成——节省时间，剩余的时间都将成为他的自主时间。这样设计的目的在于**让孩子感到提前完成是值得的，**不必担心完成任务后还有更多的任务等着他，因而愿意付出最大的努力，发挥潜能。家长也因此能够了解孩子目前的能力所及——到底有多快。

　　将孩子的作息时间分为三个模块，即早晨上学前、白天学校表现、下午放学后，每个阶段重点关注一个模块，集中精力解决这部分的问题。其他的顺次解决，或者暂时忽视，否则容易眉毛胡子一把抓，不仅训练效果不好，而且会因挫败感而导致训练中断。

　　**任务清单**（每个阶段的任务不能超过 10 项）

　　读者可以自行制定，周一至周日每日一张表格，共计八张，其中一张作为总结，即平均值。

| 序　号 | 任　　务 | 实际时间 | 标准时间 | 节省时间 |
|---|---|---|---|---|
| 1 | | | | |
| 2 | | | | |
| 3 | | | | |
| 4 | | | | |
| 5 | | | | |
| 6 | | | | |
| 7 | | | | |
| 8 | | | | |
| 9 | | | | |
| 10 | | | | |

例如，周一（6:40～21:30）：

| 序　号 | 任　　务 | 实际时间 | 标准时间 | 节省时间 |
|---|---|---|---|---|
| 1 | 起床、洗漱 | 5分钟 | 10分钟 | 5分钟 |
| 2 | 早餐、出门准备 | 20分钟 | 20分钟 | 0分钟 |
| 3 | 白天学校表现 | 10小时 | 10小时 | 0分钟 |
| 4 | 放学、晚餐 | 30分钟 | 30分钟 | 0分钟 |
| 5 | 看电视、休息 | 30分钟 | 30分钟 | 0分钟 |
| 6 | 学校作业（语文、数学、英语） | 50分钟 | 60分钟 | 10分钟 |
| 7 | 钢琴（设定目标） | 30分钟 | 40分钟 | 10分钟 |
| 8 | 奥数（规定3道题） | 15分钟 | 20分钟 | 5分钟 |
| 9 | 阅读（朗读一篇课文） | 15分钟 | 20分钟 | 5分钟 |
| 10 | 自主时间、洗漱、上床睡觉 | 60分钟 | 10分钟 | -50分钟 |

### 1. 准备定时器

需要准备定时器，并教会孩子使用。为了让孩子愿意合作，可以带孩子去买定时器，选择他喜欢的样式，激发他的动力。

### 2. 家长要做到"三定"

"三定"即定时（固定时间）、定点（固定地点）、定量（固定作业量）。具体来说，"定时"是指周一至周四，家长尽可能不要给孩子安排计划外的事情，如会餐、聚会等可能扰乱孩子学习秩序的活动，让孩子每天的作息时间都在计划内，包括每天的晚餐时间也要基本固定。"定点"是指孩子学习、写作业的地点要固定。

只要孩子能定时、定点开始学习，即每天固定时间就会坐到固定地点写作业，他的身体和心理都会逐渐进入学习状态，长此以往，孩子就会建立内在的"学习生物钟"，就像我们的肠胃定点饥饿一样，孩子到时就想学习、写作业了。

另外，**家长不要因为孩子作业做得快或者提前完成作业而随意增加作业量，否则孩子就会因为休息无望而磨洋工。**

### 3. 如何确定作业量

为了培养孩子的时间观念，提高学习效率，就要让孩子明确作业量，知道自己什么时间该干什么，以及完成后能得到什么奖励，不完成要接受什么行为结果（惩罚）。首先列出孩子当天的作业量，预估每一项作业所需要的时间，原则是孩子完成这些作业还有玩的时间（每天至少有 1 小时），让孩子感到快得值得。如果完成作业后没有玩的时间，说明作业量过多，或者孩子时间管理有问题。

## ✨ 三、制定星星表 ✨

根据计算的标准时间和孩子的实际时间确定孩子认可的标准时间，并与孩子沟通后确定每一项任务的完成标准（见红星说明），以及对达到这个标准后给予多少红星鼓励（见红星标准）。

### 星星表

| 模　块 | 行　为 | 红 星 说 明 | 红 星 标 准 |
|---|---|---|---|
| 模块一<br>早晨 | 1 | | |
| | 2 | | |
| 模块二<br>白天学校表现 | 3 | | |
| | 4 | | |
| | 5 | | |
| | 6 | | |
| | 7 | | |
| 模块三<br>下午放学后 | 8 | | |
| | 9 | | |
| | 10 | | |
| | 11 | | |
| | 12 | | |
| | 13 | | |
| | 14 | | |
| 模块四<br>作业质量 | 15 | | |
| | 16 | | |
| | 17 | | |
| 模块五<br>其他 | 18 | | |
| | 19 | | |

孩子签名：_____　　　　父母签名：_____　　　　签名日期：_____

例如，豆豆星星表：

| 模　块 | 行　为 | 红星说明 | 红星标准 |
|---|---|---|---|
| 模块一<br>早晨 | 1 | 6:45 闹钟一响就穿衣、洗漱、吃早餐 | 每项 1 ★ |
| | 2 | 7:10 准时出门上学 | ★ |
| 模块二<br>白天学校表现 | 3 | 每天抄记事，字迹工整，内容完整 | 每项 1 ★ |
| | 4 | 学校周评纪律、卫生加分 | 每分 1 ★ |
| | 5 | 得到小奖状、老师表扬 | 每次 3 ★ |
| | 6 | 上课积极举手回答问题 | 每次 1 ★ |
| | 7 | 作业考试得优 * | 每个 1 ★ |
| 模块三<br>下午放学后 | 8 | 每项作业按时完成，字迹工整 | 每项 1 ★ |
| | 9 | 作业完成后立即按照记事本收拾 | 每项 1 ★ |
| | 10 | 每天练琴 15 分钟 | ★ |
| | 11 | 每天做奥数 1～2 题 | ★ |
| | 12 | 每天读、背英语单词、课文 10 分钟 | ★ |
| | 13 | 每天听英语磁带 10 分钟 | ★ |
| | 14 | 每天 9:30 准时上床睡觉 | ★ |
| 模块四<br>作业质量 | 15 | 作业"三个一" | 每项 1 ★ |
| | 16 | 作业"三个不" | 每项 1 ★ |
| | 17 | 认真检查作业 | 1～6 ★ |
| 模块五<br>其他 | 18 | 得到瑞思小贴画（课外班） | 每个 1 ★ |
| | 19 | 意料之外的好行为 | 5～10 ★ |

孩子签名：_____　　　　父母签名：_____　　　　签名日期：_____

备注：
1. 以上"按时"是指标准时间。
2. 红星说明要具体，可操作、可衡量，不可以用模糊语言，如"表现好"等。
3. 红星标准要与孩子沟通协商，取得孩子的认可才有效。
4. 每个阶段选择 1～2 个模块，总项目不超过 10 项，以保证训练效果。
5. 以上的项目和标准仅供参考，要根据自己孩子的具体情况来定。

红星记录表——日表（读者可以自行制定，每日一张）：

| 模块 | 行为 | 任务 | 实际时间 | 标准时间 | 红星数量 |
|------|------|------|----------|----------|----------|
| 模块一<br>早晨 | 1 | 起床、洗漱 | | | |
| | 2 | 早餐、出门准备 | | | |
| 模块三<br>下午放学后 | 8 | 放学、晚餐 | | | |
| | 9 | 看电视、休息 | | | |
| | 10 | 学校作业（语文、数学、英语） | | | |
| | 11 | 钢琴（设定目标） | | | |
| | 12 | 奥数（规定3道题） | | | |
| | 13 | 阅读（朗读一篇课文） | | | |
| | 14 | 自主、洗漱、上床睡觉 | | | |

当日红星数量合计：_____颗 ★

备注：

1. 实际时间是孩子自己记录的。

2. 标准时间是根据前面的记录计算出来的。

3. 红星数量是根据星星表的"红星说明"和"红星标准"得出的，如果在这个环节孩子和家长有分歧，在不违反家庭规范、对孩子和他人没有危险的情况（只是数量的不同）下，请遵循孩子的意见；如果分歧比较大，就先记录下来，沟通、讨论修改星星表。

每日红星记录表总结后，记录在下表中，一目了然，便于总结和改善。

红星记录表——周表（读者可以自行制定，每周一张）：

| 模块 | 行为 | 红星数量 | | | | | | | 备注和说明 |
|------|------|------|------|------|------|------|------|------|------------|
| | | 周一 | 周二 | 周三 | 周四 | 周五 | 周六 | 周日 | |
| 模块一 | 1 | | | | | | | | |
| | 2 | | | | | | | | |
| 模块三 | 8 | | | | | | | | |
| | 9 | | | | | | | | |
| | 10 | | | | | | | | |
| | 11 | | | | | | | | |
| | 12 | | | | | | | | |
| | 13 | | | | | | | | |
| | 14 | | | | | | | | |

续表

| 模块 | 行为 | 红星数量 | | | | | | | 备注和说明 |
|---|---|---|---|---|---|---|---|---|---|
| | | 周一 | 周二 | 周三 | 周四 | 周五 | 周六 | 周日 | |
| 模块五 | 18 | | | | | | | | |
| | 19 | | | | | | | | |
| | 20 | | | | | | | | |

本周红星数量合计：_____颗★

### 1. 什么是作业"三个一"

为了让孩子写作业时保持正确的姿势，就要对他写作业时头、胸、握笔的手指尖摆放的位置给出具体可操作的要求，即"三个一"的标准：头（眼睛）离桌面一尺，胸离桌边一拳，握笔的手指尖离笔尖一寸。

### 2. 什么是作业"三个不"

为了培养孩子写作业时的专注力，要对孩子写作业的过程进行可操作性很强的指导，即"三个不"：**头不抬**（写作业过程中头要保持一定的姿势，眼睛一直看着正在写的作业，即使思考也要盯着眼前的书本）、**手不停**（手要一直在写字，包括打草稿、演算、验算等）、**嘴不动**（闭紧嘴巴，不出声音）。

### 3. 什么是认真检查作业（也可以叫作6-4-2-1法）

常常听到家长说让孩子学习、写作业、考试要认真，孩子说"我已经很认真了"。结果导致亲子冲突，浪费时间和精力，发生这种冲突的关键在于家长和孩子对于"认真"的理解不同，解决的办法是**对"认真"进行量化，分层管理**，并可以简单操作。

例如，对于认真检查作业，我们可以用如下的标准来衡量：当孩子把作业拿给家长前已经检查、改错，全对的给 6 颗红星；如果返回去（第一遍）检查、改错，全对的给 4 颗红星；再返回去（第二遍）检查、改错，全对的给 2 颗红星。如果检查两遍还是有错误，家长要暗示孩子错误在哪里，或者直接告诉他错误的题目，并让孩子改错，给1颗红星，这样便于孩子节省时间，快速解决问题，而且不会因此产生不必要的挫败感。如果孩子放弃改错，不得这项红星，也要尊重他的选择，同时提醒他作业成绩可能也得不到红星这个行为结果。

注意：改错的过程中要关注孩子的情绪变化，如果孩子已经对作业很反感，经常写到很晚，连自主时间都减少或没有了，就不要实施"6-4-2-1法"，而是直接进入最后一个环节——告诉孩子错在哪里，帮助孩子直接改错，当然孩子也有权利放弃改错。这样做的目的是避免孩子对作业产生失败效应（更多内容见《儿童时间管理效能手册》第7~11页），不要因小失大。

### 4. 什么是意料之外的好行为

如果孩子表现优异，有在"豆豆星星表"中没有具体描述的好行为，家长一定要特别鼓励孩子，如孩子在学校犯了错误，被老师批评了，回家后能主动告诉家长，并承认错误，也表示今后一定改正，家长可以肯定孩子的诚实，给予意外惊喜红星，如5颗红星。当然，"老师批评"也要给予1颗黑星（参照第六章的"豆豆红星、黑星对照表"，从第五周开始）。**对于好的行为要大大鼓励（多的红星），对于不好的行为要小小惩罚（少的黑星），孩子将会表现出越来越多的好行为。**

### 5. 为什么家长生气、发脾气、责罚孩子要给孩子红星

家长的情绪是影响时间管理训练的主要因素，不仅伤害亲子关系，而且会对孩子造成心理和精神的伤害。为了提高时间管理训练的效果，我们把家长的情绪也进行量化管理，家长生气是正常的，但需要不断地克制（见灭"火"口诀），使其逐渐减少（见第一章"情绪管理123"）。因此发脾气、责罚孩子是无效而有害的，所以规定如果家长有对孩子发脾气，或者动手打孩子的行为，要送给孩子5~30颗红星（尤其对于脾气暴躁的家长更适用），这样做的目的

在于：**一方面对家长进行约束，**帮助家长控制冲动、延迟满足，承担行为结果；**另一方面也是对孩子的精神和心理进行补偿**——避免孩子心灵受伤；**同时给孩子做出很好的榜样**——人人都会犯错，父母也不例外，**犯错了不要紧，只要勇于承担责任并及时改正就好。**

## 四、制定豆豆时间表

根据周一至周日的每项任务和标准时间，合成以下的时间表（参考"豆豆时间表"）。豆豆时间表是一个四年级小学生的时间表，你可以根据自己孩子的具体情况，制定符合自己孩子的时间表（更多时间表参考第六章）。这里的"时间"指"标准时间"。

### 时间表

|   | 星期一 | 星期二 | 星期三 | 星期四 | 星期五 | 星期六 | 星期日 |
|---|---|---|---|---|---|---|---|
| 1 |   |   |   |   |   |   |   |
| 2 |   |   |   |   |   |   |   |
| 3 |   |   |   |   |   |   |   |

续表

| | 星期一 | 星期二 | 星期三 | 星期四 | 星期五 | 星期六 | 星期日 |
|---|---|---|---|---|---|---|---|
| 4 | | | | | | | |
| 5 | | | | | | | |
| 6 | | | | | | | |
| 7 | | | | | | | |
| 8 | | | | | | | |
| 9 | | | | | | | |
| 10 | | | | | | | |
| 11 | | | | | | | |
| 12 | | | | | | | |
| 13 | | | | | | | |
| 14 | | | | | | | |
| 15 | | | | | | | |
| 16 | | | | | | | |
| 17 | | | | | | | |
| 18 | | | | | | | |
| 19 | | | | | | | |
| 20 | | | | | | | |
| 21 | | | | | | | |
| 22 | | | | | | | |
| 23 | | | | | | | |
| 24 | | | | | | | |

例如，豆豆时间表：

| | 星期一 | 星期二 | 星期三 | 星期四 | 星期五 | 星期六 | 星期日 |
|---|---|---|---|---|---|---|---|
| 1 | 6:45 起床 | 6:45 起床 | 6:45 起床 | 6:45 起床 | 6:45 起床 | 7:50 起床 | 7:30 起床 |
| 2 | 7:10 出门 | 7:10 出门 | 7:10 出门 | 7:10 出门 | 7:10 出门 | 8:00～8:30 早饭 | 7:55 出门 |
| 3 | 16:50 放学 | 14:25 放学 | 16:50 放学 | 16:10 放学 | 16:20 放学 | 8:40～10:40 写作业 | 8:30～12:30 瑞思英语 |

续表

| | 星期一 | 星期二 | 星期三 | 星期四 | 星期五 | 星期六 | 星期日 |
|---|---|---|---|---|---|---|---|
| 4 | 17:20～18:20 写作业 | 14:30～16:10 钢琴课 | 17:20～18:20 写作业 | 16:30～17:50 写作业晚饭 | 16:30～18:00 播音 | 10:40～11:40 自主时间 | 自主时间 |
| 5 | 18:30～19:00 晚饭 | 16:40～17:40 写作业 | 18:30～19:00 晚饭 | 18:00～20:00 瑞思英语 | 18:30～18:45 钢琴 | 11:40～12:10 午饭 | 19:40～20:00 钢琴 |
| 6 | 19:00～19:50 自主时间 | 17:50～18:00 奥数 | 19:00～19:50 自主时间 | 20:30～20:50 自主时间 | 18:50～19:20 晚饭 | 12:10～13:00 自主时间 | 20:10～20:20 奥数 |
| 7 | 19:50～20:05 钢琴 | 18:10～18:20 英语 | 19:50～20:05 钢琴 | 20:50～21:10 洗漱 | 19:20～20:00 自主时间 | 13:30～15:30 奥数课 | 20:20～20:30 英语 |
| 8 | 20:10～20:20 奥数 | 18:30～19:00 晚饭 | 20:10～20:20 奥数 | 21:10 关灯睡觉 | 20:00～21:00 游泳1 000 米 | 16:00～17:00 打球 | 20:30～20:50 洗漱 |
| 9 | 20:20～20:30 英语 | 19:00～19:40 自主时间 | 20:20～20:30 英语 | | 21:00～21:10 洗漱 | 17:20～17:50 奥数作业 | 20:50～21:10 阅读 |
| 10 | 20:30～20:50 洗漱 | 19:40～20:50 游泳1000 米 | 20:30～20:50 洗漱 | | 21:10～21:30 阅读 | 18:00～18:30 晚饭 | 21:10 关灯睡觉 |
| 11 | 20:50～21:10 阅读 | 20:50～21:00 阅读 | 20:50～21:10 阅读 | | 21:30 关灯睡觉 | 18:30～20:10 自主时间 | |
| 12 | 21:10 关灯睡觉 | 21:10 关灯睡觉 | 21:10 关灯睡觉 | | | 20:10～20:40 钢琴 | |
| 13 | | | | | | 20:40～21:00 洗漱 | |
| 14 | | | | | | 21:00～21:30 阅读 | |
| 15 | | | | | | 21:30 关灯睡觉 | |

备注：对于自控力弱的孩子，建议把自主时间安排在睡觉前。

## 五、制定豆豆礼物表

根据孩子的喜好制定礼物表，每项礼物用多少颗红星兑换，需要和孩子沟通决定。家长可以每日换礼物（越小的孩子越需要及时满足），也可以**每周换一次**日常礼物；已经换掉的红星可以累计作为额外奖励，换取特殊礼物，建议每月、每学期、每年换取特殊礼物。如果某项礼物特殊，孩子努力一年也无法换到的话，请重新调整红星数量，或者取消这个礼物，因为这对孩子来说已经是理想了，没有即时的激励作用。

### 1. 礼物表的理论依据——代币制

代币制（Token Program）又称标记奖酬法，是用象征钱币、奖状、奖品等标记物**（不要使用人民币）**为奖励手段来强化良好行为的一种行为矫正方法。其操作方法是：当期望发生的行为（如主动写作业、专注思考等）出现时，立刻给予一种"标记"或代币加以强化，然后再将"标记"或代币换取各种优待。孩子可以用这些代币换取各种各样的礼物，如零食、玩具、游戏时间、图书等，以及各种特殊礼物，如参加夏令营、长途旅游、高级玩具、游戏机等。

代币其实是一种中介物，在行为改变的过程中，用一种本来不具有增强作用的物体（如红星、印章、草莓券、环保币、筹码、铜币、纸币等）为表征，让它与具有增强作用的其他刺激物（如食品、玩具、游戏等）相联结，让这种表征物变成具有增强作用的东西。这种经由制约历程而获取增强作用的表征物通常称为制约增强物，能够累积并可兑换其他增强物的制约增强物则称为代币。

代币制是心理学家斯金纳操作性条件反射理论下的一种方法。斯金纳认为，人的一切行为几乎都是操作性强化的结果，人们的任何习惯都可以通过及时强化习得。对于孩子来说，是否多次得到外部刺激强化（成人对其行为的反应），是他衡量自己行为是否妥当的唯一标准。每个孩子的性格、脾气、喜好不同，我们所采用的强化方式也应该因人而异，要根据孩子的个性特点和喜好采用不同的强化措施，制定不同的礼物表。

代币制的优势在于能够快速启动和激发某些期望发生的行为，如孩子为了玩游戏而主动学习、认真写作业等（游戏对于孩子来说是外驱力）。其缺点在于如果取消了代币，这些期望的行为就消失了，如没有游戏，孩子就不好好学习了，因为孩子还没有形成习惯。所以，代币制的使用是有一定限度的，要引导孩子对学习本身产生兴趣，或者对学习负责任，即当孩子的好行为发生时，要用美言录持之以恒地鼓励孩子，让孩子体验成就感，产生成功效应，并形成习惯（更多内容见《儿童时间管理效能手册》第3～11页），完成从外驱力向内驱力的转化。

当你发现孩子仅仅为了物质刺激才学习，更有甚者是不断提升物质回报，就要及时刹车，停止代币制，并寻求专业机构的帮助。

### 2. 鼓励三段论——物质奖励和游戏对孩子有危害吗（如何避免代币制的危害）

用代币制刺激孩子，让他表现出期望的行为，如认真写作业、主动学习等，孩子是否会单纯为了物质奖励或者游戏而学习？如果没有这些物质刺激或游戏，孩子是否就不再出现这些好行为了？

举个例子来说明这个问题，假如有甲、乙两个人为了减肥每天跑步5圈，过了一段时间，两个人都瘦了，但是甲坚持跑步，而乙却停止了。原来甲已经喜欢上跑步，每天到点就想去跑步，没有任何目的性；而乙仅仅是为了减肥而跑步，目标达到了，就不再坚持了。这个例子告诉我们：单纯为了某个目标的行为将随着目标的消失而消失（目标也许达到，也许没达到），只有真的喜欢某种行为的过程才能持之以恒。

所以，孩子单纯为了外在刺激而学习的行为是不稳定和持久的，将会随着刺激的消失而消失。**训练的目的应该是让孩子真的享受学习和写作业的过程，即从外在的物质奖励**（外驱力）**转化为内在的精神奖励**（内驱力）**——激发孩子的成就感和上进心。**

这就涉及如何鼓励孩子。我们知道鼓励与称赞不同，前者强调的是过程、努力和进步，后者突出的是结果和成绩。鼓励的方法包括以下三句话，即**鼓励三段论**，简称**美言录**（三好：好现象、好感觉、好行为）。

（1）描述你所看到的**好现象**，例如，我看到这个房间十分整洁。

（2）描述你的**好感觉**，例如，我觉得特别开心和舒服。

（3）用具体言辞描述孩子的**好行为**，例如，你把笔放到铅笔盒里，书都摆在书桌一旁，真是井然有序。

其中第三句尤为重要，如果你不知道如何说出具体的细节，可以问孩子**"你是怎么做到的？"**要用欣赏和称赞的语气，声情并茂地把问题抛给孩子，他会告诉你具体的行为和做法，这是一种积极的心理暗示，对孩子的行为具有指导作用，因为心理学研究表明：人的行为是通过语言质化的，好的行为孩子说得越多，出现的可能性就越大。

同理，如果家长经常批评孩子，指责他不好的行为，如磨蹭拖拉、粗心大意、不认真等，这无疑是在进行消极的心理暗示，孩子负向行为发生的可能性会因此增多。

用外在的物质奖励和游戏等为孩子制造成功的机会，如主动写作业等，并通过积极的心理暗示**强化孩子的主观努力**（忽视客观的条件，如不要说"你就是为了玩游戏而快点写作业的"），**引导孩子体验成功的感觉，增强他克服困难和解决问题的信心，持之以恒，成就感和上进心就会随之提高了——这才是训练的核心和目标。**

### 3. "你是怎么做到的？"的应用

这句话的出发点是为了和孩子进行更深一步的沟通，引导孩子思考自己的努力和付出，并积极表达，把孩子**自然而为**的行为变成**有意为之**的行为。例如，妈妈说："豆豆，你今天这么快就完成作业，给自己节省出了两个小时的自主时间，你是怎么做到的？"孩子高兴地说："妈妈，我在学校大课间没出去玩，写了一部分，回家后赶紧写剩下的，一会儿就写完了！"得意之情溢于言表。妈妈接着说："哇，我的豆豆时间管理能力真强！在学校完成一部分作业，回家赶紧写剩下的，竟然能节省出两个小时！好好享受你的胜利果实吧！"

注意：孩子节省出两个小时的自主时间，他可以做任何对自己和他人都无害的事情（具体见第三章的"什么是自主时间"），千万不能安排任务！否则，孩子会认为"快得不值得"，再次回到原来的磨蹭状态。

当家长问孩子"你是怎么做到的"，如果孩子平静（微笑、羞怯）地回答"不知道""没什么"等，家长可以说出自己的观察、猜测等，请孩子给予回应，引导孩子思考，把**自然而为变成有意为之**。如果孩子说"你怎么总问这个问题""烦不烦啊"等，说明孩子感受到压力、有情绪，要积极倾听孩子（更多内容见《儿童时间管理效能手册》第五章）。

所以，家长要和孩子**说"你是怎么做到的"**，不要**写"你是怎么做到的"**，因为后者没有起到沟通和引导的作用。

### 4. 如何写美言录

夸孩子很不容易，每天夸孩子更不容易。给孩子准备个"美言录"吧，尤其对 12 岁以下的孩子，每天写上 两句鼓励的话，简化的美言录句型：我的儿子／女儿真优秀，他今天做了……（一定要说出或写出具体孩子做了什么，说了什么，即细节）。如果写不出他做了什么，就问孩子，"你今天做了什么，让自己觉得开心或骄傲？"每天完成一句话，很简单，**不简单的是坚持！至少坚持 6 个月**。

### 5. 什么是"五星级服务"

"五星级服务"是一种亲子共处的方式，即孩子可以用一定数量的红星（事先约定）换取和父母同床、父母陪睡、早晨自然醒（适用于周末没课时）、不用叠被子，甚至父母帮忙穿衣服等（偶尔的要赖也有助于增进亲子关系）。"五星级服务"的名称来自于五星级酒店的服务，这是一种奖励方式，可以列在礼物表中。

"五星级服务"的前提是：你的孩子比较独立，平时和你分床、独立睡觉，早晨到点起床、不赖床，自己整理床铺、叠被子，自己穿衣服等。

如果你的孩子比较依赖父母，平时就和父母同床、父母陪睡等，"五星级服务"就不会成为一种奖励方式。建议你先训练孩子的独立性，自己的事情自己做。

### 6. 如何管理游戏和电视时间

在一次家长讲座上，当我问到是否可以让孩子玩游戏、看电视时，家长们反应热烈，回答也是众说纷纭：

☐ 我的孩子就爱玩游戏，一玩就上瘾，我就不让他玩了。

☐ 我的孩子也爱玩游戏，一玩几个小时，怎么叫他都停不了，我只好直接给关了，他还不乐意，冲我发脾气，搞得我也很生气。但是下次他想玩的时候，一求我，可怜巴巴的样子，我又心软了，就让他玩了。

☐ 我也很矛盾，让他玩吧，太浪费时间了；不让他玩吧，和同学又没有共同话题，别人不跟他玩，搞得很可怜的样子，怎么办呢？

☐ 我就根本不让他玩，既学不到有用的，还毁眼睛，更有可能学坏，又打又杀的。我家就没有电视机和游戏机，压根儿就不给孩子这念想。

☐ 我也不想让孩子看电视，太毁眼睛了，而且孩子一看就刹不住，不让关，每次都是强行关，总是不高兴。

面对孩子的"我可以玩游戏吗？""我可以看电视吗？"家长的回答几乎

都是否定的，偶尔得到肯定的回答，也有很多限制，如"作业完成了吗？""检查了吗？""复习了吗？""考得怎么样？""做两道题再玩吧。""先说好啊，就玩半小时，让你关就得马上关，否则，没有下次了。"当孩子的所有回答都让父母满意时，孩子十分高兴，开始了短暂的愉快游戏或者电视时间。

这期间还要看爸爸妈妈的脸色和心情，因此玩得小心翼翼。家长和孩子的感觉完全不一样，爸爸妈妈觉得时间是如此漫长；孩子感到时间飞逝，总想拖延一会儿，享受这来之不易的短暂快乐时光，因为下一次还不知在何年何月呢。因此，当父母让孩子停止游戏或看电视时，矛盾和冲突常常发生。

随着社会的发展，E 时代的来临，家中的电子产品也逐渐多了起来，除了电视、VCD、DVD、电脑外，还有手机、PSP、iPad、iPod touch、MP3、MP4 等，用这些产品玩的游戏统称为"屏幕类游戏"。

其实，"屏幕类游戏"本身并不可怕，家长只是担心孩子过度迷恋成瘾，担心内容暴力，担心对视力有害等。但是我们也要清楚现在的孩子对这些电子产品的热衷度远远超出了我们的预期，简单地阻止已经没有任何意义，反而会带来更大的困扰。一个几乎没有接触过网络、游戏的孩子长大了，当他可以独立自主地去网吧时，很可能由于没有任何的抵抗力而成瘾。

既然不可避免，就要管理它，让它在孩子的成长中有序存在。只要我们能提前制定规则，安排好时间，"屏幕类游戏"是最能培养孩子自制力的方式之一。同时，也为孩子注射了"网瘾疫苗"（流感疫苗正是通过注射少量的流感病毒来激发身体的抵抗力的），为孩子远离网瘾奠定了良好的基础。

一般来说，要遵守以下原则："三时一定一通"。

（1）玩多长时间（时长）：和孩子确定"屏幕类游戏"的时间上限，如周一至周五每天最多玩 1 小时，周六、周日每天最多玩两个小时，单次玩游戏的时间是 30 分钟；两次玩游戏的时间中间至少要休息 15 分钟，休息时不要用眼睛，如看书、画画等。

（2）什么时候玩（何时）：要先制定时间表，列出当天要完成的任务，以及每一项任务可能需要的时间，加上中间休息的时间（每次休息15分钟），距离上床睡觉的时间应该至少有1个小时（如果没有，就应该相应减少任务，只保留必须完成的任务，如学校作业）。这段时间就是孩子可以玩"屏幕类游戏"、自主安排的时间了。玩游戏的前提是孩子按照时间表完成了当天的任务，如学习、运动、洗漱等。

（3）延长规则（延时）：教会孩子使用定时器，每次定时30分钟，游戏开始就启动定时器，和孩子约定只要定时器响了（一般的定时器要响30秒钟左右），就要停止游戏。如果到时间了孩子不想停止游戏，每延长5分钟，就要停止一次游戏（每次是30分钟），依此类推。例外情况：如果定时器响了，孩子因为要保存级别而申请延长时间，家长可以视情况而定，如5~10分钟可以通融一下。这些约定一定要事先沟通好，并且写下来，孩子和家长签字生效。这里关于时间的约定要清晰，但是执行时通常有5~10分钟可以通融，毕竟我们的目的是培养孩子的时间观念和自制力。

（4）平静坚定（一定）：当孩子玩"屏幕类游戏"到时间了还不停止，也不愿意遵守延长规则，甚至大吵大闹、发脾气等，家长要做到平静坚定、一离二吸三凉水，暂时不要理会孩子，"闭上嘴，迈开腿"，先处理好自己的情绪，然后再和孩子沟通。

（5）和孩子沟通（一通）：家长平静后，要和孩子进行"接纳—反映—讨论"，帮助孩子平静下来，再与孩子沟通游戏规则，考虑突发事件，以及孩子的感受，适当调整游戏的时间和细则。

切记：家长和孩子的约定通常都要说明"先试行一周"，随时和孩子沟通、调整，不要把话说得太满了，更不要把自己逼到角落里下不来台，没有回旋的余地。另外，**要给孩子犯错的机会**，不要以为制定了规则，孩子就会自觉遵守。只要孩子没有遵守规则，家长要平静地对待，不需要妥协，要坚定地执行。如果孩子情绪反应极其强烈,回到步骤 4 和 5（一定一通）,或者回到"情绪自检"和"自我放松"（第二章"30 天儿童时间管理训练流程"）,让自己的情绪得以疏解。

### 7. 礼物可以是钱吗

**礼物不可以是钱,因为钱难以转化为精神奖励,更无法演变为成就感和上进心**。而且,把孩子的努力和钱联系起来,将会产生很多问题,因为孩子的努力和进步是无价的,无法待价而沽。

### 8. 如何给孩子零花钱

对于 5 岁以上的孩子,家长要给孩子一定数量的零花钱,并教会孩子记账,这样不仅能培养孩子的理财能力,而且对孩子的行为和责任感训练也非常有帮助。以下有几个注意事项。

（1）零花钱的定义：和压岁钱不同（压岁钱比较多,要由父母监管）,零花钱是孩子可以随意支配的,不需要请示父母,可以购买任何无害的商品和服务。为了防止孩子购买学校门前小摊贩的假冒伪劣商品,保证零花钱的安全使用,家长可以要求孩子在超市里购买商品,并保留小票,用于记账。

（2）零花钱的数量：零花钱不需要给太多,要约定数量和发放的周期,如每周日给 2～10 元钱,根据孩子的年龄和家庭经济条件来定。一般来说,学龄前儿童可以是每周 2 元,小学生可以是每周 5 元,中学生每周可以 10 元等。孩子的基本需要不包括在内,如衣物、学具、餐费、手机话费等。

（3）零花钱的发放：零花钱相当于职工的基本工资,一旦约定时间和数量,就不要因为孩子的表现好坏而随意停发或迟发（为了防止自己忘记,可以请孩子提醒）,也不要让孩子随意提前支取,正如企业中按时发放工资是信用的保障,家长也要遵守对孩子的承诺,才能要求孩子守信用,说话算话。

（4）零花钱的管理：家长要教会孩子记账,规定每次给零花钱时要核对账目，如果有差额，就要减少相应的钱数，如多给了5角，下周就要减少5角，这样做能让孩子心中有数，学会理财。当然，如果孩子连续几周都记账清晰，家长也可以适当给予鼓励，可以是几元钱，也可以是个小礼物等。

（5）零花钱的应用：零花钱虽然不多，作用却很大。

❑ 可以培养孩子的理财能力，直接的应用是有利于学习数学中关于钱的概念及其应用。例如，豆豆有一次考试题目是"小朋友去超市买牛奶，超市搞促销活动，一种牛奶每盒2.6元，买四送一；另一种牛奶每盒2.8元，买五送二。不考虑其他因素，请问哪种牛奶便宜？"很多孩子都看不明白题目，更不知道如何回答，而有零花钱经验、经常光顾超市的豆豆一下子就算出来了。

❑ 可以约束孩子的欲望，尤其是家长不希望他消费的商品。例如，豆豆小时候每天都想吃一种冰激凌，只有一点点，但是因为盒子里有个小玩具，所以价格比较高，要4元。我就说："妈妈每周给你2元，你想吃什么就买什么，不用妈妈批准，你愿意吗？"豆豆当时就痛快答应了，拿到钱后就只买5角钱的小牛奶，吃得津津有味。从那以后我就开始给豆豆零花钱，他可以自由支配。

❑ 有助于培养孩子的责任感。例如，豆豆想学英语，我就给他报了学习班，上了几次他就不想去了。我就说："可以不去，但是学费已经交了，你可以去和学校老师要求退费，或者这节课的费用从你的零花钱中扣除。"豆豆犹豫片刻，就去上课了，从此不再提这件事了。再如，如果你的孩子不爱惜自己的文具，铅笔、橡皮等总是丢，可以和孩子约定：开学前给他准备齐全的文具，如果丢失，就用他的零花钱去买；当他真的丢笔时，不要批评他，只要让他用零花钱去买就可以了；如果是价格比较高的，如校服、水杯等，可以让孩子分期付款，每周扣除的钱不要超过20%，否则，会影响孩子的使用。

这样可以让孩子承担行为结果，学会为自己的物品负责任。

### 9. 如果孩子什么都不喜欢怎么办

如果孩子什么都不喜欢，有三种可能：一是亲子关系有问题，孩子故意这么说；二是家庭经济条件比较好，父母的管教比较宽松，孩子物质极大丰富，想要的任何玩具、食品、衣物都有了，想玩游戏时只要父母高兴、孩子耍赖就能玩；三是孩子想要的某些东西，如游戏、电视、洋快餐等，家长认为对孩子有害而不想满足他。

- ❑ 对于第一种情况，请回到第二章，重新建立良好的亲子关系，或者向专业机构咨询。

- ❑ 对于第二种情况，虽然孩子什么需求都能被满足，但是前提是父母高兴，也就是孩子并没有自由支配的权利。所以家长可以把孩子的需求与他自己的努力相结合，这样孩子就获得了自主权。

- ❑ 对于第三种情况，请家长重新考虑自己的价值观，游戏、电视等是现代孩子不可避免需要使用的，只要合理运用，有效管理，就可以取长补短（见"如何管理游戏和电视时间"）。另外，洋快餐不是毒药，没有垃圾食品，只有垃圾吃法，偶尔吃吃不会有什么害处。

### 10. 如何制定红星和礼物的兑换关系

在"豆豆礼物表"中，无论是日常礼物，还是特殊礼物所规定的时间或者价格都不是标准，仅供参考，要根据每个家庭的经济状况、孩子的喜好以及父母的价值观来确定具体的标准。通过填写以下表格"红星和礼物兑换表"，找出礼物与红星的兑换关系。

操作流程：

（1）首先让孩子说出他想要的礼物，由家长记录，或者孩子自己写下来，可以是任何他想要的东西，只要无害、无危险即可（参考孩子喜欢的东西）；

如果是家长不赞同的，如游戏时间，可以在红星数量上进行调整，如1颗红星玩1分钟游戏等，不要直接说"不可以"。

（2）每个阶段的礼物不超过10项，如果超过10项，请孩子排序，选取前面的10项。

（3）让孩子写出他认为获得某个礼物需要多少颗红星。

（4）家长写出自己认为要用多少颗红星换取这个礼物。

（5）如果家长和孩子的红星数量差额不大，可以选用孩子的答案，这样他更愿意合作和努力，促进作用比较大；如果差额比较大，家长与孩子协商不能达成一致意见，可以取二者的平均值，如孩子认为应该是10颗红星，家长认为应该是50颗红星，可以折中后确定为30颗红星。

（6）一定要和孩子说明这30天是一个**试用阶段**，可以调整和改善，所以父母和孩子都可以提出改变的要求，但要说明原因，彼此协商解决，孩子参与整个过程是训练成功的前提，家长要避免一言堂。

**红星和礼物兑换表**

| 序　　号 | 孩子喜欢的礼物 | 孩子认为的红星数量 | 父母认为的红星数量 | 折中后的红星标准 |
|---|---|---|---|---|
| 1 | | | | |
| 2 | | | | |
| 3 | | | | |
| 4 | | | | |
| 5 | | | | |
| 6 | | | | |
| 7 | | | | |
| 8 | | | | |
| 9 | | | | |
| 10 | | | | |

礼物表：根据孩子的喜好确定个性化的礼物——**要提前确定，培养孩子延迟满足；不要临时提出，讨价还价，仿佛做交易，不利于激发孩子的主动性。**

| 序　　号 | 日 常 礼 物 | 消 费 红 星 | 特 殊 礼 物 | 累 计 红 星 |
|---|---|---|---|---|
| 1 | | | | |
| 2 | | | | |
| 3 | | | | |
| 4 | | | | |
| 5 | | | | |
| 6 | | | | |
| 7 | | | | |
| 8 | | | | |
| 9 | | | | |
| 10 | | | | |

例如，以下礼物超过 10 项，供你参考；**日常礼物消费的红星可以累计换特殊礼物。**

| 序　　号 | 日 常 礼 物 | 消 费 红 星 | 特 殊 礼 物 | 累 计 红 星 |
|---|---|---|---|---|
| 1 | 小贴画 | 5 | 冬 / 夏令营 | 200 |
| 2 | 一本书 | 5 | 150 元以内物品 | 200 |
| 3 | 五星级服务 | 5 | 300 元以内物品 | 400 |
| 4 | 10 元以内物品 | 10 | 香港迪士尼 | 500 |
| 5 | 科技馆、博物馆、音乐厅等 | 10 | 500 元以内物品 | 600 |
| 6 | 高尔夫球场练习一次 | 10 | 1 000 元以内物品 | 1 500 |
| 7 | 30 分钟电脑游戏时间 | 10 | 1 500 元以内物品 | 2 000 |
| 8 | 30 分钟电视时间 | 10 | 美国迪士尼 | 3 000 |
| 9 | 20 元以内物品 | 30 | 国外旅游 | 3 000 |
| 10 | 去饭馆吃饭 | 20 | | |
| 11 | 郊游 | 20 | | |
| 12 | 高尔夫球场操练 | 50 | | |
| 13 | 吃麦当劳、肯德基等 | 50 | | |
| 14 | 50 元以内物品 | 80 | | |
| 15 | 100 元以内物品 | 100 | | |

## 六、红星时刻

这是每日最快乐的时光，请和孩子一起收获一天的果实。让孩子把完成每一项的实际时间记录下来，家长把标准时间写下来（豆豆时间表中的时间即标准时间）。

比较这两个时间，如果孩子按时完成，就获得一颗红星，如果提前了，要适当增加红星，但是不要滥用红星（为了多鼓励孩子的好行为，可以提出表扬，三次表扬换一颗红星，依此类推）。如果遇到没有讨论过的事情，可以当下协商解决，多听取孩子的意见，**再次强调这 30 天是试用调整期。**

**最重要的是，当你给孩子红星时，每天至少要选取一颗红星，详细问他"你是怎么做到的？"引导孩子把好的行为与自己的主观努力相结合，引发孩子的成就感。随着孩子自信心和成就感的增强，他做这件事的内在驱动力就会逐渐形成，对外在的物质刺激依赖度会逐渐降低。**

### 1. 如果孩子讨价还价要红星，怎么办

当遇到没有完成约定的任务，孩子讨要红星，或者对于家长提出的红星数量讨价还价，请不要立即答应，而要说"这个问题需要和爸爸 / 妈妈商量一下再定"，暂时转移孩子的注意力，如果确定这个行为的红星数量，也要从下周开始。

这样做的好处：一是让孩子知道红星的数量不是随意定的，就像员工不可以随便提出涨工资一样，要认真对待；二是不要让孩子过分依赖外在的刺激，红星要成为鼓励孩子好行为的奖励，而不要成为条件。例如，孩子说："妈妈，我帮你洗碗给红星吗？""妈妈，我帮你洗碗，给我 3 颗红星，行吗？"你要回应说："妈妈觉得你愿意帮忙做家务，真是个贴心的好儿子（女儿），妈妈要额外奖励你 1 颗红星。"如果孩子去洗碗了，你还可以继续说："嗯，你洗

碗真认真，妈妈要奖励你 3 颗红星。"这样的回应明确告诉孩子哪些行为是值得鼓励的，哪些行为是没有空间的。他（她）会用更多好行为回报你的。

切记：**永远鼓励那些你期望再次发生的行为。**

### 2. 如果孩子作业速度快了，但是有错（质量不好）怎么办

30 天儿童时间管理训练要分为三个步骤：一是调整孩子的作业量，制定时间表、星星表、礼物表，让孩子感受快速完成作业的愉悦，发自内心地愿意写作业（或者不抗拒写作业）；二是培养孩子的耐心和细心，认真写作业，提高作业质量；三是培养孩子主动认真写作业，提高学习成绩。

本周训练的目的是让孩子快速完成作业，对于作业中的错误可以暂时忽略，让孩子保持对时间管理训练的兴趣更为重要，到第三、第四周再要求孩子作业质量，训练孩子检查、改错，提高成绩。

### 3. 孩子不按时起床，怎么办

在保证孩子睡眠充足的情况下，如果早晨叫孩子几次都不起床，可以与孩子约定如果第二天超过约定的时间起床，超过几分钟，晚上就要早几分钟上床（这样将会减少他的自主时间）。然后只要平静坚定地执行即可，不要唠叨。

### 4. 孩子不按时睡觉，怎么办

与孩子不按时起床同样的道理，告诉孩子比约定的时间晚几分钟上床，第二天早晨就晚几分钟叫他起床，或者是晚上早几分钟上床。具体用早晨还是晚上的时间弥补，要看孩子更在乎哪个时间段。如果没有效果，就要考虑用双倍的时间弥补。

### 5. 孩子白天在学校的表现如何评估

所有关于学校的表现，如果没有老师通知，**当你询问孩子时，就要相信他的话，否则，不要问。**鼓励孩子自己说真话，尤其是犯错误时，告诉孩子在学校犯了错误，只要回家主动告诉家长，错误要如约接受惩罚，但是诚实

会得到更多的奖励。如果家长是从他人那里听到这个消息，孩子不仅得不到诚实的奖励，而且要接受加倍的惩罚。

这里要说明的是，如果家长在见到孩子前就知道了他的错误，如老师打电话、发短信等，你可能很生气，请一定要先处理好自己的情绪，在你平静前请不要回家见孩子。当你回到家，如果孩子没有及时说明，你可以给他一个机会，如问："今天学校有什么特别的事情发生吗？"也可以给孩子一点时间让他思考，当他自己说出来时，不要批评，也不要生气发脾气，而要鼓励他的"主动"和"诚实"。只有这样，孩子才敢于面对自己的问题，愿意和你说他的烦恼，你也才有机会教育而不是教训孩子。

## 七、闯关问答

在进入下一章训练之前，请家长思考以下几个问题，确定自己是否达到本章训练的目标。如果达到了，可以进入下一章的训练；如果没有达到，说明时机未到，请补充训练相应的内容，为接下来的训练打好扎实的基础。

当然，在补充训练的同时，你可以继续阅读本书的其他章节，了解豆豆妈妈儿童时间管理训练的方法和技巧，但是不可以立即训练孩子，否则不仅没有好处，而且可能会加重对孩子的伤害。

1. 孩子是否喜欢并期待你的美言录？

2. 孩了做事是否比以前快了些，并享受到了快乐的自主时间？

3. 你是否在孩子作业速度提高以后，对孩子的努力很满意（不会因为孩子的作业质量而批评孩子）？

4. 孩子是否换到了心仪的礼物（包括游戏、垃圾食品等），享受到了快乐的自主时间？

5. 孩子模块一和模块三的任务是否达到训练目标？

# 第五章

# 完善孩子做事的准确性，克服粗心大意

经过前两周的训练，孩子的时间表、星星表、礼物表都基本建立并开始实施了，他们已经对模块一（早晨）、模块三（下午放学后）的任务标准非常清楚了（假如你上周选择的是模块一和模块三的话，这时要根据你自己的实际选择模块来改变），并因为每天都能得红星、换礼物、被鼓励、更多自主时间等而大大提高完成任务的速度。本周在保持和巩固上一周任务（模块一和模块三）的同时加入学校的表现（模块二）和作业的质量（模块四）等其他项目，标准见"豆豆星星表"。

## 一、如何让孩子愿意增加任务

要想使孩子愿意增加任务，**首先要和孩子建立良好的亲子关系**。有了良好的亲子关系，孩子才愿意与父母合作，共同完成任务，达到目标。**其次是父母要了解孩子的经济法则**，激发他们积极主动完成任务的动力。

亲子关系是我们每个人来到世间的第一个人际关系，它对我们每个人的身心健康都十分重要。在建立亲子关系时，总是存在这样或那样的问题：关系太亲密了，恐怕产生溺爱；关系疏远了，又恐孩子抱怨。做父母的常常不知如何是好，根据笔者多年的实践，以下两点供家长参考：一是家长要学会减压放松，疏解自己的压力，不要把自己的压力转嫁给孩子；二是家长要学会和孩子共处的方法，真心陪伴孩子——不批评、不指责、不评价。

在良好的亲子关系基础上，如果能够激发孩子得到更多红星的愿望，他就愿意挑战更多的任务。每个孩子的兴趣、爱好、个性等不同，但是他们都有一个经济法则，就是会自动换算出自己的付出（学习、写作业等）和得到（红星、礼物、鼓励等）之间的关系，如果他认为得到不小于付出（大于更好），可能更愿意付出。这就是孩子的经济法则。家长要清楚了解自己孩子的经济法则，才能制定行之有效的激励措施。所以增加任务时，**一定要根据孩子的**

**经济法则，让他觉得增加任务（付出）能获得更多的回报（得到）。**

孩子为了得到回报而学习或完成任务，是否有不好的影响？

有些家长会担心孩子做事是为了回报，那么没有回报时他是否就不愿意做事了？这样会不会导致孩子什么事情都讲条件？

首先，家长的担心是情有可原的，也是人之常情。

其次，这里的回报不是单指物质的，还包括精神的，如被鼓励、被肯定、被尊重，有价值感，获得成就感等。

**孩子成长的动力是获得归属感，即在团体中的一席之地。**他们通过两个方面达到这个目的，一是在团体中被肯定；二是对团体有贡献、有价值。这里的团体首先是家庭，其次是幼儿园、学校、社会等。他们首先是通过好行为来获得，但是由于父母的双重标准（见第六章），孩子们的好行为因被忽视而发生改变时，他们会表现出骚扰、懒惰等行为（见第三章记录表的"备注栏"），并因此获得父母的关注，这些行为得以保留而成为孩子习惯化的模式（更多内容见《儿童时间管理效能手册》第三章）。

要打破这种习惯化的行为模式，一般来说，要先用外化的奖励（通常是物质的）来激发孩子完成任务，即孩子在外驱力作用下开始行动，父母不再使用提醒、催促、唠叨、警告、批评等"狼追型"方式迫使孩子被迫行动。

**在孩子为了获得某种外在奖励而积极完成任务的过程中，父母要用放大镜、显微镜发现孩子的点滴进步，并及时鼓励和肯定孩子的主观努力（归因法之内归因），将孩子的进步（结果）和努力（过程，即原因）联结在一起，形成因果关系，孩子就会因感受到成功的喜悦而体验到成就感（先果后因的被动成就感），接下来他就有可能为了获得成就感而主动付出努力（先因后果的主动成就感），完成从外驱力到内驱力的转化。**

这个转化的过程需要父母持续运用鼓励的原则和方法，如坚持写美言录（见第四章"如何写美言录"），**至少要坚持 6 个月，才可能形成习惯**（更多内容见《儿童时间管理效能手册》第 3 ～ 7 页）！

总之，孩子为了回报而学习或完成任务确实不好，但是好过"狼追型"，因为后者是孩子迫于父母的压力被动做事，前者是孩子为了自己想要的东西主动做事，两害相权取其轻。况且，这种"外驱力"的作用也仅是中间环节，起到跳板的作用，只要配合美言录，持之以恒，随着外驱力的弱化、内驱力的增强，孩子就会逐渐养成习惯。

什么是归因法？

归因即归结行为的原因，是指个体根据有关信息、线索对行为原因进行推测和判断的过程，一般分为内因和外因。

内因是指存在于个体内部的原因，如人格、品质、动机、态度、情绪、心境以及努力程度等个人特征。如将行为归因于个人特征，称之为内归因。

外因是指行为或事件发生的外部条件，包括背景、机遇、他人影响、工作任务难度。如果将行为原因归于外部条件，则称之为外归因或情境归因。

在成败归因中，成功时，孩子倾向于内归因，父母倾向于外归因；失败时，孩子倾向于外归因，而父母倾向于内归因。**这种父母和孩子对成败归因的不同叫作动机性归因误差。**

我们知道，孩子的行为受到内外因的影响，既有外部环境的影响（如物质奖励），也有内在的主观努力（如付出的时间和精力），但是内归因和外归因是可以选择的。**因为成功内归因有利于自我价值的确定，所以父母在对孩子的归因判断中，就要打破这种动机性归因误差，把孩子的进步归类于内归因，激发孩子的内在积极性，即内驱力。**

经济法则与多元智能。

1983 年，美国心理学家加德纳提出多元智能理论，包括语言、数理逻辑、音乐、运动、空间、人际、内省等七个方面的能力。

每个孩子都有不同的能力组合，有的长，有的短，家长要在了解孩子的基础上，扬长补短。因为木桶的盛水量是由短板决定的（木桶理论），所以提高孩子综合能力的关键是正视孩子的短板——扬长固然重要，补短更重要。

例如，豆豆小时候运动协调能力比较弱，也不爱运动，显得有些胖。小学时他的体育课常常只是达标。我用了家长们常用的各种方法，提醒、催促、讲道理、威逼利诱等，不仅无效，而且常常导致母子冲突。在我学习了父母效能系统培训以后，我开始关注豆豆的身心特点，发现了他的经济法则，制定了行之有效的训练方案。

豆豆喜欢玩游戏，而我不愿意他玩，我想让他跑步，而他不愿意。我将这两个方面相结合，说："豆豆，你只要连续跑多长时间就能玩多长时间游戏，怎么样？"豆豆很高兴，因为玩游戏的时间由他自己掌控（自己决定跑多久），不再受制于妈妈了。而我也清楚地知道，儿子不可能连续跑超过 30 分钟（所以一定要了解孩子的经济法则，如果你的孩子擅长跑步，就不能说"跑多长时间玩多长时间游戏"），也就是每次的游戏时间不会超过 30 分钟，这是我可以接受的。

结果他第一次跑了 5 分钟，就累得气喘吁吁地跑不动了，回家后痛快地玩了 5 分钟游戏——这可是他自己挣来的，不必求得妈妈的同意，那种愉悦之情溢于言表。之后又去跑了 10 分钟，回家玩 10 分钟……他很高兴，一路跑下来，初中体育常常得"良"，中考体育满分，高一短跑破学校纪录，足球场上的"铁卫"（钢铁一般的后卫）。

豆豆对篮球、网球、羽毛球、滑板等也都非常喜欢，他已经深深喜欢上了运动，体验到运动带来的愉悦，早已不必为了玩游戏而运动。外驱力悄悄地转化为内驱力——为了运动而运动。

经济法则与性格。

每个人所需要的时间节奏不同，有的人从小就是乖宝宝，有的人从小就是好动型的孩子。你要把好动的孩子当乖宝宝，除非把他绑起来，就算绑起来，他也会大哭大叫。

同样，如果让安静内向的孩子变得活泼外向，也是非常痛苦的过程。但是如果好动的孩子能找到一种让自己安静下来的方式，让好静的孩子找到让自己兴奋的渠道，他们在那些方面的专长一定会出类拔萃。

**如果你的孩子是香蕉，就让他成为最好的香蕉，不要用苹果的标准要求他；如果你的孩子是苹果，就让他成为最好的苹果，不要用香蕉的标准评判他。**

如何根据经济法则分解目标？

孩子的多元智能和兴趣爱好等对他的经济法则都有影响。有的孩子数理逻辑能力弱，可能在学习数学方面较为吃力，如不喜欢口算，他会认为这项任务很难，甚至放弃这项任务的 1 颗星，而用其他的他认为简单的任务，如积极举手发言换取更多的红星。这时，家长就要根据孩子的经济法则调整口算的红星数量，即目标分解——把大目标分成几个小目标，如把一页口算题目（可能是 60 道题）分成 5 道题一组（也许是10 道、8 道，或者 3 道题，具体数字要根据孩子的经济法则来定），完成几组给几颗红星。

还有的孩子恰恰相反。他们的数理逻辑能力很强，学习数学易如反掌，语言能力相对弱一些，所以不愿意写字。这时就要把写字的难度分解，如每 5 行为一组（也许是 8 行、3 行、1 行等，要根据孩子的经济法则来调整），完成几组就得几颗红星。

再如，有个孩子人际交往能力弱，妈妈为了鼓励孩子主动叫人，就约定孩子叫人一次获得 1 颗红星，这个孩子宁愿打架子鼓 1 小时得到 1 颗红星，也不愿意主动叫人获得红星。而另一个孩子的妈妈也用了同样的标准，他家的孩子出门"张叔叔好""李阿姨好"……不到 10 分钟就获得了 10 颗红星，他宁愿通过主动叫人获得红星，也不愿意打架子鼓 1 小时获得 1 颗红星！

这两位妈妈都是因为不了解自己孩子的经济法则而误用了星星表，没有起到帮助孩子成长的作用。如果前一个妈妈能把"主动叫人"分解成几个梯次小目标，如提醒后行注目礼、提醒后点头微笑、提醒后叫人、提醒后大声叫人、主动叫人等；后一位妈妈可以把打架子鼓分解成 10 分钟、20 分钟……；要根据孩子的经济法则设定合情合理的目标，才能发挥星星表的功效（更多内容见《儿童时间管理效能手册》第 11～17 页）。

总之，目标分解**要调整到让孩子感到付出相同的内在努力，将获得同等的红星，就是合适的，不要用同样的外在标准来衡量孩子。因此，分解目标的决定权在孩子，而不是家长或专家。**

目标分解的应用——"一小步"的威力：让豆豆顺利"小升初"。

在豆豆小升初的时候，我们用目标分解的方法达成了愿望，效果非常明显，这让豆豆经过两年的蹲坑班学习，顺利进入了理想的中学。

豆豆在五年级之前没有系统学习奥数，所以在蹲坑班开始的时候学习非常吃力。刚开始他只能考 30 多分，非常沮丧，甚至没有信心继续学习。当时他认为自己不可能上这所中学，更谈不上考入数学实验班，因为这对他来说是一个高不可及的目标，一个不可能实现的目标。

作为家长，虽然我也不确定他是否能达到这个大目标，但是我知道此时此刻孩子需要鼓励，需要建立自信心。于是我们把目标分解了，先想办法把成绩从 30 分提高到 50 分。

我发现豆豆的卷子只做了一半，另一半根本就没有做。他说老师讲的他多数听不懂。我就让他问问老师下一次课讲什么内容，以便提前预习。按照这样的方法，每次上课之前预习半小时，他上课时就能听懂大半，再做题时就能得 50 多分了。

孩子看到自己的进步，信心大增。我继续鼓励他："豆豆，你只做了一半就得了 50 分，那你做完整张卷子是不是就 100 分了啊？"他想想说："是啊！但是后面的题我不会了，而且也没有时间了。"儿子一语中的，的确如此。我就说："除了预习以外，咱们再试试'背题'的方法，妈妈小时候就是用这种方法，特别有帮助。"孩子非常高兴，欣然答应。

所谓背题，就是把不会的奥数题目直接背下来，不需要孩子举一反三地理解。因为背题很简单，搞明白很难。而且，当孩子背的题目多了，他自然就能举一反三了。这就是分解目标、降低难度、增强信心的途径。

经过一年的预习和背题，豆豆在六年级时就能考 70 多分了。关键是孩子的后劲十足，他对奥数的信心大增，不仅被选入理想的中学，而且还考上了数学实验班。

这就是"目标分解"后"一小步"的威力！大目标分解成小目标，仿佛楼梯一样，带着孩子层层而上，让孩子有成功的机会，体验每一小步的成就感，信心百倍地向着目标迈进，那么达到家长"望子成龙、望女成凤"的目标就指日可待。

备注：这个阶段的学习对豆豆影响很大，他大学主修数学，并获得优秀毕业生称号。

## 二、如何判断制定的目标是否合适

给孩子制定目标时，要不断调整以适合孩子，做到**合情合理，标准是孩子可以达到目标，并因此成功，体验成就感，增强自信心，孩子才会愿意继续努力。换句话说，当家长制定了一个目标，孩子达不到，家长就要分解目标，如果还是达不到，就要再分解……依此类推，直到孩子稍微努力就能达到，这个目标就是当下最合适的，即目标应该是一系列梯状逐级上升的"目标组"，连接着孩子当下的行为（孩子目前的表现）和家长的期望。**

### 1. 制定目标的原则和注意事项

每个目标都要具体可实施，家长要和孩子确认需要完成的任务（小目标），以孩子为主，和他讨论具体的实施计划，落实到孩子的行为。否则，他会表现被动，甚至消极抵抗。

请注意：**在实现目标的过程中一定要鼓励孩子做得好的部分**，如从一篇字中挑出几个写得好的字进行鼓励，可以说："这个字（用手指着某个字）写得横平竖直、左右结构搭配得非常好，而且还都在田字格里。"你也可以说："这个字看起来很舒服，你是怎么做到的？"孩子会告诉你具体的细节。通过鼓励这些写得好的字，为孩子设定了具体的、可操作的目标。

### 2. 目标分解法在写作文中的应用

很多家长都说孩子写作文是个大问题，每次写作文时家长和孩子都十分紧张。以下我们用制定目标和目标分解的方法，帮助孩子完成作业的同时，更增强孩子解决问题的能力。

如果孩子语言表达能力很强，能够侃侃而谈，而且头头是道，但一让他落笔，就"没词"了，用家长的话说就是"吭哧瘪肚"半天也就一两句话，干巴巴的。这种情况就可以先录音，把你和孩子的沟通过程都录下来，然后整理成文字，再根据题目形成作文。有时，一次录音可以整理出几篇"像样的"好文章呢。

如果孩子不善言谈，可以选用另一种方式，按照时间、地点、人物、事件（过程）、感觉等结构化方式让孩子造句（即目标分解），然后把这些句子加上形容词、副词等丰富起来，再把这些句子整理在一起，就是一篇完整的作文了。

例如，春游归来，第一步先让孩子写句子，时间：2014 年 4 月 4 日（星期五）；地点：奥林匹克公园；人物：我们一年级一班全体同学和老师、家长；事件（过程）：先到学校集合，再一起坐大巴车去公园，到了以后就分组，4人一组，选一个同学当组长，一起出发……感觉：这一天我很高兴。

第二步就是丰富的过程，如时间部分，引导孩子天气如何、太阳怎么样、风力大小（树枝、树叶是否摇摆）、树叶颜色等；再如人物，他们的表情是高兴的吗？他们的眼睛如何（笑眯眯，像月牙），嘴巴是怎样的？见面时大人如何打招呼？孩子如何表达高兴？（雀跃着、蹦跳着等）。还可以用比喻句，如像小鱼儿一样欢蹦乱跳等。依此类推，把每个句子都丰富起来。

这需要鼓励孩子平时多阅读，多积累，引导他们摘抄一些好文佳句，如描写人物的、景物的、情绪的、天气的、时间的等。如果能恰当地用诗词来表达景物和情感，就更妙了。例如，一个孩子总结老师语文课堂上的一句话："这比山还高、比海还深的情谊，你说，我们能忘怀吗？"他回应说："这真是'桃花潭水深千尺，不及汪伦送我情'啊。"一语道出真情实感。

作为家长的我们，面对孩子学习和成长过程中的种种问题，即使像写作文这样家长不擅长的事情，只要我们面对问题不逃避、不抱怨，直面它、解决它，不仅帮助孩子成长，更给孩子起到示范作用。这不正是"小作文，大教育"吗？

　　红星记录表——日表（读者可以自行制定，每日一张），"*"表明是增加的任务：

| 模　块 | 行　为 | 任　务 | 实际时间 | 标准时间 | 红星数量 |
|---|---|---|---|---|---|
| 模块一<br>早晨 | 1 | 起床、洗漱 | | | |
| | 2 | 早餐、出门准备 | | | |
| | * | 自己叠被子 | | | |
| 模块三<br>下午放学后 | 8 | 放学、晚餐 | | | |
| | 9 | 看电视、休息 | | | |
| | 10 | 学校作业（语文、数学、英语） | | | |
| | 11 | 钢琴（设定目标） | | | |
| | 12 | 奥数（规定 3 道题） | | | |
| | 13 | 阅读（朗读一篇课文） | | | |
| | 14 | 自主、洗漱、上床睡觉 | | | |
| | * | 抄写好词佳句 | | | |

当日红星数量合计：_____颗★

| 模　块 | 行　为 | 任　务 | 孩子说的 | 他人说的 | 红星数量 |
|---|---|---|---|---|---|
| 模块二<br>白天学校<br>表现 | 3 | 每天抄记事，字迹工整，内容完整 | | | |
| | 4 | 学校周评纪律、卫生加分 | | | |
| | 5 | 得到小奖状、老师表扬 | | | |
| | 6 | 上课积极举手回答问题 | | | |
| | 7 | 作业考试得优 * | | | |
| | * | 上课认真听讲 | | | |
| 模块四<br>作业质量 | 15 | 作业"三个一" | | | |
| | 16 | 作业"三个不" | | | |
| | 17 | 认真检查作业 | | | |
| 模块五<br>其他 | 18 | 得到瑞思小贴画（课外班） | | | |
| | 19 | 意料之外的好行为 | | | |
| | * | 家长生气、发脾气、责罚孩子 | | | |

当日红星数量合计：_____颗★

### 3. 如何对待"孩子说的"和"他人说的"

模块二、模块四、模块五中的内容是有关学校的任务，有些项目的反馈可能来自孩子（孩子说的），也可能来自他人（他人说的，如老师、同学等）。有时候只有孩子的反馈，如"上课积极举手回答问题"，孩子说5次，家长无从确认到底多少次；有时候孩子和他人的反馈不一致，如孩子说自己上课认真听讲，老师说孩子走神了。这让家长很困惑，不知道该相信孩子还是老师，不知道是否要给孩子加星。

针对这个问题，**我们建议家长以孩子说的为准，**根据孩子说的，按照星星表的标准给红星。例如，孩子说自己上课积极举手回答问题5次，可能是他举了5次手，而老师只叫了他1次来回答问题；可能他想举5次，实际只举了2次，老师没叫他回答问题。再如，孩子说自己上课认真听讲，可能一天6节课中，他认真听了5节课；而老师说孩子走神了，可能一天6节课中，只有1节课走神了。可见，孩子以自己已经做到了多少来判断自己的行为（A～C），成人以孩子还差多少到目标来评价孩子（C～B）。家长要区别对待孩子说的和他人说的（见下图）。

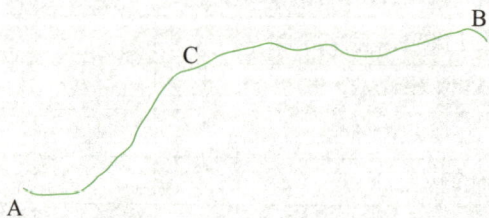

**我们相信孩子说的，一方面起到积极暗示的作用**（见第三章"皮格马利翁效应"），**另一方面也帮助孩子确定目标，用目标鼓励孩子**（见本章"如何用目标鼓励孩子"）。

此外，家长要学会与老师沟通（见第三章"老师告状怎么办——如何与老师沟通（亲师沟通）"），把老师的反馈（C~B）和孩子的反馈（A~C）相结合，落实到孩子的时间管理中，形成完整、系统的成长训练方案。

和上一周一样，本周在完成任务时，也一定会遇到孩子和家长的意见不一致的地方，同样先记在下框中，以备讨论和协商，直至找到解决办法。

修改内容：

> 需要讨论和修改的内容如下：
>
> ❑　自己叠被子；
>
> ❑　抄写好词佳句；
>
> ❑　上课认真听讲；
>
> ❑　作业一次全对；
>
> ❑　家长生气、发脾气，责罚孩子。
>
> 孩子自己提出增加任务，询问家长是否可以加星，建议家长首先记录下来，告诉孩子"暂时不加星，约定时间讨论，确定具体的标准后再加星"。
>
> 如果家长提出增加任务，也要和孩子讨论后放在星星表中，再给孩子加星。
>
> 如果孩子主动增加任务，没有提出加星的要求，家长要在19项"意料之外的好行为"中给予孩子红星，鼓励孩子主动完成任务；如果希望孩子每天都做这件事（如以上的三项），可以修改星星表（见第六章）。
>
> **注意：不可以临时用红星来做交易——无论是孩子还是家长，都不要用红星做交易。**

红星记录表——周表（读者可以自行制定，每周一张）：

| 模块 | 行为 | 红星数量 | | | | | | | 备注和说明 |
|------|------|------|------|------|------|------|------|------|-----------|
| | | 周一 | 周二 | 周三 | 周四 | 周五 | 周六 | 周日 | |
| 模块一 | 1 | | | | | | | | |
| | 2 | | | | | | | | |
| 模块二 | 3 | | | | | | | | |
| | 4 | | | | | | | | |
| | 5 | | | | | | | | |
| | 6 | | | | | | | | |
| | 7 | | | | | | | | |
| 模块三 | 8 | | | | | | | | |
| | 9 | | | | | | | | |
| | 10 | | | | | | | | |
| | 11 | | | | | | | | |
| | 12 | | | | | | | | |
| | 13 | | | | | | | | |
| | 14 | | | | | | | | |
| 模块四 | 15 | | | | | | | | |
| | 16 | | | | | | | | |
| | 17 | | | | | | | | |
| 模块五 | 18 | | | | | | | | |
| | 19 | | | | | | | | |
| | 20 | | | | | | | | |

本周红星数量合计：_____颗 ★

## 三、如何鼓励孩子

由于我们习惯了表扬和称赞孩子，初学鼓励时往往不知所措，所以开始时可以借用鼓励三段论，以美言录的方式来鼓励孩子。这个句型需要持续地学习和运用，方能游刃有余地掌握。

　　例如，有一次家长讲座后，妈妈就和旁边写作业的儿子用鼓励的方式沟通。她看到孩子写的字"朝辞白帝彩云间"，其中的"彩"写成了"采"，妈妈就说："我看到你写的字，感觉很舒服，你的'采'字没有三撇（一边说一边添上三撇）。"这时儿子用手捂住妈妈的嘴，觉得当着我的面妈妈讽刺他，很生气。妈妈也很无奈，她觉得自己是在用鼓励的方法和句型，为什么儿子会不高兴呢?

　　原来妈妈虽然想鼓励儿子，由于惯性还是一眼就看到儿子做得不好的地方，看到儿子写错的字，这不是鼓励。我让妈妈从这些字中挑出她认为还不错的字，妈妈说是"白"，那么鼓励就说："我看到你的'白'字写得很棒，看起来很舒服，这个字横平竖直占满格。"（妈妈的美言录）也可以简化为："这个'白'字很好看，你是怎么做到的呢?"引导孩子说细节（孩子的知心话）。总之，**鼓励的核心是关注孩子的好行为和努力过程中的细节。**

　　1. 美言录和知心话（读者可以自行制定，每日一张）

| 发 生 事 件 | 美言录和知心话 |
| --- | --- |
| | 美言录（父母）：<br><br><br><br><br>知心话（孩子）： |

### 2. 美言录可能用到的赞许方式

| 口语的赞许方式 | 非口语的赞许方式 |
| --- | --- |
| 我的宝贝真优秀，你是怎么做到的？<br>当你……时，我很喜欢。<br>当你……时，真好！<br>你真是个大孩子了，因为你……<br>做得好！<br>真不错！<br>好棒！<br>太厉害了！<br>真是太棒了！<br>哇！当你……表示你真的长大了！<br>帅！<br>哇！我一定要告诉你妈（爸），你这么棒！<br>……这样做真好！<br>你自己完成了……真厉害啊！<br>就因为你表现得这么好，你和我要…… | 拍拍孩子的头或肩膀<br>亲密地摸摸孩子的头发<br>手臂环抱孩子<br>微笑地看着孩子<br>小小地亲一下<br>竖起大拇指<br>注视孩子<br>眨眨眼<br>击掌<br>拥抱 |

### 3. 美言录参考句型

（1）鼓励努力：我看到你为这件事付出了努力！

（2）鼓励坚毅：这件事情很难，我看到你一直在坚持，太不容易了！

（3）鼓励态度：你做这件事情时的态度非常认真、专注。

（4）鼓励细节：你在××方面进步了很多（速度快了×分钟，一分钟之内完成了×个，游泳、打球、投篮等姿势更加标准和规范了）。

（5）鼓励创意：我看到你尝试了无数次，最后收获的这个"脑洞大开"的方法真有新意！

（6）鼓励合作精神：我看到你在做×件事时，一直在积极地跟小伙伴沟通解决遇到的问题，有妥协，有坚持，你和伙伴们合作得真棒啊。

（7）鼓励领导力：我看到／听××说，在完成×项目时，你是负责人，你有很强的责任心和领导力，我为你骄傲。

（8）鼓励勇气：这件任务难度系数很高，我看到你想了很多办法克服困难，克服恐惧心理，真是太难得了！

（9）鼓励热心：你帮助 ×× 完成了他 / 她的任务，我为你的热心肠感到骄傲！

（10）鼓励责任心和条理性：你把自己的房间 / 书包收拾整理得真整齐，书本摆在一起，文具都规规矩矩地睡在文具盒里，书包按照课表的顺序排列的书籍真好找，真的很有责任心和条理性呢！

（11）鼓励信用：我看到你遵守了我们关于 ×× 的约定，很欣慰，你真是一个说话算数的孩子！

（12）鼓励参与：我看到你积极地参与 ×× 活动 / 运动会 / 演讲比赛 / 竞赛等，认真地准备，还特意提前锻炼 / 写发言稿 / 做以前的竞赛题等，你这种积极参与竞赛的行为让我很感动，我要向你学习！

（13）鼓励开放虚心的态度：我看到 ×× 向你提出意见 / 建议时，你虚心地接受了，去尝试他 / 她的方法和建议并且加以改进，这点做得真是很棒！

（14）鼓励选择：我很高兴地看到你在最后的时候改变了策略，在权衡利弊和自己的能力与精力后，做出了对于你来说恰当的选择。

（15）鼓励细心：今天出门玩之前你特意看了天气预报，带上了伞。后来果真下雨了，我看到你能多角度考虑问题，真是很细心和周全啊！

### 4. 66 句跟孩子说的正面话语

| | |
|---|---|
| 1. 我为你感恩。 | 10. 我相信你。 |
| 2. 我为你骄傲。 | 11. 我相信你能行。 |
| 3. 你说的话有意义。 | 12. 我很欣赏你。 |
| 4. 你有很好的主意。 | 13. 你很宝贵。 |
| 5. 我很爱做你的爸爸 / 妈妈。 | 14. 你可以说"不"的。 |
| 6. 我信任你。 | 15. 你可以答应的。 |
| 7. 你的意见很重要。 | 16. 你让我成为更好的我。 |
| 8. 你很重要。 | 17. 你是对的。 |
| 9. 你是被爱的。 | 18. 我接纳你的样子。 |

19. 我了解你。

20. 你是个好帮手。

21. 你值得。

22. 你使我快乐。

23. 我好爱你的创意哦。

24. 跟你在一起很有趣。

25. 我在听着呢。

26. 不要惧怕做你自己。

27. 你正在产生改变。

28. 你可以明天再试。

29. 你很有趣。

30. 我好爱从你的眼光看世界。

31. 单单有你就足够了。

32. 我爱你。

33. 你刚才做的事好棒。

34. 没有你，这个家就不一样了。

35. 那个问题问得真棒。

36. 你的朋友很幸运能够有你做朋友。

37. 你不需要完美还是能很伟大。

38. 这是一个很好的选择。

39. 看到你快乐让我很快乐。

40. 我最喜欢的职业就是做你的爸爸/妈妈。

41. 我每天总能从你身上学到新东西。

42. 我知道你已经尽力了。

43. 你是一个好男孩/女孩。

44. 谢谢你做好你自己。

45. 我很高兴你在这里。

46. 你很帅/美/好看……

47. 我们可以用你的方法试试看。

48. 看你长大是最棒的事。

49.（那个行动）非常勇敢。

50. 我原谅你。

51. 我感激你。

52. 我们都会做错的。

53. 是的，我也一样。

54. 你很擅长这个！

55. 我很高兴能跟你在一起。

56. 没有人是十全十美的。

57. 我很喜欢你这个说法。

58. 不是每个人都会喜欢你的，而且这完全没问题。

59. 你这个做得好好。

60. 我迫不及待要听这件事。

61. 你说的这一点挺合理的。

62. 你内外都很美。

63. 我好爱你讲故事的方式。

64. 我永远不会停止爱你。

65. 好奇是个好事。

66. 你让我的心很满。

### 5. 什么是知心话

知心话是孩子说的话，是他对于发生的事件的看法，如辰辰高兴地说："妈妈，今天我被老师表扬了，她说我是四大金刚（四大金刚是指班里比较淘气的四个男孩）里表现最好的！"骄傲之情溢于言表。当时妈妈不知如何回应，说："儿子，你能不能别当四大金刚啊？"孩子因为"最好的"而高兴，妈妈因为"四大金刚"而郁闷，忽视了孩子的知心话和进步，忽视了孩子的努力和付出。

再如，大奇笑着说："妈妈，今天的口算超级简单，我还是班里最后一个算出来的。"妈妈很生气。因为妈妈关注的是"最后一个"，是大奇比同学慢，是结果；而大奇注意的是"算出来"，是自己的努力和付出，是过程。

所以，如果辰辰妈妈说："辰辰，你有这么大的进步，妈妈真为你骄傲！你是怎么做到的？"如果大奇妈妈回应说："大奇，你算出来了，太棒了！你是怎么做到的呢？"这两句话都是关注孩子的努力过程，都是内归因，并引导孩子把自己的努力细化到行为，从而为以后主动付出行为和努力打下基础。

### 6. 如何用目标鼓励孩子

设定目标后还可以对孩子进行鼓励，相信孩子能达到这个目标，并给予红星鼓励，约定没有达到就减红星。这种**"先行给予"表明了你对孩子的信任，无形中你给他贴了一个略高的好孩子标签，对于已经得到的荣誉，孩子会加倍珍惜，因此对于自己行为的约束力更大。**

例如，孩子写作业过程中经常问问题，家长可以与孩子约定目标行为——在写作业的时候不问问题，如果遇到问题，或者有不会的题目，就标注记号，继续做下面的题目，直到全部完成再一起问，并相信他能做到。先行给予3颗红星，同时告诉他如果出现中间问问题等行为，就提醒1次，累计3次就减去1颗红星，低于3次不减星，培养孩子的自制力和责任感，以克服畏难情绪。

再如，有的孩子家长叫他时，他不回答，仿佛没有听见一样，可以说："妈妈相信你一叫就能答应，并立即行动，妈妈先奖励你 1 颗星，但是如果妈妈叫你一次不答应，就把这颗红星减去（或者给 3 次提醒的机会，根据经济法则来调整），你同意吗？"然后，家长一定要平静坚定地按照约定执行。

注意：孩子特别需要家长创造机会让他解决问题，并且肯定他的努力（请注意在这个阶段关注的是过程，不是结果。如果家长总是急着为他解决问题，他会退缩并且更加逃避困难）。对于孩子没有做到的行为，家长不可以发脾气，更不可以随心所欲地加大责罚，否则无效。

提示：**如果孩子总是做不到，请参考"如何根据经济法则分解目标"重新调整和分解目标。**要记住，你的孩子是与众不同的，不要拿别人的标准要求他，不要说："为什么别人家的孩子可以做到？"因为他就是他，他不是"别人家的孩子"，请把"别人家的孩子"还回去！

## 四、如何将目标法用于矫正孩子行为

目标法用于孩子行为矫正效果显著，是**用正向积极的方法激励孩子自我约束，发挥孩子潜能，培养自制力。**

目标法用于"三个不"，同样可以让注意力不集中的孩子更专注。家长可以说："妈妈相信你写作业期间（用定时器定时 40 分钟，在家里练习注意力集中 40 分钟，和上课一样，这样在上课时就可以管理好自己了）能够做到头不抬、手不停、嘴不动，妈妈先奖励给你 3 颗红星；如果违反就提醒 1 次，如果累计提醒 3 次就减 1 颗红星；累计不超过 3 次，如 1 次、2 次都不减红星。"

同样的方法用于"三个一"，对于改善孩子的坐姿也十分有效。孩子其他的行为，如磨蹭拖拉、注意力不集中、丢三落四、物品乱放等，孩子主观上如果想做好就能做好，但是家长一再地提醒的行为，都可以用目标法来矫正。

这样做**不仅是在用目标管理孩子的好行为、减少家长提醒的次数，而且有助于使家长外在监督转化为内部的推动力，对于改善孩子的行为更有效。**

注意：目标法有效的前提：一是要和孩子事先沟通，取得孩子的同意；二是家长的标准要适度，不要过于严苛，更不要把这些给孩子的红星都减掉，至少要给孩子留一颗红星，否则就失去了意义；三是在实施过程中，如果孩子对于减少红星有不同的看法，要尊重孩子的意见，不要因此引起孩子情绪的波动，适得其反，毕竟目标法的目的是"鼓励孩子自我约束"，不是为了监督孩子。

## 五、闯关问答

在进入下一章训练之前，请家长思考以下几个问题，确定自己是否达到本章训练的目标。如果达到了，就可以进入下一章的训练；如果没有达到，说明时机未到，请补充训练相应的内容，为接下来的训练打好扎实的基础。

当然，在补充训练的同时，你可以继续阅读本书的其他章节，了解豆豆妈妈儿童时间管理训练的方法和技巧，但是不可以立即训练孩子，否则不仅没有好处，而且可能会加重对孩子的伤害。

1. 再次确认孩子模块一、模块三的任务是否达到了训练目标？
2. 孩子在学校的表现是否每天都能达到训练目标？
3. 孩子的作业质量是否每天都能达到训练目标？
4. 家长是否对孩子生气，但是能控制住不发脾气了？
5. 你是否掌握并应用了"目标法"对孩子的行为进行矫正？

第六章

# 提高孩子做事效率，克服浪费时间

经过前三周的训练，孩子已经对第 1～19 项的标准非常清楚了，并因为每天都能得红星、换礼物、被鼓励、更多自主时间等而大大提高完成任务的速度。本周在完成上一周任务的同时对所有的任务进行完善、精细化，如孩子的**听课态度、作业质量、课外作业以及家长的情绪控制**等，即在保持各个模块任务顺利完成的前提下，根据上一周对新任务的讨论，调整星星表，并按照新修改过的星星表来记录孩子的行为表现，并有针对性地改善和提高。

## 一、家长的双重标准和孩子行为的两面性

随着孩子的进步，我们发现家长依然不满意，他们常常会说："孩子虽然做作业快了很多，却有很多错误，而且都是低级错误。""孩子写作业时坐姿不好，一会儿就低下头了，腰也弯了，要不然就跪在椅子上写作业。""孩子说话不算数，他答应要举手，但是只举了一次！""孩子虽然看书了，但是不能按照家长的要求看书，如我希望他朗读，他却总是说嗓子疼，特别小声地读书。"……这些问题要么没有列在星星表中，要么就是家长的评估标准改变了，总之，**孩子的进步常常追不上家长期望的提高，因而导致孩子误认为自己无论如何努力，都不会得到家长的肯定和鼓励，久而久之，削弱了孩子成长的动力**。导致这种现象的原因很多，主要影响因素是家长的双重标准和孩子行为的两面性。

### 1. 家长的双重标准

**孩子的行为分为适当的和不当的行为，家长对这两种行为的标准不同，通常对于孩子适当的行为（好行为）标准很高，必须几乎完美无缺才达标**，如考试 100 分、作业全部优星、主动写作业、见人有礼貌、上课积极表达、眼睛一直看着老师、合作听话等；**对于孩子不当的行为（不好的行为）标准**

**很低，**如写作业时玩笔、愣神、说话等，家长看到了一定会"有错必纠"地提醒孩子，孩子获得注意（孩子最喜欢被鼓励和肯定，其次是被提醒、批评，最不喜欢、不能容忍的是被忽视，见《儿童时间管理效能手册》第三章）。家长就像福尔摩斯一样眼睛里容不得沙子，孩子不当的行为几乎是一出现就会被抓住。

家长常说"孩子写着写着就愣神了"，就要提醒他"注意力集中"，我常常问家长孩子"写着写着"的过程有多久？家长通常说"10分钟""20分钟"等，这样的好行为出现时，家长为什么忽视了？源于高标准。一"愣神"就被抓住了。再如，孩子考试95分，家长一眼就看到5分是怎么丢的，进而开始讲道理、批评指责等，还会问："你们班有几个100分的？99分呢？98分呢？……哦，原来你是倒数第10名啊！"完全忽视了孩子的95分——那是孩子每天早出晚归、每晚和周六日"加班"才取得的成绩啊！

我们都知道，好的行为不是一蹴而就的，需要经历一个过程才能达到，在这个过程中，孩子不断地尝试错误（见第三章"试误说"），随着好行为的增多、不好行为的减少，孩子离目标越来越近了。但是**家长的这种双重标准让孩子误以为表现好是被忽视的、不被注意的（高标准），而表现骚扰、抗拒等不当行为会被关注、获得注意（低标准）。**根据戴克斯的行为目的理论，孩子的不当行为因为满足了行为目的而表现得更多了，持续表现就成了习惯。

**家长的双重标准让我们更容易看到孩子不当的行为，更倾向于忽视孩子的努力和付出，导致我们对于孩子的错误容忍度有限，我们总是希望孩子一下子就做到最好、最标准，不允许孩子犯错，也使自己常常处于情绪失控状态。**其实，孩子的行为具有两面性。首先，我们来看一个小故事："三块巧克力"。

一天，孩子放学后在客厅里玩篮球。正玩得起劲的时候，不慎打落了书架上的一个花瓶，瓶口顿时摔掉一大块碎片。更令孩子大为惊骇的是，这个花瓶是家里世代相传的古董。为了掩盖自己闯下的弥天大祸，孩子慌乱地把碎片用胶水粘起来，胆战心惊地放回原位。

由于每天都会擦拭花瓶上的灰尘，所以当天晚上，细心的母亲就发现了花瓶的"变化"。吃晚餐时，她问孩子："是不是你打碎了花瓶？"害怕受到惩罚的孩子灵机一动说："一只野猫从窗外跳进来，怎么赶也赶不走。它在客厅里上蹿下跳，最后碰倒了架子上的花瓶。"母亲很清楚，孩子在撒谎，因为每天都是她在上班前把窗户一扇扇关好，下班回来再一一打开。然而面对孩子胆怯的眼神和家人疑惑的目光，母亲只是不动声色地说："看来是我疏忽了，没有关好窗户。"

就寝前，孩子在床上发现了一张便条，母亲让他马上到书房去。本以为蒙混过关的孩子顿时心里一沉，看来还是难逃一劫。既然已经撒了谎，他打定主意，无论母亲怎么说，都死不承认，这样她就算发再大的火也拿他无可奈何了。

书房里，母亲的脸平静地沉浸在柔柔的光晕中，没有一丝反常，看到孩子忐忑不安地推门进来，她从抽屉里拿出一个巧克力盒子，把其中一块巧克力递给了孩子并说："安迪，这块巧克力奖你，因为你运用神奇的想象力创造出一个会开窗户的猫，以后你一定可以写出很好看的侦探小说。"接着，她又在孩子手里放了一块巧克力，"这块巧克力奖你杰出的修复能力，虽然用的是胶水，但是裂缝吻合得几乎完美无缺呢，不过记住，你用的胶水是用于修复纸质物品的，修复花瓶不仅需要更强的胶水，还需要更高的专业技术。明天我们把花瓶拿到艺术家那里，看看他们是怎样使一件工艺品完好如初的。"母亲一边说着，一边又拿起第三块巧克力，"这最后的一块巧克力代表我对你深深的歉意，作为母亲，我不应该把花瓶放在那么容易摔落的地方，尤其是当家里有一个热衷体育的男孩子时。希望你没有被砸到或者吓到，我的小甜心。"

"可是妈妈，我……"孩子之前那颗叛逆的心早就飞到了九霄云外，他努力想解释些什么，然而只笨拙地吐出几个字。母亲用手指轻轻挡在孩子唇上，"我的巧克力盒子已经空了，所以我们的谈话也结束了，现在去睡觉吧，晚安。"她温柔地吻了吻安迪的前额，然后走出书房。

之后的日子一切照旧，唯一的变化是孩子再也没有撒过一次谎。每当他不由自主地想要撒谎时，那三块巧克力就会立即浮现在眼前——提醒自己"要做一个诚实的人"。

没有一句责骂，没有一点非难。明明犯了错误，却得了三块巧克力的奖励。表面看起来匪夷所思，实际上正是这三块巧克力告诫孩子做人要诚实，它们时时刻刻都是孩子心灵上的警醒。

### 2. 孩子行为的两面性

**孩子的行为具有两面性，一面是"天使"，一面是"魔鬼"**，因为家长的双重标准，孩子的"魔鬼"面常常被发现，如果这时候家长能暂时停下来，用心发现行为的另一个"天使"面，正如文中的智慧妈妈一样，将会起到意想不到的教育效果。

在这个故事中，孩子行为的一面（"魔鬼"面）是：

- ❑ 不听话（不让在客厅玩篮球，却还是玩）；
- ❑ 搞破坏（古董花瓶摔掉一大块碎片）；
- ❑ 撒谎（说是夜猫弄坏的）。

孩子行为的另一面（天使面）是：

- ❑ 神奇的想象力（创造出一个会开窗户的猫）；
- ❑ 杰出的修复能力（虽然用的是胶水，但是裂缝吻合得几乎完美无缺）；
- ❑ 这个故事还有一个最重要的含义，就是妈妈的内省：对孩子深深的歉意——作为母亲，不应该把花瓶放在那么容易摔落的地方。

看到那些不好的行为，通常会让家长生气，但是这位智慧的妈妈让自己平静地对待，并积极地去想办法解决问题。当妈妈看到孩子的好行为时，一切变得不同了。

其实孩子在成长过程中，就像"天使"（按照社会要求和规范做事，如要写作业、要学习等）和"魔鬼"（按照自己的想法想干什么就干什么，如玩游戏、吃好吃的、不刷牙、不上学等）在拔河，如果"天使"胜了，孩子就表现得像个天使；如果"魔鬼"胜了，孩子就表现得像个魔鬼。**在我们十多年的儿童训练中，发现孩子的"魔鬼"只有他自己的"天使"才能战胜！**

**家长要想帮助孩子，就要把力作用于孩子的"天使"，让"天使"更强大！**当家长看到孩子行为的"魔鬼"面，自然会生气——这很正常，但是生气之后如何做，是发脾气、批评指责对方，还是管理好自己的情绪、寻求解决办法，却是仁者见仁，智者见智。如果家长能对自己喊"停"，找到行为的"天使"面，并告诉孩子他的天使行为，其实就是在孩子的"天使"和"魔鬼"的拔河中站在了"天使"一面——这个面胜出的概率大增！如果家长看到"魔鬼"面，就生气发脾气了，其实就是站在了"魔鬼"面，孩子表现"魔鬼"的概率大增！

## 二、调整星星表

随着时间表、星星表、礼物表的执行，孩子大大进步了！这时每位家长都应该看到并及时反馈给孩子们，让他们感受到自己的努力被承认和肯定的成就感。虽然家长还是有很多不满意的地方，但是家长应该清楚这种不满意来源于自己，而不是孩子！这时，需要对星星表进行调整和修改，将新的问题加入星星表中（见以下加"*"项目），这需要和孩子提前讨论，达成共同的协议。另外，要按照"三分之一法则"调整星星表的标准。

### 1. 什么是三分之一法则

如果星星表中某项任务连续一周孩子都没有得到红星，就要考虑项目的难度——这个难度因人而异，和孩子的经济法则有关。

星星表中的项目对于不同的孩子难度不一样（见第五章"如何根据经济法则分解目标"），因此给予的红星标准也不同。一般来说，把星星表中的项目按照难度分为三类——简单任务、中等任务、复杂任务，简单任务完成一项给 1～3 颗红星，中等难度的每项给 3～5 颗红星，复杂的任务每项给 5～10 颗红星，这就是三分之一法则（红星的具体数字各家可以不同，这里仅供参考）。

| 模　　块 | 行　　为 | 红星说明 | 红星标准 |
|---|---|---|---|
| 模块一<br>早晨 | 1 | | |
| | 2 | | |
| | * | | |
| 模块二<br>白天学校表现 | 3 | | |
| | 4 | | |
| | 5 | | |
| | 6 | | |
| | 7 | | |
| | * | | |
| 模块三<br>下午放学后 | 8 | | |
| | 9 | | |
| | 10 | | |
| | 11 | | |
| | 12 | | |
| | 13 | | |
| | 14 | | |
| | * | | |

续表

| 模 块 | 行 为 | 红星说明 | 红星标准 |
|---|---|---|---|
| 模块四<br>作业质量 | 15 | | |
| | 16 | | |
| | 17 | | |
| | * | | |
| 模块五<br>其他 | 18 | | |
| | 19 | | |
| | * | | |

孩子签名：＿＿＿＿＿　　　　父母签名：＿＿＿＿＿　　　　签名日期：＿＿＿＿＿

### 2. 例如，豆豆星星表（修改）

| 模 块 | 行 为 | 红星说明 | 红星标准 |
|---|---|---|---|
| 模块一<br>早晨 | 1 | 6:45 闹钟一响就穿衣、洗漱、吃早餐 | 每项 1 ★ |
| | 2 | 7:10 准时出门上学 | ★ |
| | * | **自己叠被子** | 1～3 ★ |
| 模块二<br>白天学校表现 | 3 | 每天抄记事，字迹工整，内容完整 | 每项 1 ★ |
| | 4 | 学校周评纪律、卫生加分 | 每分 1 ★ |
| | 5 | 得到小奖状、老师表扬 | 每次 3 ★ |
| | 6 | 上课积极举手回答问题 | 每次 1 ★ |
| | 7 | 作业考试得优 * | 每个 1 ★ |
| | * | **上课认真听讲** | 3～5 ★ |
| 模块三<br>下午放学后 | 8 | 每项作业按时完成，字迹工整 | 每项 1 ★ |
| | 9 | 作业完成后立即按照记事本收拾 | 每项 1 ★ |
| | 10 | 每天练琴 15 分钟 | ★ |
| | 11 | 每天做奥数 1～2 题 | ★ |
| | 12 | 每天读、背英语单词和课文 10 分钟 | ★ |
| | 13 | 每天听英语磁带 10 分钟 | ★ |
| | 14 | 每天 9:30 准时上床睡觉 | ★ |
| | * | **抄写好词佳句** | 1～3 ★ |

续表

| 模　块 | 行　为 | 红星说明 | 红星标准 |
|---|---|---|---|
| 模块四<br>作业质量 | 15 | 作业"三个一" | 每项 1 ★ |
| | 16 | 作业"三个不" | 每项 1 ★ |
| | 17 | 认真检查作业 | 1～6 ★ |
| | * | **作业一次全对** | 3 ★ |
| 模块五<br>其他 | 18 | 得到瑞思小贴画（课外班） | 每个 1 ★ |
| | 19 | 意料之外的好行为 | 5～10 ★ |
| | * | **家长生气、发脾气、责罚孩子** | 5～30 ★ |

孩子签名:_____ 　　　　　父母签名:_____ 　　　　　签名日期:_____

## ✨ 三、为什么要制定红星、黑星对照表 ✨

在此之前我们都是用鼓励的方式肯定孩子已经付出的努力和行动，孩子的大部分行为都有积极的变化，他们变得积极乐观、快速高效，这是让人振奋的。同时，我们也发现孩子的某些行为，如早起穿衣、洗漱吃饭、整理物品、学习作业等，他们如果想做会做得很好，平时却常常做不好；他们答应做的事情，如限时玩游戏、到点回家、家务活等，他们常常忘记做。这时就需要用行为结果的方法让孩子增强责任感。

### 1. 什么是行为结果法

行为结果分为自然的行为结果和合理（逻辑）的行为结果。

前者是指自然而然地发生的任何事情，其中没有大人的干预。例如，不吃东西就会饿，站在雨中就会被淋湿，忘记穿外套就会感冒，不按时起床就会迟到，不完成作业就会被老师批评等。

后者由于涉及安全、社会秩序、影响他人等，大人要干预，为孩子创造有益的学习体验，给孩子有限度的选择，鼓励孩子选择负责任的合作。例如，孩子在公共场所大声吵闹，家长可以让孩子选择立即回家或者停止吵闹，选择之后立即"平静坚定"地执行。

给孩子一个选择，并且私下里把后果告诉孩子，并不是有效运用合理（逻辑）的行为结果的唯一指导原则。倘若如此的话，让孩子选择是停止不良行为，还是挨一顿打似乎也很合理了——合理（逻辑）的行为结果与惩罚有着本质的区别。

### 2. 合理（逻辑）的行为结果与惩罚有何不同

合理（逻辑）的行为结果的四个 R：

（1）相关（Related）；

（2）尊重（Respectful）；

（3）合理（Reasonable）；

（4）预先告知（Revealed in Advance）。

"相关"是指后果必须是与行为相关的。"尊重"是指后果一定不能包括责难、羞辱或痛苦，并且应该和善而坚定地执行，并且对所有相关人员都是尊重的。"合理"是指后果一定不能包括借题发挥，并且从孩子和大人的角度来看都是合理的。"预先告知"就是预先让孩子知道，如果他选择了某种行为将会有什么结果出现（或你将会做什么）。如果遗漏了四个 R 中的任何一个，就不能再被叫作合理（逻辑）的行为结果了。

例如，孩子在学校的墙上涂画，其相关的后果是让这个孩子刷墙。如果遗漏了任何一个 R，将会怎样呢？

如果老师不尊重孩子，在要求孩子刷墙时加上了羞辱，如当着全班同学的面说："你都这么大了，居然会做这么愚蠢的事情，周末和你爸妈来刷墙吧！"就不再是合理（逻辑）的行为结果。如果不合理，如为了让孩子吸取教训而要求他刷所有的墙，也不是合理（逻辑）的行为结果了。如果孩子第一次画就被要求刷墙，因为没有事先告知，也容易被孩子理解为惩罚。所以可能的话，预先告知为尊重和选择增加了空间。

在与家长的沟通中，我们发现他们常常误用行为结果法，因此我们对行为结果法进行简化，将"代币制"进行延展，制定了"红星、黑星对照表"（见下表）。本周在完成五个模块的训练时，要加入黑星提醒，即预先告知孩子哪些行为要给黑星。本周只是告知，即每次孩子出现不好的行为，家长要告诉孩子从下周开始这样的行为要给黑星，给孩子一周的时间去适应，从下一个"30天儿童时间管理训练"开始给黑星，红星要与黑星相抵消。

### 豆豆红星、黑星对照表

| 模　块 | 红星说明 | 黑星说明 | 黑星数量 |
|---|---|---|---|
| 一、早晨 | 6:45 闹钟一响就穿衣、洗漱、吃早餐 | 延迟 5 分钟之内不得星，从第 6 分钟开始得黑星★，计数从 6 颗黑★开始，即 7 分钟得 7 颗黑★…… | 每分钟 1 ★ |
| | 7:10 准时出门上学 | 延迟 5 分钟之内不得星，从第 6 分钟开始得黑星★，计数从 6 颗黑★开始，即 7 分钟得 7 颗黑★…… | 每分钟 1 ★ |
| | **＊ 自己叠被子** | | |
| 二、白天学校表现 | 每天抄记事，字迹工整，内容完整 | 没抄记事、字迹不工整、内容不完整 | 每项 1 ★ |
| | 学校周评纪律、卫生加分 | 学校周评纪律、卫生减分 | 每分 1 ★ |
| | 得到小奖状、老师表扬 | 老师批评 | 每次 1 ★ |
| | 上课积极举手回答问题 | 上课不举手就回答问题或说话 | 每次 1 ★ |
| | 作业考试得优＊ | 90 分以下，每差 1 分 1 ★ | 每分 1 ★ |
| | **＊ 上课认真听讲** | | |
| 三、下午放学后 | 每项作业按时完成，字迹工整 | 没有按时完成，字迹不工整 | 每项 1 ★ |
| | 作业完成后立即按照记事本收拾 | 忘记带东西 | 每项 1 ★ |
| | 每天练琴 15 分钟 | 没有完成 | ★ |
| | 每天做奥数 1～2 题 | 没有完成 | ★ |
| | 每天读、背英语单词和课文 10 分钟 | 没有完成 | ★ |
| | 每天听英语磁带 10 分钟 | 没有完成 | ★ |

续表

| 模　　块 | 红星说明 | 黑星说明 | 黑星数量 |
|---|---|---|---|
| 三、下午放学后 | 每天 9:30 准时上床睡觉 | 延迟 5 分钟之内不得星，从第 6 分钟开始得黑星，计数从 6 颗黑★开始，即 7 分钟得 7 颗黑★…… | 每分钟 1 ★ |
| | **\* 抄写好词佳句** | | |
| 四、作业质量 | 作业"三个一" | 没做到 | ★ |
| | 作业"三个不" | 没做到 | ★ |
| | 认真检查作业 | 孩子发脾气 | 每次 1～3 ★ |
| | **\* 作业一次全对** | | |
| 五、其他 | 得到瑞思小贴画（课外班） | 孩子哭闹不止 | 每次 1～3 ★ |
| | 意外情况 | 孩子动手打人 | 每次 1～5 ★ |
| | **\* 家长生气、发脾气、责罚孩子** | | |

当日红星数量合计：_____颗 ★

备注：前面带 \* 号部分，只有红星或不得星，没有黑星。

计算公式（从下一周，即第五周开始）：

孩子实际红星 = 当日红星数量合计 − 当日黑星数量合计

### 3. 为什么要制定黑星表

与红星表培养孩子自信心相对应，黑星表是为了培养孩子遵守规矩、承担责任。当孩子的某些行为不被社会所接受时，单纯的批评指责不仅无效，反而会激化矛盾，伤害亲子关系。

我们都知道"知行合一"需要持续不断地训练，一朝一夕是不够的。这个过程中，家长的耐心是有限的，当孩子一再犯错、家长一再提醒无效时（孩子的成长是错误递减的过程，错误不会一下子消失，而是一个从多的错误到少的错误的过程，直至没有错误，家长常常没有给孩子充分的成长时间，反而认为无效），家长的情绪也是无处安放，不禁感叹"孩子为什么总这样啊！"

有了黑星,家长就不必再对孩子发脾气,而是可以把怒气化作一颗颗的黑星(如果家长能自我减压更好,见第一章)。黑星虽然不好,却好过家长对孩子发脾气——两害相权取其轻。

**黑星既是家长情绪的出口,也是约束孩子行为的"紧箍咒"——黑星表是让孩子知行合一的有效工具。**

### 4. 什么时候开始执行黑星表

一般来说,如果家长按照"一立三高"的步骤对孩子进行过训练,并帮助孩子制定了"三表",辅以天天"美言录",经过 30 天的自我情绪管理和孩子外驱力训练,在第二个 30 天训练时,家长的情绪基本处于稳定状态——生气但是不对孩子发脾气,此时才可以执行黑星表。

在实施黑星表之前再次确认孩子的红星表得到充分的运用,即孩子有充分的自信心,否则不能使用黑星表。

简言之,面对孩子的各种行为和问题,家长能做到不吼不叫不纠结,连续 30 天,才可以使用黑星! 否则,就会破坏亲子关系,导致孩子时间管理训练失败。

在此之前,家长可以采取黑星替代办法来矫正孩子的行为,具体见第五章"四、如何将目标法用于矫正孩子行为",先给孩子红星,孩子没有做到可以提醒几次、减红星。

### 5. 孩子重复犯错怎么办(家长要以什么态度对待孩子的黑星行为)

**家长和孩子制定黑星表后,常常默认为孩子就不会发生这些行为了,因此当他们表现出黑星行为时,家长常常觉得生气,并因此对孩子发脾气、指责他。** 如和孩子约定好上课认真听讲,送孩子上学时千叮咛万嘱咐,孩子也信誓旦旦答应了,可是老师的告状电话打破了你所有的幻想,无奈、气馁、愤怒涌上心头,恨不得立刻见到这个不争气的孩子,暴打一通才解气。虽然一再告诉自己要忍耐，可是回到家里，看到孩子作业乱七八糟、错误百出、满篇的涂抹和红叉叉，气又不打一处来，终于爆发了……等到风平浪静，孩子含泪睡着了，免不了一遍遍地问自己"这是为什么？！"

　　**家长有个误区：认为孩子答应的事情就一定能做到，其实"知行合一"何其难啊！**看看自己，明知对孩子发脾气没有用，也多次劝自己要克制，却常常控制不住怒气而爆发。"知道了"与"做到了"还有很远的距离。这就是为什么"家长生气、发脾气、责罚孩子"要给孩子5～30颗红星的原因。给孩子红星，就是对家长的黑星警示。

　　所以，面对黑星行为，无论是孩子的，还是家长的，只要发生，在态度上要"平静"，在行动上要"坚定"——如约承担行为结果，即给一定的黑星，以示提醒和警告。随着时间的推移，这些行为将越来越少，终会消失。

　　**面对黑星行为，"平静坚定"是正道！切忌唠叨指责。**

### 6. 如何能减少家长生气、发脾气、责罚孩子

　　时间管理训练的前提是**家长平静坚定、亲子关系良好**，如果没有这个基础，就不能开始这些训练。所以在星星表中我们加入了这一项，如果家长没有控制住自己的情绪，就要给自己黑星，即给孩子5～30颗红星。

　　有个妈妈脾气很急躁，自己知道要控制，却每每都爆发。开始时，她每发一次脾气就给儿子5颗红星（每一颗星可以玩一分钟游戏），后来给10颗，却还是会爆发。直至给30颗，她觉得自己发一次脾气就能让儿子玩30分钟，太不值了，就控制住了。以后，她对儿子发脾气的频率、幅度都减少了。

　　有的家庭用其他的方式，如有个孩子说家长发脾气、责罚孩子时，他不要红星补偿，而是让妈妈蛙跳、爸爸跑步，他们发脾气的每一句话代表一个蛙跳或者一圈跑步，如果打他了，就要蛙跳30个或者跑步10圈。因为他觉得爸爸妈妈不爱运动，所以用这种方式激励他们锻炼身体。

## 四、如何与孩子约定作业、考试标准——成绩管理法

与孩子约定作业和考试的标准，只要他达到这个标准，他就可以自主管理学习——课内和课外的，这就是成绩管理法，也可以说是成绩的妙用。

### 1. 成绩管理法的基本原则——成绩的妙用

根据你的孩子最近 1～3 个月的作业、考试成绩，假如孩子的成绩是"优"，考试成绩是 90 分，你可以与孩子做如下约定：

（1）作业得优、考试 90 分为过关，不需要多做题目。

（2）如果作业得优 *，或者考试成绩是 95 分以上，要多加红星。

（3）如果作业成绩是良，要补做相关的题目。

（4）如果考试成绩低于 90 分，则每低一分要补做一套题，如 88 分，要多做两套题。

（5）补做的作业，或者题目都以不超过一节课时间为上限。

（6）以上标准不和其他同学相比较，无论他们都考 100 分，还是他们都不及格。

孩子考得好，家长高兴；孩子考得不好，家长可能生气，但是不要对孩子发脾气，只要让他如约做题，多多练习，下一次考得好的机会就大了。这样不仅有助于提高孩子的学习效率，而且还能教会孩子面对挫折的积极态度，学会担当和责任。

### 2. 家长来信——应用成绩管理法遇到的问题

下面我们通过一封家长来信，看看成绩管理法遇到的问题。

豆豆妈妈：

你好！

听你的讲座，真是一次学习的过程，觉得自己还有许多可以改进的地方，回去准备跟儿子一一实施，原来我差得那么多。

请教一下，你说用成绩来培养孩子对学习的责任感，我有些不明白。你和豆豆约定考试 90 分就算过关，差一分就做一张卷子。如果到时他真的考 89 分，你就让他做一张卷子，还会训他一顿吗？另外，假如说这次期末考试考了 80 分，假期你都不用说，他就会做 10 张卷子吗？

我也用过这个办法，但是因为卷子内容实在太多了，我儿子他不做呀，是不是我选的卷子有问题？数学规定 90 分还行，语文和英语 85 分就不错了。这卷子你都是怎么选的，具体到语、数、英，能说得具体点吗？也许 90 分标准对于我的儿子来说太高了吧？嗯，确实太高了！

请你教教我怎么选卷子吧！谢谢！

### 3. 成绩管理法的妙用——学玩两不误

家长：

你好！

首先，感谢你来信和我分享教育孩子的感悟、体会和困惑。先说说这个方法的缘起吧，也许能更好地帮助你了解这个方法。作为妈妈，既想要帮助儿子学习好，又想让他有更多的时间去做其他的事情，我们都希望不要把时间全部用来学习，生活应该是丰富多彩的（豆豆用了英文单词 Colorful）。

我们就约定豆豆自己安排时间，把学习、运动、游戏、休闲、日常生活等都计划好，由我整理出米，形成豆豆时间表。同时约定各项的标准，达到了得红星，没有达到不得星，形成星星表。另外，也按照他的兴趣和喜好制定了礼物表，用红星可以换礼物。这三个表制定以后，我们就积极地实施和及时地调整，可喜的是豆豆学习的自觉性和学习效率显著提高了！

因为课外班会占用很多时间，豆豆不愿意去。现状却是大家都去补课，我也担心他学习落后怎么办？成绩不好影响自信心怎么办？经过慎重考虑，我认为孩子学习的主动性、责任感、好习惯更重要。如何平衡孩子的快乐和学习呢？如何达到学玩两不误呢？结合管理学的目标管理和父母效能的鼓励策略，我们制定了行之有效的"成绩管理法"，即用考试成绩来管理他的日常学习，包括上课听讲和回家写作业、复习等。

首先，我们和豆豆明确了一个概念，即考试就是查漏补缺，如果没考好，就意味着某些知识掌握不牢，需要多多练习，不会归因为马虎、不认真等态度因素，因而就不会批评教训他，而是用做题多练习来解决这个问题。

其次是标准，我不认为孩子应该考100分，这个问题也是在和豆豆的沟通中逐渐清晰的。当时我和他的沟通很复杂，现在总结起来就是投入产出比的问题，举个例子比较容易明白，如得90分可能需要40%的时间学习，省下的60%的时间就可以做其他的事情了，即使睡觉也是好的，就达到了他的Colorful目标；而得100分可能就需要100%的时间学习，没有时间做其他的事情了，而且即使这样，也未必能得100分。

因为豆豆的平时作业基本是优，考试成绩多数在90分以上，我们约定：

（1）如果作业得"良"，就再做一个类似的作业。

（2）如果考试没到90分，差一分做一张卷子。

（3）如果他不想做卷子，也可以选择上课外班补课。

这个方法实施后，豆豆学习效率很高，从小学到中学，他上的课外班很少，如果去也是他慎重考虑后要去上的，这也锻炼了他独立自学的能力。课外班报名前，我还会和他约定目标，如果没有达到约定的标准，培训费和考试费要从他的压岁钱里扣，这样他就要为学习负责任。一个人如果自己不想学习，即使人在那里，心也不知去哪里了。所以管理学习，只管"人"是不够的，一定要管理"心"才好。

对于你提出的孩子的问题，具体建议如下。

（1）分数制定标准：具体的标准要以孩子的实际情况来定，一般以他平时的多数成绩来定，如果他80%的时候是85分，就定在85分；每科的标准也可以不一样，平时成绩和期中、期末的成绩也可以不一样。

（2）卷子选择标准：找类似的卷子就可以，如他的口算没达到标准，就找类似的口算题让他做；如果是听写没达到标准，做同样难度和数量的听写；如果是英语单词考试，假如考了10个单词，就再找出同一单元的10个单词考他；如果是大卷子，如小状元、单元考试、期中期末考试等，就找出他错的题型，可以是应用题，也可以是计算题等，找出同样题目的2~3道题让他做；语、数、英都是同样的道理，记得做新题之前先让孩子改错。千万不要因为孩子错了一两道题，就让孩子做整张卷子！

（3）形成约定：这些标准和约定要事先和孩子谈好，这是个协商和沟通的好机会，要让孩子心甘情愿地接受才行，写下来双方签字，以保证沟通的效果。因此，父母的情绪稳定和良好的亲子关系是基础，没有这两个必要条件，成绩管理法无法实施。

（4）实施：制定好标准以后就可以实施了，不要等到期末考试再用这个方法。先试行一周，看看有什么需要调整的，及时调整。如果没有考试，或者孩子成绩起伏比较大，或者孩子对学习比较抗拒的，也可以用孩子的平时作业正确率作为标准，如平时作业的正确率是70%，就以此为标准。实施时如果孩子情绪反应激烈，就要弹性处理，如减少一些题目（目标分解）；如果孩子还是很抗拒，就要用"接纳—反映—讨论"的沟通方式重新制定标准；切记：**不要为了让孩子践行之前的约定而导致孩子情绪反应过激——这样就得不偿失了！**

### 4. 成绩管理法中的沟通原则——"接纳—反映—讨论"沟通三部曲

成绩管理法中关于目标和标准，家长与孩子讨论中常常遇到彼此观点不一致的情况，如家长认为应该定在 95 分，孩子认为要定在 90 分等；虽然当时达成了一致的标准，但是当孩子的实际成绩真的没有达到这个标准、面临接受预约的行为结果时，孩子都会感到情绪的波动。

当孩子因遇到困难、委屈、挫折而感到伤心、难过、沮丧时，家长切忌讲道理，因为孩子此时需要的是情绪的关怀和疏解，然后才能理性地解决问题，即先"共情"后"共事"。因此，家长要学会用"接纳—反映—讨论"沟通三部曲来有效地帮助孩子疏导情绪，专心致志解决自己遇到的问题。让我们通过一个例子来说明这个沟通三部曲（更多内容见《儿童时间管理效能手册》第 165～170 页）：

| 事件 | 孩子考试没考好，担心父母骂，非常害怕 |
| --- | --- |
| 接纳 | 面对伤心、害怕的孩子，家长接纳的态度非常重要，接纳是一种理解和宽容，并不表示赞同。家长对孩子说话时的语气一定要平静，如果家长生气了，请先离开孩子，处理好自己的情绪问题再和孩子沟通 |
| 反映 | 反映就是像镜子一样把孩子的感觉、情绪说出来，不带有任何的评价和判断，关键在于"映"，而不是"应"，二者的方向完全不同<br>"反映"的目的在于让孩子客观地看到自己的感觉，学会用语言表达自己的感觉，并感受这种感觉被家长理解后的轻松，情绪得以释放<br>家长可以说："孩子，你这次考试没考好，心里一定很难过，而且还担心爸爸妈妈批评你，是吗？"<br>"反映"一定要用问句，这样就开启了和孩子沟通之门，他会告诉你这种反映是否正确。如果不准确，他会直接告诉你，或者有所反应，家长可以再次提问，直至孩子觉得你的描述符合他的感觉<br>重复"接纳—反映"这个过程，直到孩子情绪平静下来<br>这个"接纳—反映"沟通过程的目的是帮助孩子疏解"担心父母骂，非常害怕"的情绪困扰，让孩子放下包袱、专心面对问题<br>在这个过程中，你会发现孩子的情绪反应越来越舒缓，心跳、脸色、音调等都慢下来了，有时候孩子还会长出一口气，变得平静了，这时就可以停止"接纳—反映"、进入"讨论"环节了 |
| 讨论 | 当孩子情绪平静后，家长可以带领孩子进入"讨论"环节了。这个过程中家长主要以提问的方式把问题抛给孩子，如家长提出问题："怎样才能考好呢？"家长要耐心引导孩子面对问题和思考问题，引导他自己说出解决问题的办法，不要直接给孩子办法，并鼓励孩子去实施可行的办法。具体参考"问题解决六步骤"<br>注意：耐心、引导、鼓励 |

### 5. 成绩管理法中的问题解决六步骤

家长通过"接纳—反映"的沟通过程，使孩子渐渐平静下来，这时候要引导孩子直面问题和困境，和孩子一起讨论如何解决问题，以孩子为主，家长的作用不是直接告诉孩子解决问题的方法，而是启发孩子思考问题，培养孩子解决问题的能力，关键是：不断地把问题抛给孩子，让孩子越来越清晰地看到问题是什么，也才能更有效地找到解决办法。

具体来说，讨论和解决问题有 6 个步骤：

（1）澄清：用"接纳—反映"化解情绪，澄清和分析问题。

（2）激荡：用脑力激荡法发现尽可能多的办法，不评价好坏。

（3）分析：分析和评估每种办法，设想可能的结果，引导积极的方法。

（4）选择：确定一个有效的办法和实施时间、评估时间。

（5）行动：鼓励孩子用选择的方法去实施。

（6）反思：评估办法的有效性，以及如何改进和提高。

以上"问题解决六步骤"（更多内容见《儿童时间管理效能手册》第139～141页，158～159页，166～167页）方法的运用前提是家长和孩子都要心平气和。面对孩子的问题和困境，如果家长着急，甚至生气、发脾气，就要先暂停一下，先要处理自己的情绪困扰。如果孩子情绪不平静，就要回到"接纳—反映"，继续沟通，直至孩子平静下来，才能专注于问题解决。

## 五、闯关问答

在进入下一个训练周期之前，请家长思考以下几个问题，确定自己是否达到本章训练的目标。如果达到了，就可以进入下一阶段的训练；如果没有达到（4 和 5 的问题回答"是"，就说明没有达到训练目标），说明时机未到，请补充训练相应的内容，为接下来的训练打好扎实的基础。

当然，在补充训练的同时，你可以继续阅读本书的其他章节，了解豆豆妈妈儿童时间管理训练的方法和技巧，但是不可以立即训练孩子，否则不仅没有好处，而且可能会加重对孩子的伤害。

1. 家长本周是否每天都对孩子保持了平静的心态？

2. 孩子是否认可所有的红星、黑星标准？

3. 孩子是否愿意约束自己的行为来保护红星？

4. 星星表中是否有连续 3 天得不到红星的行为？

5. 孩子是否有宁愿不得红星也不做的事？

## 六、四周后（收获时间管理的果实，即提高考试成绩）

至此，儿童时间管理训练第一个周期结束，第二个周期开始了！每个人完成第一个周期的训练所用的时间不同，有的人用了 30 天，有的人用了 40 天、50 天……因为每个人的情况不同，闯关的时间各有不同。相同的是：只要按照训练步骤管理自己的情绪和训练孩子的时间管理能力，每个人都在成长和进步，都在向着目标迈进！只要坚持，我们都能到达理想的彼岸！

我曾经看到以下的情景，希望与各位父母分享和讨论。

情景一：妈妈在超市买苹果，孩子坐在小推车里，拿了一个苹果给妈妈，妈妈的反应："别动！这个苹果不好，放回去！我来挑！"

情景二：妈妈在超市买菜，孩子欣喜地拿了一个形状古怪的西蓝花给妈妈，妈妈的反应："你很奇怪这棵花菜为什么有这么多的疙瘩吧？我也不知道，改天我们去图书馆查一查。"

如果是你，会如何反应呢？当你面对孩子的成长，作为父母的你，将如何思考和应对呢？你更多的反应"不"还是"是"？

我们发现家长通常愿意选择第二个情景的妈妈（向前看），但自己实际上却是第一个情景中的妈妈（向后看）。

　　请你在一张空白的纸上画一个圈，大小都无所谓，这就是你的精力圈了（更多内容见《儿童时间管理效能手册》第48～50页）。人的精力是有限的，包括心力、脑力、体力。你愿意把精力更多花费在哪个阵营呢？你是"不"妈妈（爸爸）还是"是"妈妈（爸爸）？前者是"向后看"，后者是"向前看"，此消彼长，思考留给大家……

## 精力圈

| 向后看 | 向前看 |
| --- | --- |
| 1. 出了什么问题 | 1. 怎么解决问题 |
| 2. 自己有什么毛病 | 2. 自己有什么优点 |
| 3. 为何达不到目的 | 3. 要取得什么结果 |
| 4. 错在哪儿呢 | 4. 要做些什么能达到目的 |

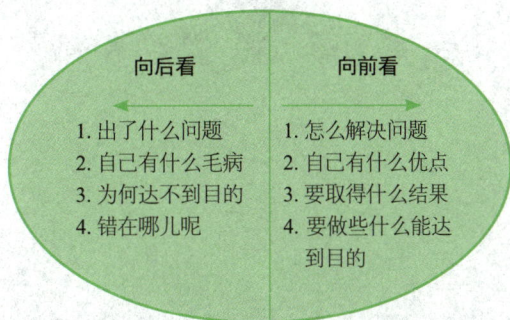

来源：斯蒂文·范诺伊《我给我孩子的10个最珍贵的礼物》

# 第七章

# 家长反馈与分享：鼓起勇气去改变

## 一、家长总结：豆豆妈妈儿童时间管理学习地图

以下这张图是一位妈妈学习了豆豆妈妈儿童时间管理训练法以后制作的，首先感谢杨巍的分享。这张学习地图不仅条理清晰、逻辑严谨、创意非凡，而且言简意赅，令人耳目一新！各位家长可以对照这张图查漏补缺，调整自己的训练方案，以便更有效地提高孩子时间管理的能力。同时，欢迎大家把自己的学习感悟、训练方法等发给我们（关注公众号"豆豆妈妈儿童时间管理"），和更多的家长分享，共同成长！

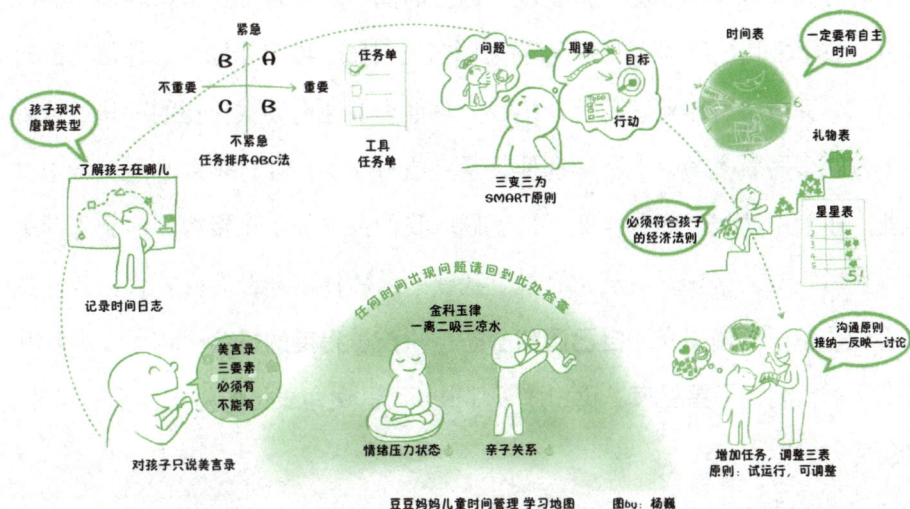

豆豆妈妈儿童时间管理 学习地图　　图by：杨巍

## 二、家长来信：真情实感跃然纸上

以下摘录几位家长学习儿童时间管理后的来信，和大家分享，帮助家长看到希望，从而增强信心，以便能持之以恒，更有的放矢地学习和训练孩子。

### 1. 实施"三表一录"让我和孩子都开心

首先感谢张老师（豆豆妈妈儿童时间管理教练张净谊老师）和豆豆妈妈工作室的老师们，想给你汇报一下我家近期情况：孩子近几天表现很好。这几天我在听课、看书，课已基本听完，同时自己也在反思，为自己加油！经过一个月的学习，我学到了很多，不但每天给孩子写**美言录**，还经常用语言、行动、眼神、拥抱给孩子鼓励，赞美孩子，用 **ABC** 排序法，减掉了孩子的 B 类、C 类作业，现在只保留了 A 类作业。审视自己的教育，是自己对孩子要求太高了，任务也太多，原来给孩子的任务没有根据孩子的**经济法则**，把孩子的时间安排得满满的，孩子没有**自主时间**，近期好了很多，取消了乒乓球班，放学去晚托班写作业，速度还比较快，托班 40 多个同学，他最快的时候第二名完成所有作业，我让他给我分享他火箭速度完成作业的秘诀，他说在学校能多写就多写，上科学课他赶紧完成科学课作业，剩余时间就做语文作业。还能主动找时间做作业了，上周四我们去参加了个聚餐，他到那儿先写作业后吃饭，这在以前从未有过。我在想以后肯定还会有反复，但我已做好心理准备了。慢慢来，**自己调整心态**，给孩子**犯错的机会**。昨天晚上我和儿子又重新制定了**星星表**，我和孩子都很开心。谢谢豆豆妈妈工作室的老师。我会努力的！

### 2. 父母要用"美言录"滋养孩子长大

感谢张老师和豆豆妈妈工作室的老师！说实话，原来特别困惑，孩子 9 月份刚上学时，感觉天都快塌了，怎么这么费劲呢，孩子在学校属于乖的，放学回到家里后，每 10 分钟哭闹一次。原来在幼儿园时，回家可以学习，按要求做，但现在不愿意，觉得在学校学了一天，回家就想玩，我们也像大部分家长那样教育孩子啊！但怎么就这样呢，我小时候就没觉得上个小学是这么难的事，更不会觉得作业是家长的事。当时痛苦极了！一个偶然的机会，一个有同样经历的朋友介绍我认识豆豆妈妈儿童时间管理的王宏老师，我带着自家的问题，拉着老公走进了王宏老师的办公室。在那两个小时的沟通中，我们找到了答案。当天，我跟老公都感觉被堵着的心敞亮了许多，也认识到是自己在家庭教育上出现了问题，于是走进课堂。

第一次听课时，我非常辛苦，边听边记笔记，利用一切可以利用的时间。我是真的自己记笔记，不是用软件，当然是挑自己的重点记，于是有时一句话反复听，晚上孩子睡着后写作业。那时只是听了"100讲"（喜马拉雅主播"豆豆妈妈儿童时间管理"，专辑"儿童时间管理训练手册"100讲）的前50讲，书还没有开始看，所以第一次，只是听了个大概，完全停留在**戒吼**、写**美言录**上，当时写一条美言录都觉得痛苦，戒吼也只停留在因为参加了戒吼而戒吼的阶段。但到第一期课程后面时，光是不完美的戒吼、不合格的美言录，就已经让我看到了孩子的变化。

在第一期结束休息的那一周，我就放松了对自己的要求，一周没有写美言录，好在还坚持说美言录。于是我决定参加第二期的一对一训练，开始跟着老师练习我自己需要的**三变三为**、**沟通三部曲**，并且尝试开始使用**三表**。说实话，在实际使用时问题多多，状况不断，这个过程需要老师的指导、陪伴。这时我意识到，这个课堂是在我没有"油"的时候的"加油站"，是我的"心灵鸡汤"。不仅如此，我跟我老公的关系、整个家庭也因为我们的改变而变得特别和谐。有一天，当我们对儿子说："**我们正在学习如何做个让你幸福的孩子，我们要用美言录滋养你长大**"时，孩子当时眼睛里有泪花，特别开心。现在，他开始相信我们，开始有自信。于是，我们决定参加第三期训练，因为我们的沟通三部曲还没有掌握。我们要把这个当成自己的新年礼物送给自己。

明年暑假，我们还想让儿子参加豆豆妈妈夏令营，没有什么比给孩子这些爱更重要的了。学习的过程挺辛苦的，儿子早上7:30出门，我一边收拾房间，一边听讲座，然后上班路上继续听，抽空完成作业，有时上午太忙了，就晚上儿子睡觉后再听，然后再写作业。现在我们的天空特别美好，我想坚持1年后，该是多么幸福。

我现在咬牙不看孩子的成绩，这期训练结束，估计能真的做到真的放下，正好赶到这个时间，期末考试，多好啊！有老师们陪伴，有咱们大家。让孩子自己承担**行为结果**！一起加油！

### 3. 孩子表现不好时正需要我们的尊重和信任

张老师以及豆豆妈妈工作室的老师们：

特别感谢各位老师的关注、引导和支持。从9月末开始接触豆豆妈妈，不到三个月的时间里，我觉得对于我们的影响真的不小，尤其在最近的训练营中，我每天戒吼打卡，这个方式既方便又有效地提醒我：无论孩子怎样都不能发脾气。也正是在我不发脾气的这段日子里，孩子开始不去上学，我内心无比焦急，坚持着保持好自己的情绪，**美言录**我确实坚持在写。这周孩子去上学了，而她原本表示老师如果要求穿校服，她还不去上学。我仍旧接纳她。周二老师就要求穿校服，她周一晚上自己试了衣服，自己想了办法，把校服装好带到学校再换上。而且今天学校有隆重的观摩课，孩子紧张得不想去上学，我也没有劝说，孩子就自己战胜了紧张情绪，背起了书包。

这两天，经历了十几天孩子不去上学在家里闹情绪对我的煎熬（孩子在家，我就一直在家陪着，为了给她做榜样，我不碰手机和电脑，我听课她知道，我会告诉她我用手机在听课，不听时就不碰手机）。经历过这些天，我也总结和思考了很多，孩子不去上学，除了是因为学校有压力以外，可能也是对我们家长的试探，看我能不能允许她不去，试过了，发现我能允许，她就知道上不上学是她自己的选择了，所以后来老师要求穿校服，她也学会自己想办法了。那天早上我帮她把装校服的袋子拎上车时还表扬了她的方法。今天她的紧张情绪也是自己想办法克服的，也算有进步。我也学着降低标准，尊重孩子本来的样子。

虽然孩子说出了很多令我害怕的言语，但是孩子也在这段日子跟我们说了很多自己的想法，虽然一直沿袭的说话风格没有变化，但是确实使我们更加了解孩子了，我也观察到孩子对我们的态度更加坦诚了。

训练营马上就要结束了，我觉得每日的讲课、作业和我这个月混乱的生活夹杂在一起，真的是给了我一定的压力，但也给了我重新思考很多问题的机会，让我重新认识和思考了很多关于孩子的问题。我会重听咱们的训练音频，继续给孩子写**美言录**，让一些思想沉淀能够内化到自己的行动上，也希望各位老师继续给我们提出宝贵的意见和建议。再次感谢各位老师！

### 4. 咬牙戒吼，坚决不做狼追型家长！

首先感谢豆豆妈妈工作室的老师们，现在我的情绪控制好了，能站在孩子的角度想问题了，他不想写的时候就让他自己决定怎么样能放松，出去跑一圈，玩会儿自己的拼装，吃点东西，有时干脆就不写，我就只问他"如果真不写，妈妈同意，妈妈能理解你很累，明天到学校怎么办？"让孩子想。我就是不做**狼追型**，要转化成**驱力型**教育，过程确实很难，只要每天坚持**戒吼**，孩子一定会给你惊喜。

我刚戒吼两周时，我儿子因为我不让他玩游戏特别生气，竟然把我的微信和 QQ 全删掉了，我特别生气，为了不吼他，周六、周日白天不能回家，晚上孩子叫了我几次，并承认错误后我才回家，周末痛苦了两天。戒吼结束，特别是这周，孩子表现得特别好，有两次晚上 6:00 之前写完全部作业，后边两天放学之后在学校写完全部作业，回到家全部是玩的时间，我高兴得每次都大夸特夸孩子。特别是本周一，晚上 6:00 写完作业之后孩子问我现在没事做该干什么？我问他自己想干什么？他说想看电影《机器人之血》，我搜了附近区域没有，只有在离我们家稍远的影院才有，时间是 8:33 可以结束，我毅然决定带他去看，他兴奋地抱着我说"谢谢妈妈"。

这就是放弃**狼追型**教育而用**驱力型**的好处。虽然知道孩子还会反复，但我已经做好了迎接孩子一次又一次挑战的准备，把他当成提高我们教育方法的机会，我就不担心害怕了。

### 5. 教育真谛：妈妈，你做好你自己就行了！

豆豆妈妈工作室的老师们好！我参加了戒吼学习，不到30天，收获真的是很大的！我属于学习慢一拍的那种，在学习到第二周时我们用了**星星表**和**时间表**，虽然用得不是很好，但效果挺好的。首先孩子们学习上的积极性提高了，能主动去学习了。以前写作业时欢欢、乐乐两人总会说话、打闹，时不时还会把矛盾激化，严重影响到写作业的状态和速度。通过学习，我把"**三个一**"和"**三个不**"写在纸条上，贴在他们的书桌上，只要写作业，抬头就能看见。再加上星星的奖励，现在写作业家里可安静了，同时写作业速度也提高了。

昨天欢欢对我说："妈妈，学习是我自己的事，写作业你就不用管了，不会写的我就留着到学校问老师，老师会给我讲解的。老师讲了，我就会做了。妈妈，你做好你自己就行了，我会好好学习的，我要在五年级时当上大队长。"听得我好感动！

### 6. 从"你不爱我"到"妈妈你笑了"

豆豆妈妈工作室的老师们好！目前你们讲的每一堂课、每一句解答我都认真听了，而且还做了笔记。家里两个宝宝，大宝9月份上的一年级，开学到现在，孩子写作业写不好，我就对她发脾气，数落她，看她哪儿都不顺眼，她在家时我脸上没笑容，总是觉得她什么都不好……有一天我对她又是一顿数落，孩子没有说话，回房间关上了门，写了一张字条："你不爱我。"

当天晚上我失眠了，但是第二天以后的日子我还是继续这样。孩子学校开运动会，孩子什么项目都不参加，她说害怕做不好，我强烈地感觉到孩子害怕、胆小、不自信……心里真的很难受。我很自责，后悔自己开学以来对孩子所做的一切。听完老师讲的两堂主题课，我觉得自己存在的问题很多很多……**戒吼**两天，孩子在写作业的时候，抬头专注地看着我说："妈妈你笑了。"第二天孩子上学时是蹦着去的。看着她的身影，我立刻回家又重听了一遍第一课"**情绪管理**"，昨天回家没有我的提醒，孩子主动做作业，没有躲闪我的眼睛，背课文时声音很响亮……我会坚持听老师的每一节课，做好老师交给的每一项作业。感谢遇见！

### 三、家长感悟：戒吼打卡的收获

儿童时间管理训练的基础：一是家长的情绪管理（戒吼），二是良好的亲子关系（美言录），二者缺一不可。其中最具有挑战性的是：面对孩子的各种问题和招数，家长生气了却能忍而不发！这不是仅仅下定决心就能做到的，而是需要长期锲而不舍地坚持练习，因为只有态度是不够的。

因此，我们带领家长承诺戒吼 30 天，每天打卡、写感悟，有的家长连续参加了两期戒吼训练，还有的家长继续参加 2017 年 12 月 25 日开始的戒吼。这里要特别感谢所有参加戒吼打卡的家长，短短两个月我们就收获了 3 000 多条打卡记录，有的三言两语，有的洋洋洒洒；有的发脾气了，有的没发脾气；无论是怎样的感悟，每一条都弥足珍贵，为你们的坚持点赞！

正是这种坚持和付出，让每个参与者都收获颇多。这种"做中学、学中做"的互助学习，使我们抱团取暖，共同成长。这里有很多感悟和内省，很多汗水和泪水，很多成长和幸福，最终成就的是幸福家庭，受益的是可爱的孩子们！

以下是我们从众多记录中选取的有代表性的、成功戒吼的内容，除了个别标点符号和字词，我们几乎没有编辑过。也许你觉得有的语句不通，或者用词不当，甚至有些烦琐和不合逻辑，请谅解，这些朴实无华的文字正是家长们的真情流露，满满的都是爱。这些不是专家的角度，而是从家长的角度看问题、写感悟，是家长身体力行实践后最宝贵的财富，在我们看来字字珠玑，希望通过这种不加雕琢的方式传递给大家一个信息：只要你愿意，你也能做到！希望以此带给大家更大的信心和勇气去实践、去改变。

恳请家长一定要用心仔细阅读，你会有种熟悉的感觉，很多情景就发生在你的家里，很多纠结说出了你的心声，很多方法不仅有创意，而且有效，这些珍贵如金子般的闪光点一定是你需要的，这些才是最有智慧的育子之道！

11 月 20 日

我承诺：戒吼 30 天，第 1 天我对孩子没发脾气。

我的感悟是：负面情绪下，即便孩子听从了，改变也只是暂时的行为，不能内化为习惯。戒吼是为了改变自己，用更好的沟通方式，影响和改变孩子，以实现外驱力到内驱力的转化。

11 月 20 日

我承诺：戒吼 30 天，第 1 天我对孩子没发脾气。

我的感悟是：我每天都在牵着一只小蜗牛往前走，我再怎么催促她快点走，她也不会快，倒不如随着她的节奏，放慢我的脚步，陪着她慢慢欣赏周围的景色。

11 月 20 日

我承诺：戒吼 30 天，第 1 天我没对孩子发脾气。

我的感悟是：有两次声音要大起来，我又抑制下去了。参加戒吼训练让我时刻提醒自己放松心态，默默改变自己，静待女儿的成长。在她学习不耐烦的时候我更是时刻提醒自己的戒吼任务，以鼓励为主，让她对学习和自己更加有信心。

11 月 20 日

我承诺：戒吼 30 天，第 1 天我对孩子没发脾气。

我的感悟是：下午接孩子放学走到外面才发现水壶和雨伞没有带回来，当时我有点着急，因为马上要去上大提琴课了，但还是忍住，轻声说让她回学校拿。今天上课状态不好，被老师批评了，回家后总是对我们发脾气，但是我选择离开，后来她自己来道歉了！今天给自己一个大大的赞！

11 月 20 日

我承诺：戒吼 30 天，第 1 天我对孩子没发脾气。

我的感悟是：要时刻关注自己的情绪，发现有发火的迹象，马上启用灭火口诀，能及时有效地灭火。今天晚上女儿写作业有点磨蹭，写完数学练习册还要赖，让我给检查，我一开始还能平静地跟她沟通，让她自己检查，然后女儿开始找诸多借口，就是要我检查，停下来磨，我感觉自己快要发火了，这时想到了灭火口诀，找借口给二宝洗澡，离开了女儿房间，等我给二宝洗完澡，发现女儿自己正在检查验算最后一道题，接着做了其他作业。离开真是最好的灭火方法啊！

11 月 20 日

我承诺：戒吼 30 天，第 1 天我对孩子没发脾气。

我的感悟是：我很少对孩子吼，只是有时忍不住会着急多说几句。原以为不吼就不错了，但通过今天的学习，我突然意识到，着急和吼没有本质区别，都是在表达家长的不满，是在释放自己的脾气和情绪，孩子照样会感受得到，会被影响的，一样需要戒掉。牢记金科玉律：闭上嘴，迈开腿，一离二吸三凉水，对孩子只说美言录。

11 月 20 日

我承诺：戒吼 30 天，第 1 天，我没有对孩子吼。

我的感悟是：我下班回家时他语文作业写生字已经完成了，正在写数学作业，看到口算三连加减就有恐惧感，跟我说："妈妈这三连加减可不可以不计时，等我做完了三连加减再开始计时？"我想只要他愿意做，不给压力，就答应了。他开始计时还没停笔，做了几题之后停下来这摸摸、那看看的，我就假装咳嗽了两声以示提醒，他又接着做，中间又停下来了，这时咳嗽不管用了，我就说注意时间，他又接着写，总算把三连加减做完了，自己调闹钟计时做剩下的口算（有加法、减法、乘法），中途也停笔、走神过，经过提醒，在规定时间内完成了，我扫了一眼发现有些数字写得不规范，提醒他自己先把写得不规范的字找出来改正，他也照做了。再做数学作业本上老师的出题作业时就没耐心了，不想写，懒洋洋的样子，提醒也不行了，看着那样子心中的火呀，但我还是忍住了，想起口诀里的离开，我说："妈妈不陪你了，你自己做吧，相信你会完成的。"我走出书房拿起书来到客厅，不一会儿几道计算题做完了，然后悄悄在书房门口探头看我是不是在生气，我故意装作没看见他，继续看书。他轻手轻脚地向我走来，想吓我一跳，我将计就计，如他愿，故意被吓到了。他笑着说："妈妈，这道解决问题我不会做。"我们又一起搂着走进书房，开始讨论。我的体会：戒吼口诀要牢记并对应着做，要有耐心，每次等孩子把话说完，大人再发表意见，多发现孩子的亮点，信任他，鼓励他，让他有自信。

11 月 21 日

我承诺：戒吼 30 天，第 2 天我对孩子没发脾气。

我的感悟是：现在看到孩子的行为，例如老师告状，玩起来需要提醒几次才能开始写作业，首先的反应不是要发火，而是在想这件事我要怎样做能帮他改变，用什么工具方法，因为自己脑子里还记不住方法，得多学多练才行。希望我能帮助到孩子，陪伴好他的成长，使用正确的方法，给他提供一个可持续发展的、正确的引导。

## 11 月 21 日

我承诺：戒吼 30 天，第 2 天我没对孩子发脾气。

我的感悟是：在上戒吼练习之前，我已经有 3 周没有对孩子大声吼叫了，我觉得我和孩子的亲子关系缓和了许多。而且当孩子跟我说，自己读书其实也有很大压力的时候，我会给他一个拥抱并认同他的感受，回应他现在读书是不容易，不仅课堂成绩要好，还要提前学习其他课外课程为小升初做准备，但是你还是很努力，妈妈能感受到的。这样孩子失落的情绪就被照顾和理解到了，他也因此更愿意克服困难去做一些原本很排斥的练习。当然，这 3 周我也是每天先反思自己，让自己站在孩子的角度去考虑，换位思考，其实就能真心体谅孩子的不易。

## 11 月 21 日

我承诺：戒吼 30 天，第 2 天我对孩子没发脾气。

我的感悟是：下午开会回家很晚，结果孩子的作业有很多计算题都没有写，却告诉我写完了，坐在电视机前看电视。吃完饭检查作业发现之后没有发火，只是要求他把该做的作业写完，做错了教他怎么做时他很不耐烦，发脾气还说我说的都是废话，很生气但忍住了，明知这个时候和他说道理说不通，还是忍不住说了一堆道理之后离开了。后来想想作业错了明天也可以订正，现在不认错明天冷静下来孩子就会认识到错误，为什么非要急在这一时呢？心情也就平静了。

11 月 21 日

我承诺：戒吼 30 天，第 2 天，我没对孩子发脾气。

我的感悟是：今天其实我上班很忙碌，孩子到单位等我下班，匆匆带他吃完饭回家做作业，我只是提醒他要不要定个时间写作业，他也用计时器定时，我听到他在自己房间里窸窸窣窣的，忍住没有进去唠叨，虽然超时几分钟，但基本在我的承受范围内完成了作业。刚开始的训练其实是家长的自我修行，先控制好自己的情绪才能去影响孩子的情绪。

11 月 21 日

我承诺：戒吼 30 天，第 2 天我对孩子没发脾气。

我的感悟是：儿子放学回来，看见爸爸在家就要看电视，说着自己已经打开了。（这种情况平时我是吼完然后一把抢过来关掉电视）今天我不但没有生气，还微笑地走到儿子面前说："今天是周几啊？"儿子笑着说："今天是周一啊。""那我们的约定是……"儿子笑着说："周一至周五不开电视。"我马上表扬他真是个守信用的孩子。"那你的选择是自己关还是妈妈关呢？如果妈妈提醒一次就关电视奖励 5 颗红星。"儿子笑着说："好吧，那我就周六再看吧。"爸爸在一旁笑了。哈哈，"天使"终于战胜了"魔鬼"。

11 月 21 日

我承诺：戒吼 30 天，第 2 天我对孩子没发脾气。

我的感悟是：我没有和孩子吼。我对孩子说："儿子，妈妈在学习'治病'。"（晚上 9 点钟的"病"——看到儿子 9:00 还有一大堆作业没做，火就来了。）今天作业在 7:30 之前就做完了，又想起老师说让把写好的看图写话抄在作文本上，以前是不记得的，现在记得作业已经是进步了，只是我们做家长的没有细心观察体会。今天居然说："妈妈，以后我想做完作业之后再吃饭。"我问：

"为什么？"他说："吃了饭就不想写了。"我说："儿子，你都有这个领悟性，真不错，那我们以后做作业速度快一点，家里略晚一点做饭，相互配合。"家长情绪放轻松，孩子心情舒畅了，就愿意听家长的意见。

## 11 月 21 日

我承诺：戒吼 30 天，第 2 天我对孩子没发脾气。

我的感悟是：孩子完全不知道如何去安排自己的事情，以前都是我不断地在后面催，今天放学回家一直玩，磨蹭，作业在睡觉前都没完成。我终止了她让她继续写，很想发火可制止住了，让孩子先去洗澡，我平静了一会儿，等她出来再帮她把做事思路捋顺，告诉她该如何去安排自己的时间，合理安排的目的是让自己有更多的时间玩和做自己想做的事，同时也赞美了孩子今日做得好的一面。这样的沟通换来了孩子的好心情，把玩具、明天穿的衣服、房间都整理得井井有条，还撒娇式地道了声晚安。

## 11 月 21 日

我承诺：戒吼 30 天，第 2 天我对孩子没发脾气。

我的感悟是：我们一直在学习，在努力，不仅仅是为了我们的孩子，更多时候是为了我们自己。自上期戒吼课以来，学会了控制自己的情绪，学会了和别人沟通的能力，学会了放下期望值，接受不完美的自己，接受不完美的孩子，这一路走来，我内心的小孩不断地成长，不断成熟，从孩子身上看到了自己的不足。孩子淘出了当年自己不敢的气，其实内心是很羡慕她能一贯如实表达自己的内心的，用欣赏的眼光看自己的孩子，她就是个闪闪发亮的小天使。虽然目前在老师和他人眼中棉花糖还是淘气依旧，但我们母女的关系很和谐，我很高兴能让她每天笑着入眠，早上即使睡眠不足也能心平气和地按时起床。

11 月 23 日

我承诺：戒吼 30 天，第 4 天我对孩子没发脾气。

我的感悟是：今天孩子很不开心，回来的路上我问她什么都不理。低着头不说话，眼泪在眼眶里打转，我看了又着急，又担心。

这孩子到底是怎么了，可我怎么问她也不回答我。到家后就坐在床上生闷气，我猜肯定是和好朋友吵架了。我轻轻地拍着孩子的背让她好好休息一下。她看起来很累，很快就睡着了。

醒来后十分钟，自己就开始写作业了。我也不好再问。直到洗完澡才告诉我是和好朋友发生了不愉快。我听她讲完事情的经过，然后用了沟通三部曲先共情再共事，用心倾听。孩子的情绪得到释放后一下子开心起来了。

我们聊了很多在学校的事情，还说：明天知道怎么解决这件事了，中午回来告诉我结果。哈哈……孩子做得很好，自己会想办法解决问题。

当孩子遇到事情有情绪时，我们要做的就是帮助孩子找到情绪出口，并相信孩子自己有解决问题的能力。

11 月 23 日

我承诺：戒吼 30 天，第 4 天我没对孩子发脾气。

我的感悟是：美言录不能断，现在每天睡前都要听美言录！说我读得好，听着有意思！中午因为一件事妈妈不同意，她就向我表达了她的内心想法和感受！现在学会了正确表达自己的感受，这样能使我明白她的意图，理解她！孩子也在进步！还是要有耐心，多找孩子的闪光点。

11 月 23 日

我承诺：戒吼 30 天，第 4 天我对孩子没发脾气。

我的感悟是：今天在给儿子改作业的过程中，因为一个知识点我们争论了起来，儿子越来越激动，我赶紧劝慰他："冷静，我们俩分开一会儿，等我们俩都冷静了再继续。"我成功地控制住情绪，冷静了下来，给自己点个赞。

11 月 23 日

　　我承诺：戒吼 30 天，第 4 天我对孩子没发脾气。

　　我的感悟是：感觉孩子好辛苦，好可怜。在学校要面对老师给的那么多压力，被老师骂，被老师讨厌，他每天心里该有多难受啊！以后真的再也不骂他了，起码要让他感觉在妈妈身边是温暖的、快乐的，否则孩子得多绝望啊！

11 月 23 日

　　我承诺：戒吼 30 天，第 4 天我对孩子没发脾气。

　　我的感悟是：这两天实施的算是"一离二吸三凉水"政策，作业由爸爸辅导，因为爸爸不经常辅导，所以还能语气平和地和小朋友讲题。我也正好轻松一下。然后关注点也不一样了，能更温柔地和孩子说话，关心孩子在学校的情况，聊聊其他事情。相对也能拉近一点亲子关系。

11 月 24 日

　　我承诺：戒吼 30 天，第 4 天我对孩子没发脾气。

　　我的感悟是：每个孩子原本都是天使，是我们的教育方法不合适才导致孩子出现了各种问题，最后还说孩子们是小魔头，抱怨他们气死我们了……其实我们才是那些制造问题的大魔鬼。起初，当我们生气失去理智对他们唠叨，训斥甚至动粗时，他们总会很宽容地原谅我们，天使般地告诉我们："爸爸妈妈我爱你们"，睁着大大的眼睛期待我们的拥抱。是我们不理解他们，把变形扭曲的爱加到他们身上，一点一点地往孩子们心里埋藏怨恨。把孩子们养成了我们越来越不认识的她或他。我会继续跟着老师认真上课，把所学的方法一点一点用起来。

11 月 25 日

我承诺：戒吼 30 天，第 6 天我没对孩子发脾气。

我的感悟是：我和孩子现在的易燃点是书法作业，今天差点发脾气，我感觉要控制不住了，就赶紧离开了书房，让他自己决定写不写，结果他以比平时还短的时间写完了。我决定以后让孩子自己写完后给我看！

11 月 25 日

我承诺：戒吼 30 天，第 6 天我对孩子没有发脾气。

我的感悟是：真正领悟了什么才是对孩子真正的爱，所以当孩子犯错误时，我会从内心提醒自己：这是好事，挑战自我的时刻来了……必须心平气和地与孩子交流才是沟通的第一步。

11 月 25 日

我承诺：戒吼 30 天，第 6 天我没对孩子发脾气。

我的感悟是：孩子高兴了才会愿意去学习，才有效率！今晚孩子同意做三篇阅读理解去换打游戏。可是爸爸说必须做对 80% 以上才可以去，孩子的眼光顿时暗下去，停了一会儿孩子直接去看答案，我过去把答案合上，轻声告诉他："不看答案，自己做，即使一道题都不对，也可以去打游戏。"孩子快要哭了的脸上马上有了笑容，过来抱抱我，就愉快地开始做了，而且速度也很快！

11 月 25 日

我承诺：戒吼 30 天，第 6 天我对孩子没发脾气。

我的感悟是：周末让孩子放松，尽情满足他们的要求，姐弟俩今天都特别开心，姐姐用红星换了喜欢的鞋子，弟弟换了拼装玩具。晚饭后女儿主动把剩下的作业全写完了。作文《父与子》竟然写了一页。儿子玩拼装时没成功，发脾气，苦着脸。我轻声鼓励他慢慢来，再试一次。没有吼声的一天大家都很愉快。

11 月 25 日

我承诺：戒吼 30 天，第 6 天我对孩子没发脾气。

我的感悟是：陪着孩子一项项任务做训练！孩子主动性增强了！听了雨露老师的"秒懂性格"（喜马拉雅主播"豆豆妈妈儿童时间管理"，专辑"儿童时间管理：60 招搞定熊孩子"），知道萌萌是活泼型，碰上我这个活泼 + 力量型妈妈，也是败了！跟卷卷飞（喜马拉雅主播"豆豆妈妈儿童时间管理"，专辑"儿童时间管理：8 堂课秒杀磨蹭"）学了打败情绪魔的游戏！妈妈根据活泼型孩子的特点：遇到困难逃避，妈妈就分解目标，不断鼓励孩子！今天获得很多星星，很开心！换得了喜欢的礼物！教育孩子，关键还是要懂孩子！

11 月 26 日

我承诺：戒吼 30 天，第 7 天我对孩子没发脾气。

我的感悟是：有家长说得好，用放大镜去看孩子的优点，再用过滤镜去过滤孩子的缺点，这样我们眼中的孩子个个都是可爱的小天使，想吼都吼不起来啊！

11 月 26 日

我承诺：戒吼 30 天，第 7 天我对孩子没发脾气。

我的感悟是：孩子的一切表现都是有原因的，孩子表现不好时，正是需要我们帮助的时候。今天轩轩因为担心做不完作业哭了，我带着她一起做水果沙拉，然后边吃边聊，用了 40 分钟，心情愉快了。时间花得值！

11 月 26 日

　　我承诺：戒吼 30 天，第 7 天我没对孩子发脾气。

　　我的感悟是：感同身受，多从孩子的角度去思考问题，去看待世界，你会发现原来同一件事在他们眼里和我们眼里是完全不同的，自然就能接受他们的想法和行为了。接受当下孩子的状态，加以赞美和鼓励，静待花开！

11 月 26 日

　　我承诺：戒吼 30 天，第 7 天我对孩子没发脾气。

　　我的感悟是：周日爸爸带我们回乡下玩，孩子们尽情地玩耍着。我也很放松，很享受这种田园生活。我的感悟是：放下烦琐的家务，好好享受当下的美好。时刻保持积极向上的心态。自己要多储蓄正能量，才能给予孩子更多。

11 月 26 日

　　我承诺：戒吼 30 天，第 7 天我没对孩子发脾气。

　　我的感悟是：其实今天当孩子说不想背单词时，我的脑门是"嗡"的一声。但好在马上走开了，所以就没发脾气。过了一会儿，孩子走过来说："今天一定要背吗？"我平静地说："是的，今天的三项任务，你完成了两项，不错啊。你可以休息 10 分钟再背。"孩子很愉快地照做了。我的感悟是今天我成功地闭上嘴走开了，孩子也完成了任务。

11 月 26 日

　　我承诺：戒吼 30 天，第 7 天我没对孩子发脾气。

　　我的感悟是：孩子周六一天完成了所有作业，周日一天都是自主时间，我们全家都特别开心，孩子除了开心以外，还表示有些不适应（注：一下子有一整天的自主时间）。张老师( 豆豆妈妈儿童时间管理教练张净谊老师 )说过，通过 ABC 法则让孩子先建立自信，确实很重要。

**11 月 27 日**

我承诺：戒吼 30 天，第 8 天我没对孩子发脾气。

我的感悟是：今天和孩子商量只做了 A+ 类的作业，让孩子有一小时自主时间，孩子特开心！我也很轻松！牢记金科玉律（闭上嘴，迈开腿，一离二吸三凉水，对孩子只说美言录），静待花开！

**11 月 27 日**

我承诺：戒吼 30 天，第 8 天我对孩子没发脾气。

我的感悟是：放松心态，不要要求孩子每次考试都满分，今天没有做复习的 A- 作业，陪孩子自主玩了半小时，放松放松。

**11 月 27 日**

我承诺：戒吼 30 天，第 8 天我对孩子没发脾气。

我的感悟是：孩子闹情绪都有个点，帮他排解掉，商量出共同认可的解决方法，孩子立刻就开心了，亲子关系也更亲密了。不仅对孩子，戒吼这几天，对家人、对保姆都多了几分温柔。

**11 月 27 日**

我承诺：戒吼 30 天，第 8 天我对孩子没发脾气。

我的感悟是：我们生不生气，与孩子的行为没有关系，而是由我们自己的想法决定的。每个人都有控制情绪的能力，控制不住，是因为自己不想控制。孩子没有责任为我们的情绪负责，他需要努力成长为他自己，他需要时时刻刻清楚自己的真实需要，孩子不能生活在别人的世界里，更不能生活在恐惧中。

我们有责任，给孩子一个充满自由、尊重的空间。

11 月 27 日

　　我承诺：戒吼 30 天，第 8 天我对孩子没发脾气。

　　我的感悟是：只要我能控制好情绪，孩子还是配合的。听老师讲的作业 ABC 排序，心里敞亮了许多，轻松了许多，有些 C 类作业不再较真纠结了。这样亲子冲突就会减少许多。

11 月 27 日

　　我承诺：戒吼 30 天，第 8 天，我对孩子没有发脾气。

　　我的感悟是：牢记灭"火"口诀，控制好自己的情绪，孩子也会学会控制自己的情绪，回报我们以惊喜。

　　今天下午放学孩子又把红领巾落在教室，我忍住没有发火，晚上孩子质疑数学老师留的作业留错了，一定要让我发微信问老师，结果老师回复说孩子今天上课时讲话，没好好听。我的情绪马上上来了，但还是好好问孩子上课的情况，孩子坚持说自己是讲话了，但也认真听讲了，还拿出课堂本给我看，我仔细对照孩子的课堂本和老师布置的作业，发现老师留的作业确实不太对，于是用手机拍了教材、孩子的抄作业本和课堂本发给老师，老师看了以后马上说自己看错了，留错作业了，然后马上在班级微信群里通知作业更改。

　　孩子很快高高兴兴地做完作业下楼运动玩耍了。在这个过程中，我控制住了自己的情绪，孩子也因此能平静地跟我沟通，最后完美地解决了问题，非常开心！

11 月 27 日

　　我承诺：戒吼 30 天，第 8 天，我没对孩子发脾气。

我的感悟是：听了雨露老师的"秒懂性格"课程（喜马拉雅主播"豆豆妈妈儿童时间管理"，专辑"儿童时间管理：60招搞定熊孩子"）对我帮助很大，我和孩子都属于活泼型！都属于情绪化，所以首先家长要保持情绪稳定，尤其当面对孩子的不当行为时，不能生气！孩子遇到困难喜欢绕着走，要把目标分解，加上及时、多多的鼓励与夸奖。引起孩子对写作业的兴趣，孩子才能主动积极完成任务。今天，提前做好了星计划，根据孩子的经济法则给星，加上及时鼓励、表扬，孩子顺利按时完成了任务。我也就没必要生气发脾气了。了解孩子很重要，对症下药，才能见招拆招！

## 11月27日

我承诺：戒吼30天，第8天我对孩子没发脾气。

我的感悟是：帮助孩子制定可行目标，相信孩子，很多事情超出你的想象。闭嘴、倾听孩子，能知道孩子更多想法和事情。

今天放学接孩子，然后去打冰球。在打冰球前会有大约1个小时的时间，往常我们都是先吃点东西，有时间就做点作业，往往是做不完，然后打球，再回家做作业。路上与孩子商量，车上吃点东西，然后写作业。我问了他作业内容，数学作业学校做完了，还有语文日记和朗读课文，英语复习，星期三考试。我俩商量，英语明天复习可以，朗读可睡前做，只剩下日记。我觉得不吃饭，时间差不多。就与他商量，车上先吃点，如果上冰前写完日记，可以下课在冰上玩1个小时，记为自主时间。没写完，下课就得回家了！他说自主时间他不在冰上玩，他要用上周的阅读理解换游戏时间，要去玩25个币的游戏。我同意了。我们到冰场的咖啡店写作业，孩子提出饿了，要吃东西，买了蛋糕，快速吃完。

开始写的时候东张西望，忍住没说，中间有两次提醒，上课前10分钟写完了400字的日记。孩子自己高兴地拿包换衣服去了。我也心情愉快，少了往常不停督促，担心写不完的想法，心里也平静多了。

更想不到的是打游戏，下课晚了，已经快 7 点半了，我对孩子说只有半小时时间了，他说那也去。我们约定半小时或花完 25 个币。我去买吃的，然后接他回家。接他时，已经有半个小时了，我以为叫他走，他会拖延，可这次没有，点点头往外走，一边走一边说点数要兑换，我以为要去前台兑换，没想到他自己兑换完了，早已花完 25 个币在等我，而且我给他的卡里有 250 个币。我惊讶，又感动。我立刻夸他遵守规则、遵守约定，自控力很强。他听了非常高兴，还对我说他信守约定。一路上与我讲打游戏的事，他说打完 25 个币，其实还想打，忍住了，去看别人打！

听着孩子玩游戏的心路历程，颇有感慨，忍住不说、倾听、相信孩子，静待花开！真感谢老师们的陪伴、支持！

## 11 月 27 日

我承诺：戒吼 30 天，第 8 天我没对孩子发脾气。

我的感悟是：家长一定要放下心中的焦虑，我就是"得了晚上 9 点钟的病"，到了这个时间看着孩子还在写作业，心中的急躁很自然就来了，虽然没有吼孩子，但自己内心还是很着急的，还要继续练习。

昨天，孩子在学校获奖了，很开心。还将自己的红领巾叠好放在书包里，我说："你是怎么想到这样做的呀。"他骄傲地说："这是一名少先队员应该做的。"昨天晚上做了一张语文卷子，6:00 开始做，到 7:30 完成，中途我让他休息会儿再继续做，他坚持一定要做完了再玩。我美言了他，以带他到外面吃饭作为奖励，然后带他到楼下吃饭，花了 10 元钱买了两份煎饺，他可高兴了。他开始吃时说妈妈你也吃（因为家里的饭已经做好了），我说我回家吃，他吃了两个就起身去其他桌子拿了双筷子摆在我面前说："妈妈你也吃呀。"我欣慰地说："谢谢你邀请妈妈一起吃，你怎么想让妈妈吃呀！"孩子说："因为我看妈妈也饿了。"吃完了，让他在楼下练习羽毛球，我先上楼了，到时间他自己上楼回家了。

昨天一天上学很开心。还有几个细节都很好，在这里写太长了，谢谢张老师（豆豆妈妈儿童时间管理教练张净谊老师）教我们写美言录，用心寻找孩子的闪光点。


**11月27日**

我承诺：戒吼30天，第8天我没对孩子发脾气。

我的感悟是：今天因为一直在找孩子的"天使"行为，自己心情就放松很多，宽容度就大了。每看见他的"魔鬼"行为时，如正做着功课呢，突然玩几下笔或其他的东西，我一改以往的唠叨，几次话到嘴边了，紧咬牙关，没说一个字。只是观望他。发现他很快又回到功课上了。他因为没人打断，所以效率更高。好吧，看来这"魔鬼"真不能轻易去碰它。


**11月28日**

我承诺：戒吼30天，第9天我对孩子没发脾气。

我的感悟是：通过这么长时间的学习，改变真的挺多的，和孩子发脾气的次数减少了，时间也越来越短。明天儿子月考了，今天还看了两次电视，晚饭后刷了碗，跑步半小时，阅读半小时，这在以前根本是不可能的。以前一定会给孩子安排大卷子做的，复习复习再复习。今天一个晚上做了这么多事情，反而一点没影响复习，儿子的效率提高很多。复习也是分步骤进行的，早在一周前就开始了，分解到每个晚上，量少了，做的题基本都是错题本里的，孩子的信心也有所增加。不管这次考试结果如何，考前的状态是他上小学之后我们最轻松的一次。继续努力。

11 月 28 日

我承诺：戒吼 30 天，第 9 天我对孩子没发脾气。

我的感悟是：听课戒吼一周，时刻保持戒吼状态。短短一周，一直和女儿保持着良好的关系。只看孩子的"天使"行为，忽略"魔鬼"行为。孩子今天很快写好作业，还不用我提醒就完成了。自己决定的每日好词好句抄写和英语学校的单词句子抄写。我今天真的很惊讶。之前都是我碎碎念叨她才会勉强完成，我要继续努力加油。改变自己，孩子也会改变。

11 月 28 日

我承诺：戒吼 30 天，第 9 天我对孩子没发脾气。

我的感悟是：放学回家孩子就告诉我，英语作业在学校里做完了，带回来让我检查，当时就挺高兴，看到孩子的改变，给予了充分的肯定和鼓励。写作业时，放下内心的纠结，安心地爬楼听老师的课，不去关注孩子的作业情况，孩子今天表现得特别棒，自己安排时间，认真思考问题，好像变了一个人，没有了我的唠叨和提醒，都非常轻松，气氛和谐。给孩子自由的空间，相信孩子就是相信自己。

11 月 28 日

我承诺：戒吼 30 天，第 9 天我没对孩子发脾气。

我的感悟是：遇到状况一定不能着急，努力平静多等会儿。今晚孩子从兴趣班回到家已经快 8 点了，自己知道时间紧，于是赶紧去写作业，我在一旁补听张老师（豆豆妈妈儿童时间管理教练张净谊老师）的课。孩子很快完成了三项作业，但最后一项写了一个多小时还没有完成，我有点儿着急，几次想去看看究竟，最终忍住了没去。孩子写完作业告诉我最后一项是数学作业，他一开始看错题了，写的是别的题目，都写完了才发现搞错了，又重新去写今天的题目，所以用时较长。我表扬孩子能够及时修正问题，坚持完成，相信通过这件事他又能获得一个经验。我暗自庆幸今天忍住了没去叨叨。

11 月 28 日

我承诺：戒吼 30 天，第 9 天我对孩子没发脾气。

我的感悟是：看到孩子的优点，鼓励他，他会朝你期待的样子走。今晚数学作业孩子不会做就问我，讲完后发现错了很多，这节内容是没有理解的，我告诉他，他烦躁，不高兴，不理我。我也有情绪，忍住没说话，离开。他又叫我过去，发现前面的错题都按我说的方法改了，我立刻鼓励他：方法学会了，学得真快。孩子立刻就有了笑脸，后面的题也一点一点地改了。又做了老师出的每天打卡题，我告诉他有错误，自己认认真真地查错。只说优点，不仅孩子情绪好，大人情绪也好。

11 月 28 日

我承诺：戒吼 30 天，第 9 天我没对孩子发脾气。

我的感悟是：孩子今天很努力，已经在进步中，从奶奶家回来后，先玩了半个小时，我提醒她还有作业没写完，她比较顺从地去写作业，睡觉时间到了，还有一项作业没做完，也按约定去洗漱，听美言录睡觉。还问我今天她表现得好吗？我真诚地说，表现特别棒啊！她说明天把落下的作业找时间补上，不被老师发现！哈哈，挺好的想法！愉快地和妈妈道晚安并睡觉！家长看到孩子不好的行为真的要先想处理办法，不能先生气！

11 月 28 日

我承诺：戒吼 30 天，第 9 天我对孩子没发脾气。

我的感悟是：家长心态一定要调整好，要耐心，细心。孩子昨天回家做作业，先完成一项，做第二项时已经没有耐心，坐不住，也不想做了，提醒了三次后，情况更加严重了，脚不停地踏地板发出声音，我心中的火苗直升呀，马上就要开吼了，我还是忍住了，直接让他走出书房玩一会儿再进来做作业，这应该是老师说的"三变三为"或者是把作业细化、分段完成。让他玩了20分钟，又让他进书房继续做作业，我的心情也轻松了些，说话语气也温柔了些，尽量找他写好的、算得快的鼓励他，这时孩子见到我的情绪缓和了，也更配合了。真的很感谢张老师（豆豆妈妈儿童时间管理教练张净谊老师）的讲解，卷卷飞（喜马拉雅主播"豆豆妈妈儿童时间管理"，专辑"儿童时间管理：8堂课秒杀磨蹭"）的磁性魔音深深吸引着我，也很幸运遇到豆豆妈妈工作室的老师们，让我的心回到了初心：祈求孩子来到我身边。

## 11月29日

我承诺：戒吼30天，第10天我对孩子没发脾气。

我的感悟是：家人一定要调整好自己的心态，放下焦虑的心。今天晚上儿子对我说了在学校里发生的一件坏事，令他一直担心。原因是上课时坐他前面的同学用手反伸到他的桌子上抓东西，儿子担心被老师发现了，情急之下忍不住用铅笔戳了前面同学的手背，戳破了皮，出了一点点血，那位同学也说没关系。但是他担心那位同学放学后跟家长反映了，家长又会找老师告状，老师又会请家长，要求带去医院检查等，家人又会批评他，所以就一直很担心（他说出来了，我才体会到孩子幼小的心灵其实承受着巨大的压力，只是平时不敢说，说出来担心家长的各种吼）。

听清楚之后，我一边搂着怀里的儿子，一边抚摸着他的小脸对他说："儿子，谢谢你对妈妈吐露心里的担心、害怕，谢谢你相信妈妈。"儿子不解地问："妈妈，你为什么要谢谢我，分明是我做错了？"我说："谢谢你说了真话，没有撒谎，你是个诚实的孩子。以后不管好事、坏事都回家跟妈妈分享，妈妈永远是你最信任的人。"儿子说："好的妈妈，很感动。"然后又读了一遍书，一会儿睡着了。就是这几天美言录的效果，儿子放下戒备的心理，坦诚地说出心里的担心，其实孩子太会察言观色了……太多领悟了。谢谢各位老师的辛苦付出。

11 月 30 日

　　我承诺：戒吼 30 天，第 11 天我没对孩子发脾气。

　　我的感悟是：只要是能控制住情绪，能闭嘴，能给孩子时间和空间，让孩子慢慢成长，相信孩子能做好一切。昨晚孩子的需求没有被满足，心里不痛快就不写作业了，我就采取了一离二吸三凉水，我离开家，给孩子时间调整情绪，孩子在八点左右自己去写作业了，后来情绪一直稳定。特别是今天早上 6:30 准时起床，迅速穿好衣服，主动去厨房煎鸡蛋和香肠，给我们家里人每人都煎了一份，自己吃过饭，跟我说再见，比之前早出门 20 分钟，我知道，他这个点走到学校还没开门呢！但是孩子的自觉、主动、积极、懂事让我和他爸吃惊地看了对方好久！！

　　真要感谢豆豆妈妈工作室的老师们，用正确的方法引领我们这些在迷雾中穿行的爸爸妈妈们，拯救我们，特别是我们美丽的张老师（豆豆妈妈儿童时间管理教练张净谊老师），这十几天听着她充满磁性的声音，一步一步教我们运用工具，把我们一个一个用力地拉出迷雾。虽然很累，但她没有放弃任何一个学员，真的是很辛苦，我们只有努力去做、去学习才能对得起张老师和豆豆妈妈工作室的老师们。家人们，加油！

11 月 30 日

　　我承诺：戒吼 30 天，第 11 天我对孩子没发脾气。

　　我的感悟是：活泼型孩子的缺点是说了不做，看到这种情况我有点焦虑，说话的语气有点不好，所以孩子的情绪很坏。我及时控制住自己的情绪，接纳，共情，解决了问题。在和儿子商定好星星表后，儿子有了一个小心机，他说："妈妈，你今天为什么不吼我？"我说："你今天表现得很好呀，我为什么要吼你呀？吼你那妈妈不就是真的得病了？"儿子坏笑："妈妈，你吼了我，我就可以得到 20 个星星了。"说完哈哈大笑。我也哈哈大笑："儿子，谢谢你的提醒哟，我差点中计了。"说实话，在和儿子一起商量定星星表具体数量时，对于有些他认为完成有难度的项目，他主动要求提高星星数量，如早上准时起床，他觉得做起来有困难，说这项要给 5 个星星可以做到。有了实质性激励和美言录，儿子做作业的速度的确是有进步的，虽然不是一下子达到家长要求。家长心态要平和，要看得到孩子的进步，这是一个很细小的进步，不能忽视了。

12 月 2 日

　　我承诺：戒吼 30 天，第 13 天我对孩子没发脾气。

　　我的感悟是：家长的情绪太重要了！周六上午孩子把多数作业写完了，剩下三页口算不想写了，搁在平时我会特别生气地训斥她，说她懒之类的！而今天，我先控制住了自己的情绪，知道现在我只能鼓励她，并尽量让她对写口算产生兴趣！我先表扬她之前做口算的速度很快，很专注！又问她："之前遇到太难的题，你是用什么方法处理的？"她短暂地想了想，突然说："我有办法了！我有办法了！"说着，就自己主动写起口算卡来！不一会儿，就做完了！还给自己挤出了看电视的时间！所以，一整天我都在尽量看孩子的努力，进步！时刻提醒自己生气解决不了问题！

12 月 3 日

　　我承诺：戒吼 30 天，第 14 天我对孩子没发脾气。

我的感悟是：今天上午完成了所有作业，给自己留了半天玩的时间！中午约好 2:00 关电视，妈妈爸爸在房间午休。可是她到点没有关电视，10 分钟过去后，她还没有动。我就叫了她一声，她很愉快地说看完这一集，我说好！而且还给了她信任的眼神儿！可是……看完了那一集，她还是没有关电视！我心想，给她再多点时间，结果一直在看！我没有生气，淡定地说："约定的时间到了，该关电视了！你关还是我关？"她看我挺严肃，就同意我关电视了！下午她有一些语气语言行为让我很抓狂，我不能发脾气，但是我对她用"我的信息"说明我的感受，她也认可自己的做法欠妥。顺利解决问题，和谐度过一天！

## 12 月 4 日

我承诺：戒吼 30 天，第 15 天我对孩子没发脾气。

我的感悟是：用尊重、放下控制和沟通三部曲与孩子沟通。他从昨天到今天执意要回老家给他爷爷上坟的事，昨天和今天中午我一直没有直面和孩子谈，因为我没有想好怎么谈。晚上我把沟通三部曲的过程写出来，想好了孩子会怎么回应，做好了我怎么接纳反映的预防演练。等他写完作业之后语气温和地和他沟通，先接纳他的想法，认可他是一个孝顺、爱家人的男子汉，反映他愿意为家人付出，很有责任心，到讨论环节时我给出了有限选择，孩子直接说："好吧，我不去了，明天下午你早点回来就行。"很顺畅的一次谈话。

## 12 月 5 日

我承诺：戒吼 30 天，第 16 天我对孩子没发脾气。

我的感悟是：现在遇到事情很平和，懂得换位思考了。原来自己也在不断改变。今天女儿写作业时犯困，把题目做错了，爸爸回来看到了，刚开始是指责：说她不动脑筋想问题，然后又是说教。隔几分钟就去女儿房间盯着，发现她做小动作就大声催促："快点，快点写啊。"我在厨房听到后很难过，也很惭愧。没参加戒吼之前我也是这样对待孩子的。我能体会到那个时候孩子心里一定不好受，也感受不到我们的爱吧。老公认为是女儿应该做好的。以前我们经常为了一点小事意见不合而吵架。现在我很少生气了，我心平气和地跟他说出自己的感受和想法。他听了点点头表示认同，就这样又避免了一场争吵。控制好情绪就控制了全世界，这句话一点也没错。

12 月 5 日

　　我承诺：戒吼 30 天，第 16 天我对孩子没发脾气。

　　我的感悟是：闭嘴，放下控制，多倾听。孩子因晚上害怕，睡觉锁了门，早上我们叫门不开，刚开始我有点担心，爸爸生气，指责我惯孩子，听得我这个愤怒，要在以前，肯定是要吵架的，今天我什么也没说，自己干着自己的事，准备上班去。后来孩子开门了，爸爸还打了孩子，我好难受，听着爸爸教训孩子，说孩子自私，孩子身上又多了一个标签！闭上嘴，就能听到各种声音，反思自己，修炼自己闭上嘴，不仅孩子，其他人也要美言。晚上睡前，与孩子用三块巧克力的方法化解了孩子的情绪，接纳、倾听他，美言录给他，他高高兴兴地入睡了。

12 月 7 日

　　我承诺：戒吼 30 天，第 18 天我对孩子没发脾气。

　　我的感悟是：做作业之前儿子说他特别喜欢发呆，于是接纳他的情绪，和他说发呆很好啊，这样可以倒空自己的思想，才能重新装新知识进去，并问他现在想发呆吗？过了一会儿儿子自己说好了，可以开始做作业了。

12 月 9 日

　　我承诺：戒吼 30 天，第 20 天我对孩子没发脾气。

我的感悟是：要多看孩子的"天使"行为，努力克制还是可以做到的。我现在慢慢体会到了孩子面对家长怒吼时的那种无助和痛苦，尤其是在今天，在爸爸批评孩子的时候，以往我可能会和爸爸一样去指责孩子，但是今天我和孩子默默地听着，好像也看到了自己曾经批评孩子时的样子。感谢老师的引领，也为自己加油。

12 月 10 日

我承诺：戒吼 30 天，第 21 天我对孩子没发脾气。

我的感悟是放下对孩子的期待，关注自己内心的成长，简单相信豆豆妈妈并照做，终会等到花开。这个周末棉花糖早早写好了作业，玩了两天。今晚听棉花糖自己洗澡时瞎编歌儿唱，真是可爱极了。

12 月 10 日

我承诺：戒吼 30 天，第 21 天我对孩子没发脾气。

我的感悟是：放弃控制，降低期望，放大优点，忽略缺点，做到这些就不容易焦虑了。

12 月 10 日

我承诺：戒吼 30 天，第 21 天我对孩子没有发脾气。

我的感悟是：孩子可能很多事情上做得都不达标，但给孩子多点宽容，多点鼓励，不发脾气，孩子也会朝着你的要求一点点靠近的。

12 月 11 日

我承诺：戒吼 30 天，第 22 天我对孩子没发脾气。

我的感悟是：心里时刻提醒自己，要关注孩子的内心，让孩子轻松快乐，让孩子吃好睡好玩好，只有这样，孩子才能学好。特别是等孩子快回家时，我就像念经一样一直念叨这几句话。还真管用，孩子今天没有写完作业就趴在床上睡着了，我没有喊他，想他一定是真累了，就让他好好睡吧，先把身体养好，至于作业，ABC 排序都在睡觉后边呢，这样我心里也很平静，不会焦虑，相信孩子吃好睡好玩好之后一定能学好，简单相信照着做。

12 月 11 日

我承诺：戒吼 30 天，第 22 天我对孩子没发脾气。

我的感悟是：对孩子放手，停止唠叨、督促，闭嘴再闭嘴。昨晚打球回来又玩了游戏，回来已经 8 点多了，之前告诉孩子，玩游戏后再回家比较晚了，还有作业要完成，这就有可能做不完作业或睡不够觉。孩子仍选择去玩。回家后，我管住嘴，不督促，做自己的事。发现孩子自己主动做作业，日记可以摘抄好文，找了一篇，自己认真地抄，比平时速度快。还说我可以在他房间外边看书，我说我累了，去自己房间躺着看书。他写完日记，自己玩了 10 分钟 iPad，到点停止，还想继续玩，我说需要挣星星换，他还唠叨要玩。我以为他还在玩，去他房间看，已经在做数学作业了。是我们不相信孩子，我们需要反省，学会信任孩子。然后做语文练习，不会的来问我。作业完成的速度很快。睡前主动收拾好书包、刷牙、拿第二天的衣服。然后让我陪着讲故事入睡。放手、不控制孩子，他可以很好地管理自己，甚至比我们大人做得都好！闭嘴的修炼又进了一步。

12 月 13 日

我承诺：戒吼 30 天，第 24 天我对孩子没发脾气。

我的感悟是：忍住不说，闭上嘴，继续修炼。今天孩子写日记后再读一遍，我俩一边读，我一边指出标点不对、语句不通顺的地方，刚开始孩子都改了，读到一半以后，孩子就有情绪了，说"我不听你的"。我忍了忍，什么也没说，离开了！孩子自己继续写作业。拥抱一下自己，前行了一步，忍住不说，闭上嘴了！家里也一片安宁！

12 月 14 日

　　我承诺：戒吼 30 天，第 25 天我对孩子没发脾气。

　　我的感悟是：今天晚上孩子写完作业后有好多错题，我让他自己检查一遍，孩子就很不高兴，然后就开始说今天学校的课都让语文和数学老师占了，不停地写作业，还被学校其他老师检查，说班级纪律乱，全班被罚抄课文三遍，家庭作业又有好多，脑子就要爆了。孩子一口气说了好多心里话，我想到了要和孩子共情，沟通三部曲，所以就接纳反映，理解他，没有再提错题漏题之事，在我认真倾听孩子说完之后，孩子主动说他改两道错题吧，其他的留到明天再改。事后我想，孩子的要求其实不高，只要有人能理解他，听他说说心里话就行。

12 月 17 日

　　我承诺：戒吼 30 天，第 28 天我对孩子没发脾气。

　　我的感悟是：孩子一到周末就想挑战规则和权威，我心平气和地接纳反映孩子的情绪，态度坚定地执行下去。等孩子情绪稳定之后再和孩子讨论怎么样能做到多玩游戏。允许孩子犯错，允许孩子挑战我的底线，这正好修炼我的情绪控制能力和应变能力，正好也是教育孩子的好机会。

12 月 17 日

　　我承诺：戒吼 30 天，第 28 天我对孩子没发脾气。

　　我的感悟是：我们在豆豆妈妈课堂学会了怎样去做父母，怎样去爱孩子，怎样用同理心去理解孩子，如何用沟通三部曲走进孩子的心，灵活运用"三变三为"，坚持美言录，一步步走来，明明是家长的进步，却同步获得了孩子的进步！

12月18日

我承诺：戒吼30天，第29天我对孩子没发脾气。

我的感悟是：平静而坚定，今天做到了，也让孩子体验到了界限。昨天作业没有完成，今天就得写完作业再玩游戏。回家就开始试探要先玩，吃完饭又问，平静而坚定地回答不，再接纳他，孩子平静地去写作业了。写完作业后马上玩游戏，提醒一次，到时间关掉iPad。睡前高兴地说："明天可以先玩iPad游戏了。"起起伏伏，好习惯慢慢养成了。

12月18日

我承诺：戒吼30天，第29天我对孩子没发脾气。

我的感悟是：纠结的时候，想想自己对孩子的教育初心"到底想要孩子成为一个什么样的人？"就能让自己不那么焦虑、纠结了，加油！

12月19日

我承诺：戒吼30天，第30天我对孩子没发脾气。

我的感悟是：打卡最后一天，差点破功，还好刚复习了老师的音频，最终忍住了，给自己一个赞！孩子回家照例先玩，我又开始纠结，想叫孩子快写作业，但马上想起老师说的不能这样做，要驱力，不要狼追，马上闭上嘴，只是上前去摸摸儿子的头说："儿子上学累了，需要休息一下吗？"儿子说："是的。"我接着说："那你继续拼你的模型吧，拼好了妈妈给你拍照，现在妈妈去做饭，半小时以后我们吃饭好吗？"儿子答应了。半小时以后饭做好了，开始吃饭，吃完饭后，儿子又继续拼模型去了，我路过装没看见，半小时后，儿子终于想起了做作业，结果打开书包却发现作业找不到了，习惯性地又想唠叨，想起了老师的话，嗯，忍住，这是个好机会，正好训练儿子自己解决问题的能力，头脑风暴吧。这一想心情马上好多了，哈哈，有进步了，我没发脾气。

**12 月 19 日**

我承诺：戒吼 30 天，第 30 天我对孩子没发脾气。

我的感悟是：不要控制，孩子的问题孩子承担结果。今天晚上没有做完作业就去睡了，自己调闹钟，明天早起写，明天游戏时间在写完作业后。尊重孩子的选择，看着他唱着歌、慢悠悠地写着，虽有些担心，基本上没干涉，中间提醒了两次，故事时间我还是有点放不下，看着睡着的孩子还是有点挫败感。反思一下，我能平静对待，已经进步不小，孩子这几天情绪也不错，没做完，自己想办法补，也是进步。

**12 月 19 日**

我承诺：戒吼 30 天，第 30 天我对孩子没发脾气。

我的感悟是：今天中午答应晚上带孩子去吃汉堡，在晚托班做作业，7:10 已全部完成。我和孩子都很开心，路上我问孩子用什么方法这么快完成了作业，孩子说有两种方法可以早点完成，一是在学校提前写，字迹写好点，别让重写；二是用"三个不"，做到头不抬、手不停、嘴不动。哈哈，孩子已经跟豆豆妈妈学会并用了快速完成作业的秘诀。

**12 月 19 日**

我承诺：戒吼 30 天，第 30 天，我对孩子没有发脾气。

我的感悟是：最近几天都觉得心里暖暖的，孩子表现特别好，她更懂心疼人了，不再像以前那样不太关心大人。连续几天得到老师表扬，睡前说"妈妈辛苦了""我爱你"之类的话。豆豆妈妈这套理论绝对有用，有一个自我转化的过程，我们必须转化成自己的，真正消化了，就会起作用。

12 月 19 日

我承诺：戒吼 30 天，第 30 天我对孩子没发脾气。

30 天的戒吼课程虽然结束了，学习和听课修炼还要继续。亲密的亲子关系是一切的基础，多发现孩子的亮点，坚持每天美言录，给自己加油！

第八章

# 豆豆妈妈信箱（常见问题解答）

## ✨ 一、孩子对时间表不感兴趣怎么办 ✨

在教家长制定时间表时，很多家长都会告诉我们孩子对时间表不感兴趣。那么，是什么原因让孩子对时间表不感兴趣呢？当我们面对这种情况时应该怎么处理？我给大家讲讲魔法学校小飞的故事吧。

### 不爱写作业的小飞

小飞是一个一年级的小男孩儿，个子不高，圆溜溜的大眼睛，特别聪明。刚来魔法学校时妈妈都快为他的事情愁死了。每次写作业小飞都磨蹭半天。30分钟可以完成的作业，小飞要写上4个小时。

在训练小飞时间管理时我仔细观察了小飞。我发现他在写作业的时候注意力很容易就跑掉了。他就像个好奇宝宝，外面有一点动静，就能吸引他的注意力。要不就一会儿掰掰手指头，一会儿抠抠笔。写一道口算题，如"17-14="就要自己拿着笔，在题目下面画上半天。自己嘴里还念"17-14"，"17-14"……观察到小飞这种现象我并不会直接提醒他"快点快点"，而是把我的期望用鼓励的话说出来："我看到小飞，一直头不抬，嘴不动，手不停地在写作业。我得给小飞加一个魔币。"小飞随着我的话语，赶紧低下头，手里也开始写得快了起来。

第二天小飞写作业的速度就有了进步。我大力鼓励他："小飞，你写作业比昨天快了30分钟呢，你是怎么做到的？"小飞一听高兴得很。歪着头想了想说："我的手一直没停地写，给我累坏了。""哈哈哈哈"，我大声地笑着，"太好了，太好了，原来手一直没停，就可以写得这么快呢，这个我可得归纳到写作业快的宝典里面。"小飞听了也高兴极了。到了第三天，小飞写作业时就更快了。他每天都要写三项作业：口算、拼音、描红。当写完口算后，小飞开始了他最不喜欢的拼音。我发现他有点愣神，就特别惊讶地说："哇，我估计等我一回来，你头不抬、手不停、嘴不动就已经把这行都写完了。"我说的这话被另一位老师听见了，等我一出去，这位老师十分配合。她对小飞说："小飞，你写得可真快，卷卷飞还说你只能写完这一行，我估计等卷卷飞回来后，你就已经都写完了，到时候她肯定特别惊讶，一下子就被吓到了。""哈哈哈哈。"小飞听了之后笑得开心极了。一会儿我的同事出来告诉我小飞正在奋笔疾书地写作业呢，让我过一会儿等他快写完时再进去。

等到时间差不多了，我走进了小飞写作业的房间。他正在写描红字的最后一个字。看到我走进去，小飞大声地说："老师，我写完了。"我问他："是拼音写完了吗？"小飞骄傲地说："是所有的作业都写完了。""啊？啊？啊？"我惊讶地叫着，"天哪，所有的作业都写完了，你是怎么做到的，怎么写得这么快啊，你要吓晕我了，不行了，不行了，我要被吓晕了。"说着我就装作要晕过去的样子倒在椅子上。"哈哈哈哈，老师，老师，你醒醒啊。"小飞跑到我身边摇晃着我。我缓缓睁开眼睛，看着小飞说："你这魔法也太高了，怎么写得这么快啊？"小飞说："老师，我写完了所有的作业，现在是不是就可以玩了。"我大声肯定地说："当然可以了，你现在剩下的就是玩了。""太好了，太好了，"小飞高兴地跳了起来，"我剩下的时间都可以玩了。"我也跟着他开心地叫着："太好了，太好了，小飞今天可以玩个痛快了。"那天，每见到一位老师，小飞就会兴奋地过去告诉老师："我今天作业全写完了，剩下的时间都可以玩了，而且我今天作业写得特别快，差点把卷卷飞吓晕。"我们其他的老师也都尽情地分享着孩子的喜悦，每位听到的老师都会大声地用夸张的语气真诚地对孩子说："太好了，太好了，你是怎么做到的，这要是我也得被吓到呢。"小飞说："我今天手一点都没停，写完数学就写拼音，写完拼音就写描红。"我在旁边听到小飞对自己写作业快总结，立刻说："天哪，小飞这个方法总结得太全面了，我要记录下来，作为我们魔法学校的镇校之宝。"我们的话显然加大了孩子成功的体验，那一天他都很兴奋、很开心。

训练营结束后，小飞有了很大的进步。为了巩固训练成果，我们把训练方法总结归纳了一下，并教给了小飞妈妈。

开学三个星期后，为了追踪训练营孩子的情况，我给小飞妈妈打了电话。她的语气有些急，也有些沮丧："老师，我做时间表，小飞根本就不感兴趣。"我轻轻地问小飞妈妈："在做时间表的时候，你是怎么跟小飞沟通的呢？"小飞妈妈说："我就对小飞说：'你看咱们做个学习计划，妈妈预测一个时间，每项就按照这个做就好了，然后就这样形成了时间表。'可是小飞看了一眼时间表就特别反感地推开，不耐烦地说'不要这个时间表，不要这个星星表'。"我从小飞妈妈的话里一下子就听出了问题所在。

"小飞妈妈，我们经常说希望孩子把学习当成自己的事情。但是这个时间表在制定时没有孩子的参与，是妈妈自己订的，所以无效。妈妈要跟孩子一起商量制定时间表才行。而且现在孩子觉得时间表是一个妈妈想要约束自己的工具，所以很不开心。"小飞妈妈听到这里，打断了我的话："老师，这个时间表，不就是要约束孩子的吗？"我在电话里轻轻地笑了起来，然后回答道："我们的时间表是想要培养孩子时间管理的，如果这个时间表是一个游戏的话，那么我们就要把这个游戏说得很好玩，吸引孩子加入这个游戏。"妈妈听了我的话问："那怎么说啊？你们在训练营都是怎么跟孩子沟通的呢？"我先把小飞在训练营的表现，还有我们那种夸张的鼓励方法，给小飞妈妈做了详细介绍："你看，我们告诉孩子的是，你剩下的都是玩了，也就是做完作业，孩子的时间都是玩的时间了。在跟孩子讨论时间表时我们也可以引起他的兴趣，从反方向入手。例如，'孩子，妈妈觉得你玩的时间太少了，所以妈妈想做一个你的游戏时间表。'这样，孩子就会被吸引到，妈妈想让我多玩游戏，这是怎么回事呢？孩子的注意力就会被吸引过来，产生好奇心。这时，我们就可以告诉他所有作业都写完，就可以玩游戏，作业写得越快，玩游戏的时间就越多。""哦，哦，原来还可以这么说啊。"小飞妈妈恍然大悟。"当然了，我们不能让孩子对这个时间表产生反感，我们的说法可多了。我们可以说：'孩子，妈妈想知道你最近想得到什么礼物，我们来做一个你的礼物单或者你的心愿单吧。'"我接着引导小飞妈妈。小飞妈妈显然来了兴趣，问："那要这么说他就会更来劲儿了，然后怎么做呢？"我笑着说："当我们把所有的礼物都写了之后，后面跟着的就是多少颗红星能得到这个礼物，那么红星是怎么得到的，就要先完成时间表上的任务才行。"妈妈忙不迭地说："嗯，嗯，老师我知道了，我这就回家去试试。"

过了一个星期，小飞妈妈打来电话。声音里面透着兴奋："老师，我按照你教我的方法跟小飞一起重新制定了一个时间表，而且这个都是跟小飞讨论的，这两天他正特别努力地按照时间表完成作业，努力挣红星呢。因为他想要挣得他心愿单上的第一个礼物——一本《丁丁历险记》的漫画，哈哈哈哈……"小飞妈妈边说边开心地笑了起来。最后，她真诚地对我说："你们可真是懂孩子的心理，不愧是搞儿童心理学的，小飞说他还要再来魔法学校呢。"

我们从小飞的例子可以看出制定时间表时，一定要和孩子一起讨论，引发孩子的兴趣是关键。要让孩子感觉到通过制定时间表，可以有更多的时间玩。如果孩子感觉制定时间表只会让自己受到约束，就会产生逆反和抵触情绪。引发孩子兴趣的话可以是"孩子，妈妈想给你制定一个多让你玩的时间表"。另外，在我们魔法学校训练时，我们通过生动的语言吸引孩子。例如，"天哪，你都写完了啊，剩下的就是玩了。""你怎么写得这么快啊，太让我吃惊了。"这些话看似夸张，但是可以扩大孩子成功的喜悦并且让孩子对写作业不产生抵触反感的情绪。然后我们不断地肯定他的表现，让他回顾成功的体验。最关键的话就是"你是怎么做到的啊？"通过这句问话孩子就会自己总结了，如小飞的总结："我今天手一点都没停，写完数学就写拼音，写完拼音就写描红本，就写完了。"

各位爸爸妈妈，你们在用时间表时发现孩子不感兴趣，不妨跟我们学习孩子的语言，吸引孩子的兴趣，你会发现，写作业对于孩子、对于你都不再是件痛苦的事情了。

当孩子对时间表不感兴趣时，爸爸妈妈就一定要检查以下两个关键要素。

❑ 引发孩子兴趣：制定时间表一定要从孩子的兴趣入手，不要让孩子觉得在受约束，可以说"我们制定一个让你多玩游戏的时间表"，也可以说"我们来制定一个可以让你多得礼物的时间表"。

❑ 留出自主时间：在制定时间表时，每天孩子的任务完成之后，看看孩子有没有自主时间，如果任务量很大，孩子要有至少半个小时的自主时间，否则时间表就无效。这就提醒各位家长要删掉部分任务。

各位家长一定会找出吸引孩子跟你一起做时间表的话语。豆豆妈妈等着你们的好消息。

## 二、孩子不执行时间表怎么办

在培养时间管理时经常会出现孩子不执行时间表的情况。其中一个原因是完成任务后的奖励对于孩子没有吸引力，所以孩子没有动力执行时间表。小远妈妈就遇到了这样的烦恼。

### 总是被批评的小远

一名叫小远的四年级男孩儿曾经在我们这里的半封闭训练营训练。他是一个特别活泼、好动的小男孩儿。由于小远经常违反学校的一些规则，所以妈妈没少被老师叫到学校。小远妈妈说，小远写作业是个大难题，根本没有任何学习动力。很多在学校课堂上需要完成的作业他都不写；别人写作业时，他总是聊天、发呆、玩耍。所以每次被老师叫到学校沟通后，妈妈就会一肚子怒气。回到家难免克制不住自己，总是冲小远发脾气。妈妈很希望通过我们的训练，让小远可以学会自己管理时间，每天可以顺畅地完成作业。

在刚开始训练时，我观察到，小远的确好动，经常会做小动作。一会儿跟旁边同学讲话，一会儿又用手碰碰身边的同学。每次回答问题时，总是不举手，直接就讲话了，可以看出小远的规则意识几乎为零。然后在写作业的时间段，他也经常愣神儿，发呆。发现我在看他时，他就会赶紧低下头写，但是过一会儿，他又开始走神儿。小远写作业的速度十分慢，完全超过了我们规定的写作业时间。别的同学已经去户外活动了，他还在一点一点写作业。我已经可以想象小远在学校时的遭遇，这样的表现老师一定经常批评他。

我知道小远接收到的负面信息太多了，老师和家长对他的要求对于现阶段的小远来说太高，他发现怎么努力都做不到，太难了，所以就放弃了。这样一来，小远在学校、家里都不可能达到要求，那么他接收到的自然全都是批评。正向的鼓励和肯定是小远现阶段严重缺乏的。找到了问题的症结，就要对症下药。又到了写作业的时间段，当小远又要跟同学讲话时，我就重新提问魔法学校训练时的规则："在我们魔法学校，写作业的时候应该怎么样啊？"小远听到我的话，赶忙捂住了嘴，而是把手举起来："老师，应该头不抬，嘴不动，手不停。"经过我的许可，小远大声回答了我的问题。我立刻鼓励和肯定了小远的表现："哇！小远对于我们的规则记得又清楚又好，而且刚刚我观察你也是一直按照我们的要求做的。我要给小远加一个魔币。"被肯定的小远明显有了干劲儿，那天他写作业时一直努力遵守规则，每当要违反规则时，我就用这样的方法提醒小远。小远那天写作业的速度明显提高了。

一天小远带着悠悠球来学校，我们的约定是在教室里不能拿出悠悠球，只有在户外活动场才可以拿出来。可是小远根本管不住自己。我就跟小远约定说："小远，如果我再看到你拿出悠悠球，我就要帮你保管，直到放学时。"小远答应了。不一会儿，在吃饭的时候我又看到他掏出了悠悠球："小远，我们约定好的，只有在户外活动场才能拿出悠悠球，否则我就要帮你保管，一直到放学的时候。""不要。"小远显然不愿意给我。"如果你现在主动把悠悠球给我，在放学的时候，我会按照约定还给你。如果是老师从你手里拿走的，那我就要等到明天放学的时候再给你了，你可以自己选择。"听了我的话，小远不情愿地掏出悠悠球。"嗯，小远主动把悠悠球交给了老师，特别遵守我们刚才的约定。"我鼓励小远道。

在那天写作业时，小远的状态不错。我不断地鼓励和肯定小远的表现："我发现小远今天写作业一直特别认真，手一直没停，我要给小远一个魔币。"那天小远在户外活动前就写完了作业。我惊讶地说："呀，小远，这也太神奇了，你是怎么做到的呢？"小远有点害羞，低着头没有说话。

"小远，我觉得你真是个解决问题的专家，你一定能想出好办法让自己不在教室拿出悠悠球。"在户外活动排队时，小远兴奋地跑过来对我说："老师，我想到办法了，以后我就把悠悠球放在外衣口袋里，外衣叠着放在衣服区，这样我就不会把它拿出来了。"我立刻鼓励了他："你这个方法真好，一下子就解决了这个问题，我觉得既然你已经找到了解决方法，那老师就提前把悠悠球还给你，我相信你一定会保管好的。"小远听了高兴极了。从那之后小远再也没有拿出悠悠球，而且在写作业时也动力十足。在户外活动时他才会拿着自己心爱的悠悠球玩。跟小远聊天时他跟我说，他最近可幸福了，可以玩电脑游戏，可以玩悠悠球，还有自己最喜欢的小铁片。

在训练营快要结束的倒数第二天，小远突然出现了反弹现象。写作业时无精打采，又开始磨磨蹭蹭。我觉得一定是有什么事情发生。在休息时我跟小远聊天："小远，咱们今天户外活动的时候还去玩你喜欢的悠悠球吧，让卷卷飞看看你又练会了什么花样。"小远低着头："玩什么悠悠球啊，妈妈不让我玩了。我的悠悠球、小铁片都被没收了，电脑游戏也不让玩了。真是的，前几天还给我订了寒假计划，每天都要干那么多事儿，现在还不让我玩。"小远嘟嘟囔囔地说，我立刻明白了小远泄气的原因。"不就是考试没考好吗？真是的。"那天我在公司的邮箱里收到了小远妈妈的邮件，是小远的暑期时间表，我一看，这一天排得还真是很满，除了学校的作业外，还有些额外的数学练习册要做。我觉得应该跟小远妈妈沟通一下。中午午休时，训练中心的电话响了，是小远妈妈，她说："老师，我在寒假期间给小远制订了一个学习计划，可是他做了两天就不做了，我是按照你网站上的样本做的啊，你帮我看看我制订的计划有什么问题。"我问小远妈妈："这个计划小远完成过吗？"小远妈妈说："制订了几天，他都没有完成过。我也没加多少啊，就是因为他考试考得实在是太差了，才给他加了额外的数学作业，不补补怎么行呢。""小远妈妈，小远的悠悠球、小铁片，还有电脑游戏被取消了吧。"我直接切入主题。小远妈妈一愣，然后回答道："老师，他天天惦记着那些游戏，而且考得这么不好，数学才 76 分，我怎么也得惩罚他一下吧。""那他就不会执行时间表，因为没有动力啊。"我道出了小远不完成时间表的原因。"是这个原因吗？现在他连学校留的作业都完成不了，更别说额外的了。"听得出妈妈有些将信将疑。"我们来试验一下吧。你今天回去时间表不动，但是跟小远重新约定。他完成了所有的任务就可以玩悠悠球、小铁片，然后每完成一项任务可以得到一颗红星。每一颗红星可以换取一分钟的游戏时间。"小远妈妈听了我的建议，将信将疑地挂了电话。

　　第二天，小远来到训练中心，一见我就喜笑颜开的。他大声对我说："卷卷飞，我今天又可以玩悠悠球了，妈妈让我玩了。我昨天晚上还玩了电脑游戏呢。哈哈哈，我现在要赶紧写作业，一会儿户外活动时给你表演我昨天练习的新花样。"看着小远洋溢着幸福的笑脸，我知道，昨天小远一定顺畅地完成了时间表里面的任务。

　　还有的孩子不执行时间表的原因是妈妈对孩子的要求太高，时间表订得不合理，孩子无法完成，失去了成功的体验。天天就遇到了这样的问题。

## 一写作业就耍赖的天天

天天一生下来就是家里的小皇帝，极其受宠。都要上小学一年级了，爸爸还经常怕天天累着，背着天天，不让他多走路。天天上了小学，问题一下子就来了，每天写作业就跟打仗一样。以前没有学习的问题，天天想做什么爸爸妈妈都会妥协，但是现在必须完成作业才行啊。妈妈因为每天让天天写作业真是没少发愁。每天妈妈都陪着天天写作业，可是就是这样天天也经常不能完成作业。每天要写作业时就耍赖，说不想写，要玩，天天最爱的就是玩电脑游戏和看电视。通常在写作业初期，妈妈的情绪还会很稳定，可以跟孩子好好讲，可是不一会儿就急了，但是最后总是拗不过孩子，妥协了。妈妈痛苦地说："我现在都不让他玩游戏了，但是那个时间，他就在那里耍赖，什么都不干，我该怎么办啊？"通过天天妈妈的叙述，我了解到，聪明的天天对妈妈的做法完全摸透了。所以总是用耍赖这招，而且屡试不爽。

我们给天天妈妈支了个招。

温和：在辅导孩子写作业时，面对孩子耍赖首先保持情绪稳定。

坚定：制定的规则就一定要孩子遵守，不能妥协。

鼓励：把大任务分成阶段的小任务。每完成一阶段就给相应的鼓励。言语鼓励，还有玩游戏、看电视时间的奖励。每写完一项就及时奖励天天，让他有成就感。

天天妈妈对于前两条还可以接受，可是一看最后一条还要让天天玩游戏就接受不了了："老师，现在不让他玩游戏，他的作业还写不完呢，要是让他玩游戏，那不是就更不能完成作业了吗？""那你就用我建议的方法试试看，到底会发生什么事情吧。"

第二天刚上班，天天妈妈就打来了反馈电话："老师，昨天晚上太有意思了，我直接跟天天约定必须先写作业才可以玩，然后写完一项作业可以玩10

分钟游戏。开始我儿子还是在那里耍赖，嘴里不停地说：'我就不写，我就不写，我要看电视，我要玩游戏。'我就用你说的方法，一直忽视他，没有理他，一直坚持。后来，他就吓唬我，跑到厨房拿了把刀：'我要杀了我自己。'我一看他这样，差点妥协。但是，我看他的眼睛一直看着我，一看就是想威胁我的。我就慢条斯理地说：'天天，你看，刀多沉啊，别拿着了；笔多轻啊，拿着笔写作业肯定更轻松。'老师，听了我这句话之后，天天愣了半天，把刀放回厨房，跑出来问我：'妈妈，你刚刚说完成一项就可以玩电脑游戏，你说话算话吗？'我使劲儿地点了点头。结果昨天，天天的作业第一次在九点前就写完了。而且他每个小任务之间都玩了10分钟的游戏。"天天妈妈兴奋地一口气说完了昨天晚上发生的事情。

过了一个星期，天天妈妈打来了电话，语气沮丧："老师，天天现在又不写作业了，又开始耍赖。""还是按照我们约定的那个方法吗？完成一个小任务就奖励10分钟的游戏时间，是这样吗？"我问。听了我的话，天天妈妈沉默了一会儿："老师，我稍微变了一下，我给天天制定了一个时间表，我觉得玩游戏不好，我就让他把游戏时间攒到周末，平常的时候可以看看课外书什么的。"我一下子就知道问题的所在："天天妈妈，你现在给天天制定的时间表，一点都不管用，这个要求对于现阶段的天天太高了，所以他就不完成了。我们培养孩子的好习惯一定要制定出适合孩子现阶段状态的时间表，然后随着孩子的进步，一点一点提高我们的要求，这样孩子才会逐步进步和成长。"天天妈妈在电话那边沉默了半天："老师，我明白了，我有点操之过急了。"

各位爸爸妈妈，你们在制定时间表时如果遇到孩子不执行的情况，请注意以下两点原因。

（1）星星表的奖励对于孩子没有吸引。

（2）时间表没有根据孩子现阶段的实际情况制定，超出了孩子的能力。

各位爸爸妈妈，你们一定可以制定出科学、操作性很强的时间表。我们一起加油！

## 三、作业加量，孩子不干怎么办

每次时间管理讲座之后，很多家长都会对我说："老师，孩子写完作业后，那些复习、预习的作业，特别不爱写。我们倒是用了你说的这个方法，作业是写完了，想让他检查检查或者多做点，怎么都不干了。这可怎么办啊？"现在我要给大家讲讲我是怎么让孩子在写完作业后顺利地完成检查这件事情的。

### 斤斤计较的文文

我训练的小女孩儿文文上二年级了，训练了一段时间，妈妈跟我说，文文现在写作业是没有问题了，但是想要给她加点东西让她检查一下，怎么都不行。其实还不是让她多写作业，就是花时间检查一下，她根本不干。让文文写完作业后检查就成了我下次训练的目标。

文文来训练了，我帮她听写生词。听写完后，她一下子就把本子扔到了一边。"写完喽，写完喽，"然后她看着我说，"卷卷飞，你不会让我检查吧，在家我妈妈总是让我检查，我都快烦死了，多累啊！"

哈哈，这个鬼灵精的小姑娘，妈妈和我一起制定的训练目标就是让你主动检查作业。我没有说话，伸手拿过她写的生词，一眼就发现了一个错误，但是我并没有立即指出这个错误，而是转头对她说："咱们玩一个游戏好不好？"文文一听有游戏可玩，开心极了："好啊，好啊，卷卷飞，什么游戏啊？""咱们的这个游戏叫'谁的眼睛亮'。"文文一下子睁大了眼睛，显然是来了兴趣："这个名字太好玩了，这个游戏怎么玩啊？"我故作神秘地沉默了半天，然后说："咱们俩看看谁的眼睛亮，我们一起找找看你的作业里面有没有写错的字。如果是我先发现的我就赢了。如果是你先发现呢，就是你赢了。"文文说："那有什么惩罚吗？"我说："当然，如果我赢了，你就得把这个写错的字写两遍，但是因为你的辛勤劳动，可以得到一个魔币的奖励。如果是你赢呢，你就把这个字改过来，我把你写的错字写两遍，你将得到五个魔币的奖励。"

文文一听就来劲儿了："哇，五个魔币，那我今天就可以换到我喜欢的礼物了。"看来这个对文文的吸引力很大。不仅可以多挣魔币，还可以罚老师抄写字，自己根本没有损失嘛，这个奖励可太诱人了。她连忙点头。为了抢在我前面发现，她一下子从我手中抢走了自己的作业本。不到 10 秒钟，她就发现自己把"国画"写成了"国图"。她连忙拿出橡皮边改边说："我先发现的，我先发现的。"我假装难过地看着她说："不带这样的，你也太快了。哎，我输了，还是你的眼睛亮。""耶，耶，我赢喽。"文文拿着自己的作业本在游戏室里面边跳边喊，开心极了。那天我愿赌服输地抄写了两遍文文的错字。文文在旁边一本正经地监督着我："卷卷飞，你可一定要认真点哦。"那天训练结束文文妈妈来接她时，文文高兴地对妈妈说："妈妈，以后每天我写完作业，咱们都玩谁的眼睛亮的游戏吧。"说着，小丫头眼睛咕噜噜一转，看着我说："那卷卷飞，要是我赢了妈妈，妈妈可以在家里的星星表上给我加五颗红星吗？"我看着文文郑重点了点头："当然可以，卷卷飞就是证人，要是妈妈输了，就给你五颗红星，你输了可是要重新写两遍啊，但是仍然有一颗红星的奖励。"文文那天和妈妈都满意地走了。

在让孩子增加作业量时，各位爸爸妈妈除了要在红星表上给额外的奖励外，还要用生动有趣的语言吸引孩子完成新的任务，如"你现在已经成功地闯过一关了，你的游戏要升级了"或者"你想知道怎么可以得到更多的红星吗？"我在小雨身上就用了这样的方法。

## 不爱背英语的小雨

小雨也是一个二年级的小女孩儿，她最不喜欢的就是给作业加量。时间表运行了一段时间，小雨基本已经养成了好习惯，但是妈妈对小雨又有了新的期望。快到期末考试了，小雨的英文背诵一直是问题。妈妈希望小雨每天可以复习一个单元的英文课文，背诵一遍就可以了。小雨来训练的那天写完了所有的作业后，我就对小雨说："小雨，在魔法学校学习的这段时间，你一直都按照我们时间表的约定完成任务，挣得了很多魔币。卷卷飞发现你的魔法都增强了，现在我觉得你已经闯过了第一关，我作为魔法学校的校长，郑重宣布，你要开始闯第二关了。"小雨兴奋地大声说："太好了，太好了，第二关难吗？"我特别神秘地说："当然了，只有闯过第一关的同学才有资格闯第二关。除了第一关要完成的任务外，第二关又加了一项任务，就是每天背诵一个单元的英文课，背诵一篇就多加两个魔币。"小雨一听背课文，眼神先暗淡了一下，一听还有多的魔币可加就着急地问："那要是多背，可以多加吗？""当然了，背一篇两个魔币，背两篇就是4个魔币。"小雨想了想："卷卷飞，那我今天背一篇试试吧。你说背哪篇呢？"我想了想说："卷卷飞特别喜欢数字7，你就背第七单元吧，可以吗？"小雨点了点头就开始背了起来。在背诵时，她还加上了动作表演，语音语调也特别优美。背完后，我使劲儿地鼓掌："天哪，小雨，你的英文简直说得太好听了，语音准确，语调优美。卷卷飞就像是在看一场英文话剧，我都陶醉了。不行不行，我醉了。"说着，我装作醉了的样子，趴到了桌子上。小雨哈哈地笑了起来："卷卷飞，我的幸运数字是9，我再背一下第九单元吧。""好啊，好啊。"我一下子立起身子。小雨又声情并茂地背完了第九单元。"天哪，小雨，我太喜欢你的表演了，我觉得你的动作也配合得特别到位。你是怎么做到的啊？"小雨害羞地说："我们都是跟着外教老师学的，我们班同学都会呢。"小雨又说："老师，我的这篇没有刚才那篇背得好吗？""当然不是了。""那你……"小雨没说完，我立刻明白了她的意思，连忙大声说："不行了，不行了，我醉了。"说着我就"啊"的一声倒在了桌子上。小雨一下子就蹦起来了："卷卷飞醉了，卷卷飞又醉了。我今天要让卷卷飞多醉几次。"

各位爸爸妈妈，那天小雨一共让我醉了 5 次，她一下子就多挣得了 10 个魔币。在妈妈来接她时，小雨开心地跟妈妈讲着我们背课文的趣事。妈妈一下子就明白了我的方法，也天真地说："小雨，妈妈也好想醉，明天也让妈妈醉一次吧。"小雨郑重地点了点头。期末考试结束了，跟小雨妈妈做了沟通，小雨妈妈开心地告诉我，小雨的英文考了 99 分。最关键的是小雨已经喜欢上了每天让爸爸妈妈都醉一次的这个游戏。

由此可见，当执行时间表时，想要给孩子作业加量，而孩子不干时，我们可以用的方法就是：

（1）用生动有趣的语言吸引孩子，增加他们对学习的兴趣。

（2）增加红星奖。

各位还在抱怨孩子不改错的爸爸妈妈，看了前面小雨和文文的故事，是不是对你们有所启发呢。现在我们来自省一下，在执行时间表时，你给孩子作业加量时，是不是给了孩子额外的奖励呢？当你经常抱怨孩子学习一点都不主动时，想想看你是不是不仅没有培养孩子的学习兴趣，反而让孩子厌恶学习了呢？当你在孩子每次写完作业，帮他检查出错误，他都不愿意改时，你是不是已经把孩子学习的事情变成你的事情了呢？那从现在开始，爸爸妈妈也可以用我在故事里面的方法。就拿文文来说吧，在我跟她玩那个"谁的眼睛亮"的游戏时，她不仅学会了自己检查作业，而且也主动改正了作业中的错误。小雨也为了让我醉一下，主动开始背英语课文了。所以，我想跟各位家长说：让孩子主动改错，主动学习，是有方法的，只要方法用对，孩子主动学习不是梦。爸爸妈妈们一定信心大增吧，那么当你开始给孩子作业加量时，我得先恭喜你们，你们的孩子已经成功完成了时间管理的第一步，现在迈入了第二个台阶。你们准备好跟着孩子一起闯关了吗？豆豆妈妈是你和孩子闯关路上的加油站，我们将一直陪伴着你，一起加油吧！

## 四、时间表不能坚持怎么办

在时间表运行了一段时间后，经常会接到家长的电话。时间表开始时特别好用，孩子的积极性也很高，可是用了一段时间就不好用了。主要的原因是，星星表后面跟的礼物对于孩子失去了吸引力。还有就是家长没有遵守事先的约定，没有让孩子换到合适的礼物。我们来看看浩浩妈妈遇到的烦恼吧。

### 没常性的浩浩

浩浩是一个一年级的小男孩儿，虎头虎脑的，写作业总是写得特别磨蹭。我给浩浩妈妈介绍了时间表和星星表的方法。一个月后接到了浩浩妈妈的电话："老师，刚开始用时间表时浩浩可有积极性了。可是用了一段时间他就不照着时间表做了，这是为什么啊？我觉得他就是没有常性，什么都不能坚持。"浩浩妈妈连珠炮似的叙述着浩浩的时间表应用状况。"在用时间表时，浩浩得到他想要的礼物了吗？"我问浩浩妈妈。"当然了，老师。他在开始时，每周都可以得到他想要的礼物。他最喜欢一种小卡片，地摊上都可以买到的那种，不贵，不到10块钱。"浩浩妈妈回答道。"那现在这几周，他换不到礼物了吗？没有挣到那么多红星吗？"浩浩妈妈想了想，回答了我的提问："浩浩现在挣的红星也可以换到那种小卡片，但是我觉得他老买那么劣质的玩具不好，我这次就没让他换那个礼物。我想让他攒红星买一些有意义的书什么的，那个对孩子多好啊。"

听了浩浩妈妈的话，我明白了问题的所在。我问浩浩妈妈："浩浩是不是从这周开始才不完成时间表的。我想他在上周要求换小卡片时，你一定没有让他换取吧。"浩浩妈妈惊讶地说："是啊，是啊，老师，难道他没有完成时间表上的任务跟我不给他换取小卡片有关系？"我笑着说："是啊，你们的约定是一定数量的红星就可以换取小卡片，可是你没有遵守你们之间的约定，没有让浩浩换到小卡片，所以浩浩也就不遵守约定，不按照时间表完成作业了。"浩浩妈妈听完后恍然大悟："可是老师，要是他也想要那种大的礼物，那个需要的红星数量很多才可以换到。如果他每周都换取小礼物，总也得不到大礼物啊。""小礼物用掉的红星，可以不用清零，用来攒着换取大礼物。打个比方，每周的小礼物相当于我们每月发的工资，而大礼物相当于奖金。所以我们可以规定几个相当于奖金的大礼物，如有的家庭的大礼物是去迪士尼乐园需要300颗红星，有的是买一辆自行车需要500颗红星。"

浩浩妈妈听了我的话，长出了一口气，说："老师，这下子我明白了，看来做这个时间表和星星表还是个系统工程呢。"

浩浩这种情况在执行时间表时十分常见。爸爸妈妈按照自己的意愿给孩子制定星星表的礼物，可是礼物并不是孩子喜欢的，就像浩浩那样。浩浩喜欢的就是10块钱以内的便宜小卡片，可是妈妈觉得太劣质，换了几次就不给换了，最终导致浩浩失去了完成时间表的动力。就相当于一个人在公司打工，干了好几个月都不发工资一样。所以在执行时间表时，一旦发现时间表不能坚持下去，可以看看是不是星星表上的礼物不是孩子喜欢的礼物。

导致孩子不能坚持时间表的另一个原因就是，孩子没有得到爸爸妈妈的认可，没有得到鼓励。父母为孩子制定的目标会出现两种情况：一是目标太高，孩子现阶段无法完成，所以无法坚持时间表；二是孩子刚刚完成目标，父母又不自觉地提高了目标。父母根本没看到孩子的进步，没有给予相应的鼓励，导致孩子在成长道路上没有了动力。所以在给予孩子相应的物质鼓励的同时一定要认可孩子的进步，给予相应的口头鼓励。

大家一定会有疑问："难道鼓励真的会有这么大的作用吗？"我来给大家讲讲凡凡是怎么通过鼓励由一个不爱学数学的小孩儿，变成了一个数学天才的故事，来回答各位爸爸妈妈的问题吧。

## 数学天才凡凡

凡凡是一个四年级的小男孩儿，他最讨厌的就是数学，每次数学作业、数学考试都会错很多，而且好多错题都是因为马虎。凡凡妈妈为这事儿没少说凡凡："你多检查检查，多看看，不就不会错了吗？"凡凡每次都理直气壮地说："我也没办法啊，我也不想这样啊，再说了，我都检查了，我讨厌数学。"

烦恼的凡凡妈妈给我们打来电话，我们给她支着儿："找凡凡以前考100分的数学卷子出来，挂在家里最显眼的地方，让凡凡想想自己是怎么考到100分的。"

凡凡妈妈回到家就按照我们的约定找出了凡凡以前考100分的数学卷子。"儿子，你看这张数学卷子考了100分，是怎么考的啊？"凡凡使劲儿想了想："我那次考试的时候其实根本没检查，但是我就是做题的时候特别仔细。"妈妈说："哦，你做题的时候很仔细，那说明你仔细点就可以考好。"

凡凡马上又要进行数学测验了，一次偶然的机会，凡凡妈妈带着凡凡跟自己一位学心理学的朋友见面。那位朋友跟凡凡交谈了一阵子就说："我觉得你是个数学天才。"凡凡显然不明白这位叔叔是怎么得出的结论，但是他很喜欢和那位叔叔交谈，其间一直兴致很高。后来，凡凡妈妈的朋友给凡凡做了个测验，然后当着凡凡的面对凡凡妈妈说："你儿子真的是个数学天才，你看他在逻辑思考能力这一项，是100分，满分呢。"听到这些话，凡凡妈妈观察到凡凡的眼睛开始闪闪发亮，变得特别不一样，奇迹就从这一刻开始发生了。

为了迎接第二天的数学测验，凡凡妈妈照例想帮凡凡复习。"妈妈，我是数学天才，不用复习，可以考好。"凡凡自信满满地说。凡凡妈妈没有反驳他的话，而是肯定了他的想法："好，那就不复习了，因为你是数学天才。"凡凡不负众望，果然在第二天的数学测验考到了 93 分，这是好久没有发生过的事情。然后在接下来的一些数学测验里凡凡考得都很优秀。有一次错了两道填空题，也是由于马虎。凡凡妈妈看到后刚想说："你看这两道题是马虎的，要是没错不就 100 分了吗？"凡凡妈妈的话还没出口，凡凡自己大声地说："妈妈，我发现我还真的是数学天才，你看这次我又错得这么少，下次我会错更少的。"凡凡妈妈无比庆幸自己的话没有说出口。

凡凡妈妈说现在的凡凡极其渴望和那位说他是天才的叔叔再次见面。我想凡凡一定很想自豪地告诉那位叔叔："叔叔，我真的是个数学天才。"

各位爸爸妈妈，如果你们发现孩子在做时间表时出现了不能坚持的问题，请注意以下两点：

（1）孩子想要的礼物兑换不到。

（2）孩子没有收到家长的鼓励。

我们的爸爸妈妈都希望孩子不断进步，但是孩子的进步，你们看到了吗？真心地希望爸爸妈妈保护好孩子进步时的那种热情。只要我们有足够的耐心、爱心，再配上合适的方法，我们的孩子一定会还给我们一个奇迹。

## 五、孩子执行时间表时，有速度没质量怎么办

### 爱出错的小芝

小芝是个一年级的小女孩儿，长得乖巧可爱，特别好看。小芝的爸爸妈

妈年龄很大才生了小芝，所以从小就娇惯得厉害。饭来张口，衣来伸手，就是形容小芝的。上幼儿园时还好，上了小学，让小芝爸爸妈妈头疼的事情就来了。小芝写作业的速度很慢。小芝的爸爸妈妈把小芝送到我们的魔法学校进行训练后有了显著的变化。用小芝爸爸妈妈的话说，小芝变得懂事了许多，自己的事情要求自己做了。小芝的爸爸妈妈变成了我们豆豆妈妈俱乐部的忠实粉丝。每个月的俱乐部活动他们都会准时来报到。接受了时间表的培训后，小芝在前面几个月效果好得出奇。长这么大，小芝从来都没有通过自己的努力得到过什么。平常都是还没要求，就能得到的东西，现在需要自己用红星来换取了，小芝觉得这种方式实在是太新鲜了。

时间表实施初期捷报频传。

"老师，小芝现在写作业再也不用三个小时了，晚上两个小时就完成了。""老师，这段时间，小芝写作业只用一个小时就完成了。为了鼓励她写得更快，每提前10分钟我就给她多加一颗红星，她更有动力了。""老师，小芝现在45分钟，有时作业少时半个小时就完成了。挣红星的速度越来越快。"

俱乐部活动的日子又到了，小芝的爸爸妈妈又是准时报到。在各位爸爸妈妈都在分享时间表应用的经验和遇到的问题时，小芝爸爸也按捺不住举起了手："老师，最近又有新问题了。现在小芝写作业的速度是提高了，但是作业的质量可不怎么样。在刚开始的时候，我们都没有关注这个问题，因为想着她的作业以前写完都是个问题，现在只要按时完成就好了。可是最近她为了更快地完成作业，写得龙飞凤舞，而且错误百出。这可怎么办啊。"我完全理解小芝爸爸妈妈的烦恼，这是时间表应用时遇到的常见问题。我首先恭喜了小芝的爸爸妈妈："小芝爸爸妈妈，恭喜你们，时间表第一阶段的任务就是提高速度，你们已经圆满完成了。现在进入了时间表第二阶段——'提高质量'。"在提高孩子作业质量时，一定要给出孩子质量的标准，这样的可操作性才强。所以，时间表里可以加上一项作业质量。例如，数学作业允许错两道，这样才可以算是好作业，那么孩子在质量方面就可以得到两颗红星，这样孩子就知道什么是好作业了，否则我们的父母经常说，你的作业质量不高，但是也不知道怎么让孩子提高，没有给孩子可行的方法。小芝的爸爸妈妈特别高兴，带着建议开心地走了。一周过去了，小芝的爸爸打电话告诉我效果好极了。他兴奋地对我说："老师，现在小芝都学会了自己检查作业了。因为怕得不到高质量的红星，她总是自己检查好几遍。我为此经常鼓励她，我们在每天小芝睡觉前设置了大概20分钟的时间作为我们的'夺星时刻'。在这个时间里，我们先让小芝回顾一天挣得红星的数量。然后就是我们的幸福沟通时刻，小芝可以在这个时间把一天所有的开心的和不开心的事情都告诉我们，现在我们的沟通也发生了很大的变化。我自己真的走进了孩子的世界才发现，孩子的心灵是一片净土。"

有感而发的小芝爸爸发现了孩子心灵的净土，我想这是我听到的最好的消息。这使我想起我看过的一个小故事。

有一位著名的节目主持人，在一个谈话节目中设置了这样一个情景，一架飞机满载乘客，飞行途中没油了，可飞机上只有一个降落伞，他问参与做节目的孩子，你看这伞给谁用？孩子几乎不假思索地回答："给我自己用。"这时，台下一片骚动，很多观众想：多么自私的孩子啊？可是主持人没有急于下定义，而是蹲下来，耐心地问孩子："为什么呢？"孩子满脸泪水，清晰地说道："我要跳下去，找到油后，回来救飞机上所有的人。"

这位主持人是一个善于倾听者，由于他的细腻，让大家听到了一个幼小躯体里高尚灵魂的独白，也让那些当初急于评定孩子的人感到惭愧。

我说这个故事的目的是：我们真该像小芝的爸爸妈妈那样常常光顾孩子

的内心世界，与他们的思想一起漫游，而不是拔苗助长似的牵引，总急于把孩子引向成人的世界。其实，生活中，孩子有很多方面比我们大人要纯洁得多、可爱得多、强得多。孩子的同情心比大人强，孩子的神圣感比大人强，孩子的想象力、创造力要比大人强。有这样一个调查：北师大一位教授问参加会议的师生：树上有五只鸟，猎人开枪打死一只，还有几只？结果被调查的师生中，99%回答"一只也没有了，因为都吓跑了"，但有一名小学生做了精彩的回答：还有三只，因为五只鸟是一家人，打死了爸爸，吓跑了妈妈，还剩下三只不会飞的鸟宝宝。

我觉得"蹲下身子"是聪明家长睿智的标志。你只有蹲下身子，才能真正看到孩子眼中丰富多彩的世界，真正感受到孩子的心是世界上最真、最善、最美的。

显然"蹲下身子"的小芝爸爸发现了孩子的心灵净土，并且不断用鼓励的方法给女儿的成长加油。但是很多家长忽视了这些，嘉文的妈妈就有了这样的烦恼。

### 没有自信的嘉文

嘉文，一个读小学五年级的小女孩儿，刚来训练营训练时不爱说话。嘉文妈妈说嘉文写作业总是拖拖拉拉的。通过观察，我发现嘉文特别缺乏自信，上课不喜欢举手回答问题，总是往后退缩。我决定给嘉文创造机会。一次我提问训练营的规则："当我们上课的时候坐在座位上，手应该放在哪里啊？"很多同学都举起了手，我发现嘉文乖乖地坐在那里，手放在膝盖上。我立刻说："大家看，嘉文同学的坐姿就是我们的标准坐姿，所以我们请嘉文来回答这个问题吧。"嘉文有些不知所措，她慢慢地站起来，小声说道："我们在听课的时候，手应该放在自己的腿上。"听到了这个回答，我立刻鼓励和肯定了嘉文："哇，嘉文回答得又全面，又清晰，又准确。我要给嘉文一个魔币。"嘉文听了我的话脸上有了淡淡的微笑。从那以后我经常用这种方法鼓励嘉文，我发现嘉文渐渐地在训练营找到了自信心。写作业的速度也有了明显提高。训练营结束后，我跟嘉文妈妈分享了我的鼓励方法。

一个月后，我接到了嘉文妈妈给我打来的电话："老师，嘉文最近有些情绪不正常，周末的时候因为一点小事我们就起了冲突。嘉文拿了她写的一篇作文让我签字，我一看那作文写得字迹不是很工整，有些潦草，肯定没有认真写。我就想让她重新抄一遍，可是她就是不抄。我说你不抄我就不给你签字了，结果她就哭了。但是她竟然把没有签字的作文往书包里放，想就这么交上去。我一下子就急了，上去就把那篇作文撕了下来，让她重新写。"嘉文妈妈说得情绪越来越激动："嘉文竟然把我撕掉的作文想要粘回去，我就更气了，上去就在纸上画了两个大叉子。气坏我了，这孩子怎么这么不求上进啊。"听了嘉文妈妈的叙述，我没有直接回答她的问题，而是问她："现在孩子写作业的速度怎样呢？"嘉文妈妈说："她写作业的速度倒是很快，但是一看就是敷衍了事，应付差事的，一点都不认真。""那你有没有因为孩子写作业速度快而鼓励孩子呢？"我接着问。嘉文妈妈听了我的问题一下子就沉默了："老师，你这么一说，我想了想，从小到大我们还真是没有怎么鼓励过嘉文。但是，这和孩子不重新写作文这件事情有关联吗？"

我笑着对嘉文妈妈说，孩子现在的学习其实就是三部曲：能学，想学，会学。"能学"是属于智商范畴的，大部分孩子的智商都差不多，并且这个是不可能改变的。"会学"是学校里面老师负责的部分。老师知道用什么样的方法和技巧可以让孩子把知识掌握好。我们家长可以做的就是让孩子"想学"。像昨天那种情况，包括你说孩子写作业敷衍了事，是孩子不想学了，这是孩子缺乏动力的明显标志。在这样的情况下，我们应该鼓励孩子，为孩子加油。你会发现给孩子一点阳光，孩子会还给你一个奇迹。给你讲个小故事吧！

珍妮是个总爱低着头的小女孩，她一直觉得自己长得不够漂亮。有一天，她到饰物店买了只绿色蝴蝶结，店主不断赞美她戴上蝴蝶结挺漂亮，珍妮虽不信，但是挺高兴，不由昂起了头，急于让大家看看，出门与人撞了一下都没在意。

珍妮走进教室，迎面碰上了她的老师，"珍妮，你昂起头来真美！"老师爱抚地拍拍她的肩说。那一天，她得到了许多人的赞美。她想一定是蝴蝶结的功劳，可在镜前一照，头上根本就没有蝴蝶结，一定是出饰物店时与人碰撞弄丢了。

听完故事，嘉文妈妈问我："老师，你想要告诉我鼓励的作用，这个我明白了，但是我得一直这么鼓励她吗，她要是长大了怎么办啊？"听完嘉文妈妈的问题，我笑着说："这个问题是个好问题呢，那么我再给你讲个故事看看可不可以回答你的问题。"

约翰家有个刻着"与众不同"4个字的红色餐盘，要是谁做了得到一家人认可的事情，吃饭就可以使用这个盘子。这天，约翰带好朋友大卫回家。大卫骑来了一辆漂亮的新自行车，那正是约翰存钱想要买的车子。大卫得意地说，他这次测验及格，自行车是父母奖给他的。其实，约翰这次测验也及格了，但仍需要自己省钱买车。母亲担心约翰会有不公平的想法，便对他说："我知道你可能会不愉快，尤其是你学习那么用功，还通过了测验，这都是我和你爸爸最感到骄傲的事，因此你有资格用红盘子吃饭了。"约翰若有所思地看看自行车，再看看大卫，然后小声对母亲说："妈妈，红盘子更棒，因为那是我自己努力得到的。"说完，就开心地和大卫出去玩了。

约翰的父母用红盘子吃饭来刺激孩子，通过孩子及时的自我激励来化解外界环境对他的影响，目的是培养孩子对自身行为的正确认识。

这个故事告诉我们：自我激励是习惯内化的结果，孩子重视的不再是父母的表扬或者物质上的奖励，而是对自己努力的肯定，并能正确面对物质诱惑。相反，不恰当的物质奖励会使孩子变得完全依赖于他人的赞许。

听完我的故事，嘉文妈妈沉默了好半天："老师，我明白了，我要通过我的鼓励，让嘉文学会自我鼓励，这样将来遇到再大的困难就不怕了。"

各位爸爸妈妈，当你的孩子在执行时间表时出现了写作业有速度，没质量，一定要想想以下两点：

（1）制定标准。制定好质量的标准，告诉孩子怎样的作业是一篇好的作业。这样可以变得可操作。

（2）鼓励孩子。物质鼓励：星星表；言语鼓励："你是怎么做到的？"

当我们经常通过具体的描述对孩子进行鼓励时，不仅可以让孩子有成就感，扩大他们成功的体验，还可以了解自己做了什么努力才让自己取得进步的。

## 六、孩子怎么努力都完不成时间表怎么办

在制定时间表的过程中一定要给孩子在每天留出自主时间，就是孩子自己可以安排的时间，当然就是孩子玩的时间。这个自主时间很关键，如果没有，孩子写作业时就会磨蹭，注意力不集中。下面我们来听听小晨的故事。

### 剑桥英语时间到了

小晨刚来训练中心时是读四年级的小女孩儿。小晨爸爸妈妈来听我们讲座时就跟我沟通过好几次，说小晨特别不喜欢写作业，每次写作业时就会特别磨蹭。以前还可以写完，后来课外的作业写不完了，再后来就连学校的作业都没办法完成了，而且小晨最讨厌的就是剑桥英语。每次要学剑桥英语时，她都特别不乐意。到了学剑桥英语时间时，小晨爸爸就会说"剑桥英语时间到了"，小晨一听到这话，就像是条件反射似的，一下子就急了，有时还会愤怒地大叫，拼命地摇头，抵触心理很强。经过跟小晨爸爸妈妈的深入沟通后，

我才发现，小晨是我们所说的那种每天工作量超大的孩子。在写完学校的作业后，还安排有奥数、剑桥英语、钢琴，还有舞蹈练习这些课外的作业。我一下子就明白了小晨磨蹭的原因。孩子再怎么努力都不能玩，所以就干脆磨蹭了。这样还可以少写一些。所以迫在眉睫的是要让小晨有自主时间，让她有这种成功的体验。在跟小晨爸爸妈妈协商后，先去掉小晨的课外作业。小晨爸爸妈妈将信将疑："老师，现在基本上每天她也不写课外作业啊，这个就是个摆设，就这样她的校内作业也经常完不成啊。去掉有用吗？"我笑着点了点头，告诉他们以后小晨写完作业后到睡觉前的这段时间就是小晨的自主时间。这个时间最少要半个小时，多了不限。在自主时间里面小晨可以随意安排，哪怕发呆都可以。小晨爸爸妈妈答应了。

小晨开始训练了，我和小晨建立了良好的关系，开始和她一起建立时间表。我对小晨说："小晨，你看，我们建立一个让你有更多时间玩的表格吧。"小晨十分诧异："让我有更多时间玩吗？这不可能啊，我每天基本上事情都做不完就要上床睡觉了。哪里还有时间玩呢？"我笑嘻嘻地说："这里可是魔法学校，我是卷卷飞校长嘛，你想知道你怎么能玩吗？""怎么才可以有更多的时间玩啊？"小晨的好奇心被激发出来了。我说："你每天的学校作业有什么啊？""数学、英语、语文。"小晨回答。"你觉得完成这些作业你会用多长时间呢？"我接着问。小晨说："这些作业，我只用一小会儿就可以完成了，可是还得写课外作业呢，怎么都写不完，最讨厌的就是剑桥英语。""哈哈哈哈，小晨，我要告诉你，以后你完成学校的作业就可以玩了，剩下的时间你自己随意安排。"小晨听了我的话露出了难以置信的表情："真的吗，真的可以吗，卷卷飞？"我郑重地点了点头。

第三天，我接到了小晨妈妈的电话："老师，真神奇，小晨今天八点就把作业写完了，整整一个小时都是她的自主时间。"那一周小晨的状态都很好。每次作业完成后，即使作业量大的那天也会给自己留出至少半个小时的自主时间。在自主时间里，她会开心地看自己喜爱的课外书，或者玩玩自己的玩具。把自主时间安排得满满的，家里的气氛也越来越好了。

　　第二周，小晨妈妈给我打电话说："老师，小晨晚上9点钟开始洗漱，她昨天七点钟就把作业写完了，剩下的时间还有两个小时，她就一直在那里玩，不停地玩，我看她玩得可真开心啊。"我一下子听出了妈妈的话外音，笑着对小晨妈妈说："小晨妈妈，我来说出你想说的下一句话吧，这时间要是再做几道奥数，再背点英语单词多好啊。""哈哈，老师，你怎么知道的啊。我就是觉得这个时间玩过去，真是太可惜了。"小晨妈妈也笑了。我认真地提醒小晨妈妈："小晨妈妈，现在任务一定不能加量，必须让小晨有自主时间，不断让她扩大成功的体验，等到我说可以加作业量时，才可以加，现在还不是时机。"

　　第三周，小晨妈妈说小晨现在完成学校作业没有问题了，写得很快。到了第四周，接到了小晨妈妈的电话，明显可以感觉出她言语的焦急程度："老师，昨天小晨出现问题了，方法怎么不好用了啊？小晨以前7点就可以完成学校作业，可是昨天到睡觉前都没有写完，最后一直写到11点还不行，早上5点又定了闹钟起来写的。""这确实有些奇怪，有什么变化吗？或者学校有什么事情吗？"小晨妈妈在那边有点支支吾吾的，最后跟我说了实话："老师，我们看小晨学校作业写得很快，就加了课外作业。我们想她那么不喜欢剑桥英语，就从剑桥英语开始吧。然后爸爸一说剑桥时间到，她就不干了。开始歇斯底里地大叫，在那天之后作业就不写了。"我笑着对妈妈说："咱们上周不是说了这个问题了吗，先不加课外作业，等到可以加的时候我再告诉你。"妈妈困惑地问："为什么啊？她现在明明每天写完校内作业还可以玩至少一个小时，加点剑桥英语也就半个小时，怎么不行呢？"我笑着对妈妈说："为什么不行，结果你已经看到了，她开始磨蹭学校的作业了，这就是现在还不能加的原因，而且小晨对爸爸那句'剑桥英语时间到了'已经产生了反感，所以对剑桥英语产生了反感。这种情绪下她肯定是不能写作业了。""老师，那这课外作业就不写了吗？剑桥英语也得学啊。"我没有正面回答小晨妈妈的话，"小晨妈妈，我给你讲个故事吧。"

我以前训练过一个叫小雷的小男孩儿，他的妈妈是英语老师，姥姥也是英语老师。但是这个小男孩儿超级讨厌英语。每次当姥姥一辅导他英语时，他就发脾气。有一次我跟他聊天，他跟我说："我恨死英语了，我一辈子都不想学英语了。"我想要是一般家长听了这句话后一定会对他说："你怎么能恨英语呢，你一定得学英语啊。"但是我没有，我只是用英文对他说："Oh, really? But I like English very much。"他说："啊？为什么啊，我宁可做两道奥数题，都不愿意学英语。"然后在我们聊天的过程中，他吸了吸鼻子问道："卷卷飞，你身上怎么这么香啊？""Perfume。"我仍然用英文回答他。他重复道："Perfume？是什么意思啊？"我故作深沉，"那可不能告诉你。"小雷听了就更加好奇了："告诉我吧，告诉我吧。"我仍然没有说。第二次训练，小雷一进房门就对我说："老师，老师，我知道 Perfume 的意思了，哈哈哈，还想瞒着我，不就是'香水'嘛！"我听了小雷的话心里暗自高兴，但是表面装作有些沮丧地说："呀，被你发现了。"后来我从小雷妈妈那里了解到，小雷那天训练完见到妈妈就迫不及待地问："妈妈，妈妈，Perfume 是什么意思啊？"妈妈还觉得奇怪呢：这是怎么回事啊？怎么平常连英文都不愿意提一句的孩子，突然对英文感兴趣了。

从他妈妈那里我了解到，妈妈训练小雷英语的方法很简单，就是简单的背诵。妈妈说得振振有词："英语没有诀窍，从小我就是这么学的，就是得死记硬背才行啊。小时候我学的就是新概念英语，现在小雷我也要求他每天都背诵新概念英语。可是不知道为什么，每次他都发脾气。"我现在才知道，小雷妈妈教授英文的方式就是让小雷厌烦英语的原因。我让小雷妈妈在下次训练时把小雷的新概念英语拿来，并且告诉小雷妈妈我一定会让小雷在下次训练时主动背诵新概念英语。小雷妈妈将信将疑地走了。

第三周的训练开始了，小雷一进来就特别不高兴。他拿出了新概念英语，有些不耐烦地说："老师，我妈妈说要我带新概念了。我跟你说啊，我绝对不会看这个书的。"我笑着说："我绝对不会强迫你看的，老师想看就是了，你忘记了，I like English very much。"小雷看了看我，摇着头走到一边，开始摆弄一些游戏室的玩具。我拿起新概念英语翻开第一课，嘴里开始大声读了起来："New Concept English, Lesson One  A private conversation…"我边读边观察小雷的表情，有些地方我还故意读得磕磕巴巴。小雷开始没有注意我，听到我读错了，就会看我一眼，可能想要纠正，但是又没说出口。一篇读完了，我哈哈笑了起来，问小雷："老师读得还可以吧，挺流利的吧。"小雷说："切，什么嘛，好多都读错了，不过还行吧，你毕竟第一次读嘛。这也没什么了不起，我还会背呢？""啊？"我惊讶地睁大了眼睛，"你还会背啊？天哪，太不可思议了。"小雷骄傲地笑道："我背给你听听。"说完小雷流利地背完了第一课。"哇，太了不起了，你是怎么做到的？"我惊讶地问道。小雷笑着没有回答，然后我又翻开第二课："Lesson two。"这一次我读得更不流畅了，读完后，我特别自我欣赏地说："看，第二课我也会读了。"小雷说："拜托，老师，这个我也会背，不信你听听。"说完小雷又流利地背完了第二课。我又表示了极度惊讶："啊？真的会背啊，我还不信了，我比不过你。""老师，这本第一册我都背完了，你考不倒我的。"我做出不相信的神情："我不信，我随便翻一个看看你会不会背。""好啊。"小雷也被我激发了兴趣，"老师你考不倒我，我们打个赌，你输了怎么办呢？"我想了想："如果我输了，我给你三个魔币。"那天小雷差三个魔币就可以换到他喜欢的小汽车了。他高兴极了，赶紧说："说话算话啊。"那天我们就这样来来回回，小雷总共背诵了6篇课文。最后的结果，小雷赢了这场英语比赛。

等到训练结束后，妈妈来接小雷，小雷兴奋地说："妈妈，今天我跟卷卷飞打赌我赢了，我还得到了我喜欢的小汽车。"小雷把事情的始末详详细细地讲给了妈妈听。小雷妈妈悄悄地在身后对我比画了 OK 的手势。

讲完了小雷的故事，小晨妈妈沉思了好一会儿："老师，我明白了，这就像是做时间表似的，在前期一定要让孩子先尝到甜头，所以一定要吸引她，让她对时间表感兴趣，让她有自主时间。不能让她抵触厌烦。这个剑桥英语也得让小晨感兴趣，不能再说出让她反感的话了，就是爸爸的那句'剑桥英语时间到了'一定不能再说了。"听了小晨妈妈的总结，我说："太好了，小晨妈妈你真的是总结得很好，那现在小晨时间表里面的剑桥英语时间呢？""哈哈哈哈，老师，剑桥时间现在没有了，我一定听你的话，你觉得时间到了，我再加上剑桥英语。"

各位爸爸妈妈，当你的孩子在执行时间表时出现了怎么努力都完不成时间表，一定要注意：

（1）定量是否合适。要先看看给孩子的作业量，如果一周孩子每天都不能有自主时间，说明作业量大了。

（2）孩子是否学习没有兴趣。当我们希望孩子在薄弱的科目上多进行学习时，一定要从引发孩子的学习兴趣入手，否则会彻底让孩子对这个科目失去兴趣，造成厌学和磨蹭。

## 七、孩子的黑星比红星多怎么办

### 起床爱扭屁股的萧萧

萧萧是一个 8 岁的小男孩儿。第一次见到他和妈妈是北京的 10 月底，天气变得有些凉。

　　来到咨询室，妈妈捂得严严实实地坐在那里。她穿着一件厚毛衣，上面套着薄薄的羽绒背心。然后一个大厚羊绒披肩披在肩头，连嘴都捂住了。头上还戴着一顶毛线帽子。一个虎头虎脑的小男孩儿站在旁边，眼睛黑黑的，特别清澈。我先蹲下身子跟孩子打招呼说："萧萧，你好，我是魔法学校的校长，很高兴认识你。"萧萧歪着小脑袋，咧着嘴笑了："魔法学校，你会变魔术吗？"我点了点头，"虽然魔法和魔术不一样，但是我可以先给你变个魔术。"萧萧高兴极了，他蹦蹦跳跳地跟我来到了游戏室。我拿出扑克牌给他变了一个简单的纸牌魔术。萧萧眼睛一眨不眨地盯着我："太神奇了，太神奇了，老师你是怎么变的啊？我也要学，我也要学。""好啊，那得先看看你有没有变魔术的潜力，如果你用架子上的小人儿啊、车啊等给我摆一个故事场景，在20分钟完成。等我回到游戏室，你要把你编的故事讲给我听。我去那边的房间跟妈妈聊20分钟，中间不能被打扰。如果你完成了这个任务就说明你具备魔术师的潜质，我就把刚刚那个纸牌的秘诀告诉你。""这简单，我一定可以。"我笑着说："真的吗？在这20分钟你都要自己在游戏室，我这里有个计时器，等到20分钟一到，你就来外面找我，可以吗？"萧萧认真地想了想，然后用力点了点头。

　　当我再一次走进咨询室时，萧萧妈妈仍然裹着刚刚那一大堆衣服，坐在沙发上。当我们开始谈话时，我发现萧萧妈妈的嗓音特别细，特别轻。"老师，你看到我这样别觉得奇怪，我特别怕冷。如果有一点凉气进到身体里，我就会头疼。"我点点头，"哦，萧萧妈妈，那一定感觉很不舒服，是吗？"萧萧妈妈把脸从羊绒披肩中抬起，拼命点了点头："一进入秋天，我就开始难受了，身体变得沉沉的。每星期都会生次小病，每个月要大病一次。我的孩子越来越不听话，我简直都要疯了。""那你一定很累，是吗？"我关切地看着萧萧妈妈说着。听了我的话，萧萧妈妈的眼圈一下子红了，她又把脸埋进自己的羊绒披肩里面使劲儿抽泣着。看得出萧萧妈妈已经完全没有能量，也没有方法了。我轻轻地拍了拍萧萧妈妈，给她递过一张纸巾。萧萧妈妈哭了很久，我就那样静静地陪着她。萧萧妈妈边哭边告诉我："我和儿子现在关系越来越紧张了，萧萧的注意力特别容易分散，没有规矩。有时还喜欢做些小小的恶作剧。他知道我怕冷，会在冷天里面故意给我扇扇子，弄得我头疼大病一场。爸爸知道后就会暴揍他一顿。"萧萧妈妈一直不停地叙说着萧萧调皮不听话的行为。在我们沟通过了大半的时候，萧萧妈妈把头上的帽子摘了下来，一会儿又把披肩脱下。一张清秀白皙的面孔出现在眼前。

从萧萧妈妈的介绍和刚刚在游戏室和萧萧的简短互动我已经初步判定萧萧的性格是活泼型的，他特别希望得到大家的注意和肯定。可是萧萧妈妈对他的要求太高，他总也做不到，所以就用一些恶作剧的调皮行为吸引大家的注意。当萧萧妈妈结束了他对萧萧的概述，我轻轻对她说："你是不是特别想有一个做事主动、有规矩、可爱的儿子。"萧萧妈妈拼命地点头。我把时间表和星星表制作的方法介绍给了萧萧妈妈，让萧萧妈妈回家后先给萧萧立规矩。在做时间表和星星表时，一定要和萧萧一起做。如果萧萧完成了时间表还要给予言语的鼓励。这样可以让孩子扩大成功的体验。

"笃，笃，笃"，外面响起了敲门声。当我说完请进时，萧萧拿着计时器推门进来："卷卷飞，这个表响了，我才出来的。"妈妈看着孩子立刻埋怨地说道："你过会儿再进来，你没看到我跟老师正在讲话吗？"我适时地打断了妈妈的话："哇，萧萧你可真是懂礼貌，你先敲门得到老师允许之后才进入房间。你还是一个遵守约定的孩子，我们约好20分钟之后你来找我，你就等到20分钟才过来。"萧萧听了我的话，小脸儿一下子变得兴奋起来。"老师，你给我的任务我已经完成了。我其实早就做完了，但是我等到表响了才出来的。"我立刻点头，然后冲萧萧妈妈说道："萧萧妈妈你看，萧萧现在迫不及待想展示他的成果了。"萧萧拉着我的手走进游戏室。在地板上摆着两个阵营，一边是好几排小汽车，有几辆都变形了，一边是一些动物，有老虎、狮子、鳄鱼、恐龙、斑马，几乎架子上出现的动物都摆在那里。一个小孩儿站在中间。萧萧兴奋地指着自己的作品开始讲了："一群汽车机器人通过时空隧道来到了白垩纪，结果那里的动物以为它们要侵犯自己的家园，以恐龙为首的动物们决定和机器人打一仗。其实机器人根本不想打架，它们只是想要参观一下白垩纪时代。但是它们互相都听不懂对方的话。机器人看到动物们以为动物们要来伤害它们，也做出了要打的准备，你看，好多都变形了。这时一个小孩儿突然出现了，他既能听懂动物的话，又能听懂机器人的话。在他翻译之后，动物和机器人就不打了，它们还变成了好朋友。"听完萧萧的故事，我立刻用力地鼓掌："萧萧，我觉得你已经具备了魔术师的三个基本潜质：第一，你特别遵守约定。第二，你特别有想象力。第三，你特别会讲故事。我决定了，这个纸牌魔术的秘诀告诉你。"萧萧听了我的话，兴奋地跳了起来。他可能从来没有被如此欣赏过。萧萧学会了纸牌魔术，我问他愿不愿意表演给妈妈看，"妈妈不会喜欢的。"他说道。"我们试试看，给妈妈一个惊喜，当然表演不表演你可以自己决定。"萧萧听了我的话稍微犹豫了一下，轻轻地点了点头，我给了他5分钟准备的时间，然后走到旁边的咨询室和萧萧妈妈沟通好看完孩子的魔术表演，妈妈一定要用惊喜夸张的语气鼓励和肯定孩子。萧萧那天表演得特别成功，妈妈特别配合。看完之后立刻大声说："天哪，妈妈太惊讶，我都不知道我儿子还有魔术的天赋。回去之后你可一定要教妈妈啊。"听了妈妈的话，萧萧一下子扑到妈妈的怀里。那天萧萧妈妈信心满满地带着时间表和兴奋的萧萧离开了。

两个星期后的一个周末晚上，我接到萧萧妈妈的电话。"老师，刚开始一个星期这个表还挺管用的，可是后来就不怎么好使了。萧萧都不按照时间表做了，而且他还老是淘气，那天我没忍住，打了他。"妈妈越说越着急。"萧萧妈妈，听起来好像出现了一些问题，来，你先跟着我做深呼吸，吸气，呼气……"跟随着我，萧萧妈妈的声音渐渐平稳，这才道出事情的原委。第一个星期，萧萧回去之后特别积极地表现，结果挣得了很多红星，到周末时，还兑换了自己想要的礼物。到了第二周，萧萧也挣到了红星，周末萧萧妈妈要带着萧萧到院里的小超市兑换星星表的礼物。走在路上萧萧都特别兴奋，和妈妈一边聊天，一边走。妈妈还是裹了很多的衣服，害怕风吹到头。然后萧萧妈妈突然发现下嘴唇向外伸出慢慢吹气可以往鼻孔里面传递一些热气。自己会感觉很舒服，就一边走一边吹。萧萧发现了觉得特别好玩，就对妈妈说："妈妈，妈妈，我帮你吹吧。"萧萧妈妈担心萧萧一下子把凉气吹进自己的鼻子里面，开始没有同意。可是萧萧不停地磨妈妈："妈妈，让我帮你吹一下吧，我一定保证好好吹。"最后萧萧妈妈同意了。结果母子俩就站在路边。萧萧往妈妈的鼻子吹气，一下子用力很大，一股凉气钻进萧萧妈妈的鼻孔里面，萧萧妈妈就感觉"嗡"的一下就开始头痛。当时萧萧妈妈一下子就急了，伸手就在萧萧身上打了一下："不让你吹，你偏要吹。"萧萧妈妈可能打得太用力了，萧萧痛了，立刻大声喊起来："你怎么打人啊！"萧萧妈妈这个时候头已经开始疼了起来："你还有理，我的头已经疼了，你还想不想要礼物了，你这个行为就应该给你10颗黑星，你这星期的礼物没有了。"萧萧听了气急了，立刻转身跑了。那天萧萧自己在院子里面溜达了很长时间，萧萧妈妈也在家里赌气没有去找萧萧，后来萧萧爸爸出来解围，才把萧萧叫回家。从那周后，萧萧做时间表就有点不积极了，而且一出现不好的行为，萧萧妈妈就给他黑星，结果搞得萧萧的黑星比红星还要多。听了妈妈的话，我立刻知道了问题的症结："萧萧妈妈，你忘记我们的约定了吗？在执行时间表的第一个月是不能给孩子黑星的，而且一定要按照承诺在一周结束后让孩子兑换到星星表中的礼物。妈妈没有遵守约定，所以萧萧也不遵守约定了啊。而且往鼻孔吹气你已经知道孩子可能掌握不好力度，可能吹出凉气，还同意孩子吹气，最后却把这个结果让孩子承担，这对孩子来说多不公平啊。"萧萧妈妈听了我的话沉默了。"老师，我当时头太疼了，一下子就生气了。我不应该不给孩子兑换礼物。可是这几天孩子在执行时间表的时候有些项目完不成。我都不能给他黑星吗？""是的，孩子第一个月执行时间表和星星表会出现一些做不到、完不成的情况，这种情况下一定不要给黑星，只是不给红星就可以了。这样可以让孩子有成功的体验，引发他得红星的兴趣。"我回答了妈妈的困惑。挂上电话，我能感觉萧萧妈妈的心已经没有开始那么急躁了。

又过了一个多星期，我接到了萧萧妈妈的电话。萧萧妈妈兴奋地跟我说："李老师，这个星星表真好用，现在萧萧特别在乎这个星星，我发现以前我认为孩子毛病特别多，现在看起来都是我自己的问题呢。这个时间表还解决了一个让我头疼的大问题，就是萧萧早上起床的问题。从一年级开始，早上叫萧萧起床时，他总是不立即起床，他喜欢在床上赖着扭扭屁股。我一看到他这样，气就不打一处来。然后就会大声冲他嚷：'快起来，扭什么扭啊，这都快来不及了。'萧萧听了也特别生气，气哼哼地起床，然后吃早点。早餐通常他吃得都会很少，看到自己辛辛苦苦做的早餐，儿子有的连碰都不碰，我又担心，又生气。担心他上学会饿，生气自己的辛苦又付诸东流。'你吃这么点儿，一会儿上学饿了怎么办？把这些吃的带上。'我把一些饼干、巧克力递给孩子。'我不要，不要。'儿子也开始发脾气，大声拒绝我。然后，一场战争不可避免地爆发了。最后，我们两人都气哼哼地走出家门。

"今天早上，我又叫儿子起床，他和往常一样，在床上扭来扭去。我什么都没有说，就那么静静看着他。大概也就一分钟，孩子说了一句话：'哎呀，早上起床前扭扭屁股可真舒服。'听了这句话，我一下子觉得特别心酸，眼泪都要掉下来了。原来，孩子早上在床上扭扭屁股这个动作，就和我们大人起床伸懒腰一样。我从他那么小就开始因为这件事情训斥他，觉得他是成心在赖床，现在想想真是内疚得很。

"早上吃早点，萧萧仍然吃得不多。我没有冲他大喊大叫。在他吃完后，我拿出几块巧克力：'儿子，可能在11点多你会觉得饿，觉得饿的时候就吃巧克力吧。'萧萧什么都没说，笑着接过巧克力，放进了书包里。我们出家门时，我看了一下手表，时间竟然比平常我催他时还要早。我看了看身边的儿子，他的脸红扑扑的，特别可爱，我们两个开开心心地离开了家。"

听着萧萧妈妈在电话里激动地叙述着他和儿子早上的故事，电话这头的我可以完全感受到她那种雀跃兴奋的心情。当我们的家长做出了一点点的改变，孩子的变化是那么的惊人。萧萧妈妈最后特别诚恳地问我："李老师，我从他上学开始，就用了很多办法，都没有用。现在我感觉你们的方法好使，可是萧萧都四年级了，要是我早认识你们就好了，我现在开始，不晚吧？"我无比坚定地回答："只要妈妈开始做，什么时候都是来得及的。我们才刚刚用这个方法三个多星期，孩子就有了这么大的变化，这都是萧萧妈妈你的功劳啊！"萧萧妈妈听了我的话，在电话那头咯咯地笑了起来。听到萧萧妈妈开朗的笑声，我的心里暖暖的。这是我做这个工作最幸福的时刻，我要把它珍藏起来，好好体会。

各位爸爸妈妈，当你的孩子在执行时间表时，出现了孩子的黑星比红星多的情况时，一定要遵循下面两条调整，否则会让孩子对时间表失去兴趣。

（1）一定不要在第一个月就给孩子黑星，孩子执行时间表时，做到的给红星，做不到的不给红星。

（2）一个月之后开始给黑星时，如果发现黑星比红星多，说明时间表制定得不合理，需要调整。让孩子的红星一定要比黑星多。

## 八、孩子对礼物单的礼物不感兴趣怎么办

### 总也换不到的小汽车

第一次见到鹏鹏是在夏季训练营的招生咨询会。鹏鹏一进入工作室就开始抱怨："你们这是什么破地方啊，一点都不好找。你们就应该在一层，在一

层就可以找到了。"在旁边的妈妈听了孩子的话特别尴尬，拉着孩子说："鹏鹏，怎么这么没礼貌啊，不能这么和老师讲话。"我看着特别不满意的满头大汗的小男孩儿，蹲下身子看着他说："你一定特别热，找得特别累吧。"小男孩儿听了我的话，用力点了点头："我妈妈开着车就兜了半天，结果在外面停了车还绕来绕去的，找不到怎么进楼。"我用力点了点头表示赞同："那你现在想不想跟我到一个又解热又解乏的地方啊。"鹏鹏一听，好奇心一下子就被勾起了。他歪着头瞪大眼睛看着我说："真的吗？"

我带着好奇的小男孩儿走到了游戏室，鹏鹏一下子就被吸引住了。他目不转睛地盯着游戏室架子上的小汽车，兴奋地说："哇，老师你这里怎么有这么多小汽车啊，我最喜欢小汽车了，我家也有好多，我正在收集各种各样的车子。"看着鹏鹏兴奋的样子，我知道他已经完全忘记了刚才的不快。我对鹏鹏说："鹏鹏，在我们这个游戏室是有规则的。第一，声音要小，因为一会儿妈妈在外面听课，我们不能让外面的爸爸妈妈听到里面的声音。你试试看说话的音量。"鹏鹏立刻轻声问："老师，这样行吗？"我立刻竖起大拇指："哇，鹏鹏你理解能力真强。"我接着说："第二，要离开这个房间，喝水，上厕所，都要告诉老师，经过同意后才可以出去，而且出去的时候一定要轻声慢步，不能影响外面爸爸妈妈听讲。"鹏鹏听了之后有些担心地说："啊？那要待在这个房间多长时间啊？"我指着房间墙面上挂着的表说道："现在是九点半，到 11 点外面的讲座就结束了。"鹏鹏轻轻地皱起了眉头，显得有些不耐烦了。我立刻说："还有第三，如果你遵守游戏室的规则，我会给你魔币。""魔币？魔币是干什么用的？"我故意停顿了一下，然后神秘地说："魔币啊，是在百宝屋领礼物用的，我们的百宝屋里面有各式各样的礼物。一会儿还会来一些同学，你们魔币的多少决定领礼物的顺序，魔币多的先领，魔币少的后领，每个人可以选一样礼物。"鹏鹏这下开心了，兴奋地问："那你们百宝屋有这样的小汽车吗？"我用力点头，他开心得要命。"太好了，太好了，我一定要得到这些小汽车。"

那天陆陆续续来了几位其他的小同学。鹏鹏表现得特别积极，每来一个同学，他都热心地给他们介绍游戏室的规则，俨然是我的小助手的样子。每当鹏鹏认真地为其他同学讲解时我就用语言鼓励他："鹏鹏，游戏室的规则你记得真准确，而且给同学介绍得也很清晰，我要给你一个魔币。"听了我的鼓励，鹏鹏表现得更突出了。当时间过去一个小时时，我发现鹏鹏有点坐不住了，他在椅子上晃来晃去，椅子被弄得吱吱呀呀的。我没有批评和提醒他，而是转为提问游戏室的规则。鹏鹏立刻坐端正了，然后举手。我及时鼓励和肯定了鹏鹏："鹏鹏不愧是老师的小助手，规则不仅了解得清楚，而且自己也能严格遵守。大家看他坐得多端正啊，而且想要发言立刻举手，我要给他一个魔币。"听了我的鼓励，鹏鹏又可以坚持一段时间。讲座快要结束时，鹏鹏举手："老师，我要去洗手间。"我立刻点头，然后轻声说："我看看鹏鹏能用什么样的方法不让外面的爸爸妈妈发现你。"鹏鹏轻手轻脚地走出游戏室，然后贴着墙边走到洗手间，上完之后立刻回到了游戏室。等他进入房间我立刻鼓励和肯定他："鹏鹏，你太有方法了。外面的爸爸妈妈都没有发现你，你是不是有隐身魔法啊。"鹏鹏特别开心，"老师，外面没有一个人发现我，是不是？"那天活动结束后鹏鹏的魔币是所有同学中最多的。当领礼物时，鹏鹏站在了最前面。他一点都没有犹豫地领走了一辆小汽车。鹏鹏举着小汽车开心地对听完讲座的妈妈说："妈妈，妈妈，看我领的小汽车。"鹏鹏妈妈诧异地说："这是哪来的啊？"鹏鹏骄傲地说："我今天表现特别好，挣了很多魔币，这是用魔币换来的。妈妈，我还要来这里，我喜欢豆豆妈妈家。"

鹏鹏妈妈在给孩子报名时诧异地问我："老师，你们这里太神奇了。以前带鹏鹏去参加一些活动，不一会儿他就坐不住了。他会和其他同学发生冲突。可是今天一个半小时他都没有不耐烦，而且他还这么喜欢这里，你们都做了什么工作啊？"看着鹏鹏妈妈惊讶和好奇的眼神，我知道，她一定是不敢相信自己的儿子会表现得如此出色。

鹏鹏参加训练营时，第一天特别努力地表现。但是由于魔币不是最多，他心爱的小汽车被别的同学领走了，鹏鹏稍微有点不高兴。第二天，鹏鹏又很努力地表现，可是魔币还是排在第二，小汽车又被前面的同学领走了。第三天一早，鹏鹏明显有些松懈了。早上写作业时开始东张西望，上课也会做一些违反规则的行为。看来鹏鹏是没了动力，觉察到孩子情绪的低落，我知道是要给孩子加加油的时候了。课间时，我看到鹏鹏自己坐在一边发呆就走过去问："鹏鹏，你昨天领的是什么礼物啊？"鹏鹏噘着嘴："一个小象棋，可是我是想要小汽车的。"我坐在鹏鹏的身边："哦，你一定特别遗憾吧。"鹏鹏点了点头，"两天小汽车都被别人领走了。"我理解地点了点头："你是不是有点不开心啊？""那两辆小汽车都是我特别喜欢的，而且是我家里没有的款式。"鹏鹏说着说着眼圈都红了。我拉起他的手："嗯，嗯，鹏鹏有些伤心了，是吗？"鹏鹏猛地点头："老师，我觉得我再也得不到那个小汽车了，我已经特别努力了，但是每天的魔币都排不到第一，小汽车还是会被别人领走。我觉得挣魔币都没意思了。"我确认了鹏鹏是因为总也领不到小汽车而没了精神头，就好奇地问鹏鹏："鹏鹏，那你觉得怎样才能挣到更多的魔币啊？"他想了想："每天早上来到这里就写作业，就能获得主动写作业的魔币。然后遵守活动时的规则老师也会奖励魔币。"我立刻点头，"鹏鹏说得可真清晰，我想请你帮我一个忙，行吗？"鹏鹏歪着头看着我说："什么忙呢？""我觉得你特别了解我们这里的规则，而且还能积极遵守。你来当我的小助手吧，我每天都要给同学分发东西，你帮我发到每个同学的手里。另外，当我需要给其他同学讲解规则的时候，你就负责帮我讲解。如果这两项工作你都完成了，我就会额外奖励你5个魔币。"鹏鹏一听，眼睛一下子就瞪圆了，他的精神头也来了。"老师，真的吗？太好了，我最喜欢给你当助手了，从什么时候开始啊？"我看到鹏鹏热情高涨的样子："当然是越快越好，就从现在，今天开始行吗？"鹏鹏听了我的话"腾"的一下子从座位上站起来。那天鹏鹏就像被注入了新鲜的血液，认真地帮我分发活动需要的物品，上课也特别积极地表现。在一天结束结算魔币时，没有加我额外给他的魔币，他也远远超过魔币第二的同学稳居魔币榜第一的位置。那天鹏鹏终于领到了心仪已久的小汽车，他兴奋地跑到我的身边："老师，你看啊，这辆小汽车多棒啊，比前两天的都好，我就是要这种会变形的。"从那天起，鹏鹏表现得越来越出色了，每次都可以拿到魔币第一。最后一天，鹏鹏拿着一个手指灯走到我面前："老师，今天，在我后面的一个同学太想要小汽车了，我就把小汽车让给他了，我领了这个手指灯，你看也不错呢，照在墙上就会出现喜羊羊的头像。"看着鹏鹏可爱的笑脸，我的心暖洋洋的。孩子是多么单纯啊，你就稍稍地付出了一点，他们就可以有这么大的进步。

训练营结束后，我把鹏鹏的性格特征跟鹏鹏妈妈做了一个分享，把时间表和星星表的方法也教给了鹏鹏妈妈。鹏鹏妈妈诚恳地说："这个方法对鹏鹏真的挺好用的，这几天参加训练营，他回家后表现得特别好，而且让他做什么事情都会很积极主动，不像以前总是抱怨。"

在对鹏鹏进行追踪时，妈妈一直都说他表现得十分积极。直到一个月后鹏鹏妈妈打来电话。"老师，现在鹏鹏有点不听话了，他表现得不像刚开始制定时间表时那么积极了。他现在写学校的作业写得很快，我就让他多写点其他的作业，其实根本花不了太多的时间，他在刚开学的时候15分钟之内就都写完了额外的作业，可是最近他总是拖到晚上很晚都要上床睡觉了还写不完。这样他以前有的将近一个小时的自主时间也没有了。"听着鹏鹏妈妈焦急的声音，我问："鹏鹏最近得的红星数量也比以前少了吗？""是啊，是啊，以前他一个星期能得40多颗小红星呢，可是最近才得二十几颗，时间表里面的很多项内容都完不成。"我继续问鹏鹏妈妈："那以前得到的小红星鹏鹏换到过礼物吗？"鹏鹏妈妈说："他第一周就换到了他想要的小汽车，后来都没有换到。"我诧异地问："已经过去一个月，也就是四周了，鹏鹏只有第一周换了礼物，那其他三周得的红星怎么没换到礼物呢。"鹏鹏妈妈叹了口气："我也想让他换礼物，可是他的红星没攒够啊，一个乐高的拼插玩具我们是规定要300颗红星才能换到的。"我大概意识到了问题所在，继续跟鹏鹏妈妈确认："乐高玩具可以订成大礼物啊，小礼物是每星期都要换到一次的，换完小礼物的星星在大礼物那边还可以累计使用啊。"鹏鹏妈妈说："哦，这样啊，我还以为不行呢，其实鹏鹏也不是特别想要乐高玩具，他每周就想换那个小汽车。那种小汽车特别廉价，看着就劣质，我不想让他玩那个，所以他后面要换小汽车的时候我就给他换成乐高玩具了。"鹏鹏妈妈的回答果然让我的想法得到了确认。我知道鹏鹏为什么没有动力了，他无论怎么努力都挣不到他想要的小汽车，鹏鹏觉得挣红星没有意义了。我引导鹏鹏妈妈："鹏鹏挣红星的动力是因为礼物单上有他喜欢的小汽车，可是你私自把小汽车换成了你认为好的玩具，这个肯定影响了鹏鹏挣红星的积极性。"鹏鹏妈妈听了我的话还是特别纠结："老师，可是我就让他每周都换那个小汽车吗？我不想让他把辛苦挣来的红星换那么劣质的玩具啊。"我轻声问鹏鹏妈妈："鹏鹏妈妈，你告诉我一个你最喜欢吃的零食。"鹏鹏妈妈一愣，"我喜欢吃薯片。"她下意识地回答。我继续对鹏鹏妈妈说："从下个月开始，你公司的老板给你发工资的时候，明确告诉你，你不可以用钱买薯片这样的零食，你必须用钱买蔬菜和水果，而且你每花一次钱就得跟老板汇报你买的什么。你会有什么感觉呢？"鹏鹏妈妈停顿了一会儿，若有所思地说："你是说鹏鹏的红星就相当于我挣的工资，他有权力决定怎么花，是吗？"我立刻称赞鹏鹏妈妈："你真是一个聪明的妈妈，鹏鹏现在就喜欢小汽车，而且按照你们最初的约定，只要他挣够红星就可以换礼物单上的礼物，如果你先不遵守约定，孩子也可以不遵守约定啊。当然，如果你想让孩子玩些别的东西，那要先从培养他的兴趣入手啊。"听了我的话，鹏鹏妈妈彻底沉默了。她有些不好意思地说："老师，是我错了，我要先做一个遵守约定的妈妈。"

放下电话，我长长地出了口气。我的脑海中又浮现出鹏鹏兴奋可爱的笑脸。我知道这个可爱的小男孩儿今天一定会得到自己喜欢的小汽车。因为他有了一个遵守约定的妈妈。

各位爸爸妈妈，当你发现孩子对礼物单上的礼物不感兴趣时一定要及时做出调整。

（1）家长要先自检，看看是不是忽略了孩子的需求，礼物单上的礼物不是孩子喜欢的而是家长想给孩子买的。

（2）如果确实是孩子的需求，儿童的兴趣持续没有那么久，过一段时间，家长要和孩子重新讨论礼物单，找到孩子新的兴趣点。

## 九、孩子执行时间表，而成绩不能提高怎么办

### 我是个学习不好的孩子

刚见到涵涵时她是个三年级的小学生，那天涵涵妈妈带着她来报夏令营。涵涵扎着一个可爱的马尾，看着我的眼神有点躲闪。我低下身子主动跟涵涵打招呼："涵涵，你好啊。"涵涵好奇地打量着我，但是她没有讲话。往妈妈的身后稍微躲了躲。涵涵妈妈看到涵涵没有跟我打招呼，有些不太高兴。"这孩子，叫老师好啊，怎么这么大了还这么不懂礼貌。"听了妈妈的话，涵涵垂下眼帘，低下了头。涵涵妈妈一看到女儿这个样子就更着急了："真是的，又低着头、驼着背，都说过你多少次了，女孩儿站没站样、坐没坐相。"涵涵妈妈讲个不停，随着涵涵妈妈的话，涵涵把身体缩得更厉害了。涵涵妈妈看着我说："老师，你看这孩子，我就不喜欢她这一点，长得也挺好看的，但是就

是不大方，而且特别没有自信，她真是……"看着涵涵缩得越来越紧的身体，我特别心疼，及时打断了涵涵妈妈的话："涵涵妈妈，我可以先跟涵涵聊聊吗？"涵涵妈妈听了之后点了点头："老师，我希望孩子参加你们的夏令营，她就是胆子太小，自己不敢去，你帮我引导引导她。"

我走到涵涵身边，背对着涵涵妈妈。涵涵看着我还是有些紧张，我立刻拿出了我的绝活，把嘴巴嘬得小小的，做出了一个小鸟嘴的鬼脸。涵涵扑哧一下子笑了。我把手伸向她："我叫卷卷飞，是魔法学校的校长，你愿意陪我参观一下我们的游戏室吗？"涵涵好奇地看着我，我知道她一定被我引起了兴趣。她慢慢伸出自己的小手，放到我的手心里。抓着她柔弱的小手，我知道涵涵已经向我敞开了她的心。

来到游戏室，涵涵还是乖乖地站在那里，四处打量着。我问她："咱俩在这里面玩一会儿吧，你喜欢什么呢？这里有棋类、各种纸牌，还可以画画、折纸。"涵涵过了好半天才轻轻地说："你喜欢玩什么呢？我都行。"我笑着说："涵涵啊，卷卷飞特别想玩你喜欢的游戏，你来帮我们两个做选择吧！"涵涵又沉默了好一会儿，小声说："我可以自己画会儿画吗？"我立刻回答："当然可以啊，那我可以在旁边吗？"涵涵点了点头。在动笔前她思索了一小会儿，然后慢慢地一个小女孩儿的形象就出现在了纸上。作品完成后，涵涵把画拿给我看。我立刻鼓励和肯定了她："哇，画得太传神了，你画的是小女孩儿在超市购物吗？"涵涵笑着点了点头。"这个小女孩儿穿的裙子真好看，要是我能有一条就好了，哇，这超市的货品也太丰富了，这薯片还是品客的，你怎么画得这么精细啊，好美慕啊。"涵涵听着我的话，脸上的笑容越来越深。"老师，你会画画吗？"我特别遗憾地摇了摇头："我从来都很美慕会画画的人，我完全不会。"涵涵说："你画一个试试吧！"我为难地看着她说："我可以画的，但是我画得如果特别难看，你能别嘲笑我吗？"涵涵笑着伸出手拍了拍我的胳膊："我一定不会的。"我拿起笔慢慢开始画，边画边念叨："一个丁老头，欠我俩鸡蛋，我说三天还，他说四天还。四天还没还，跑了一大圈，买了三根韭菜，花了三毛三……"随着我的话，一个不怎么好看的丁老头的形象出现在画纸上。涵涵可能觉得我画得实在是太难看了，刚要笑，又想起了对我的承诺，赶忙用手把嘴捂住。她特别认真地看了看我的画说："老师，其实你画得挺可爱的，而且刚才那个口诀很有意思，你可以教我吗？"我再一次感觉到了孩子的善良，他们是多么擅长发现别人的优点啊。我特别开心地抓住涵涵的手说："我可以教你口诀，但是老师也想请你教我画画，可以吗？"涵涵笑着使劲儿点了点头："好的，老师，我去跟妈妈说，我要参加你们外面住宿的夏令营，这样我就可以有时间教你了。"孩子兴奋地跑出游戏室，大声地走到妈妈身边说："妈妈，我决定去参加住宿的夏令营了。"涵涵妈妈坐在凳子上惊讶地看着女儿，有点不敢相信。"你得出去自己住，你知道吗？"涵涵点了点头，"知道。"涵涵妈妈还不相信地追问："得住四个晚上。"涵涵仍然坚定地点了点头，"知道。"涵涵妈妈还不死心，"你要离开妈妈，你难道不想……"我及时打断了涵涵妈妈的话："涵涵，你去游戏室玩一会儿，好吗？我跟妈妈聊10分钟。"涵涵妈妈特别崇拜地看着我说："老师，你们真的是魔法学校。你在房间怎么引导的涵涵啊，这么一会儿她就跟变了一个人儿似的。我在家怎么说她都不愿意去。你看她这么小出去，行吗？"我微笑地看着涵涵妈妈，"你的担心我特别理解，就像你说的，你希望孩子自信独立。刚才的涵涵是不是有些让你惊讶？"涵涵妈妈点了点头："是，她从来没有这么大声、肯定地说出过自己的想法。"我点了点头："这是不是就是你说的有自信的一个具体的行为表现呢？"涵涵妈妈认真地点了点头："我特别希望她在哪儿都可以这样自信。"我笑着看着涵涵妈妈："那我们就一起信任孩子吧，信任是给孩子最好的礼物。"涵涵妈妈听了我的话，沉默了好一会儿，恍然大悟道："老师，刚才我真不应该说那些话，幸好你打断了我。"

　　涵涵如约参加了我们的暑期训练营，在外面我发现我第一眼看到的涵涵完全不见了。涵涵在第一个魔法家族的活动中就在小队脱颖而出。他们小队的队名是精灵队，涵涵在小队的队旗上画了几只美丽可爱的精灵。这些可爱的精灵瞬间征服了其他的小队成员。在推选小队长时，涵涵竟然全票通过当选为小队长。在课间涵涵走到我身边："老师，我现在教你画画吧。你想学什么呢？"我想了想说："我想学习怎么画出小精灵。刚才我看你们小队的队旗上画了很多，我猜是你画的吧。"涵涵开心地点着头。边教我画画边跟我说："老师，我被选为小队长了，小队长怎么才能当好啊？"我看着涵涵露出有点担忧的神情，反问道："涵涵，你觉得做什么就是一个好的小队长了呢？"涵涵认真地想了想说道："老师，我觉得只要为小队同学多做事情，帮助小队的辅导老师把小队活动做好就是一个好的小队长。"我立刻用夸张的语气鼓励和肯定了涵涵的回答："你说得太具体了，我们就按照你说的去做，怎么样？"涵涵使劲儿点了点头，我们两个在空中击掌。然后一起开心地大笑起来。我知道一颗自信的种子已经种在了涵涵的身体里。

　　在接下来的营队活动中，涵涵的小宇宙彻底爆发了。她每天都积极配合小队辅导老师的工作，小队同学有什么需要帮忙的，她都热情地提供帮助。在一次捕鱼的活动中，他们小队在第一轮捕鱼最少。小队的同学在讨论中互相埋怨。涵涵对大家大声地说："我们想想怎么才能赢吧，这不是才第一轮嘛。"涵涵的话及时扭转了小队成员的情绪。他们想了很多办法，怎么样才能捕到更多的鱼。在接下来的两轮捕鱼活动中，他们小队稳扎稳打，最后取得了总成绩第一名。涵涵和小队的每个成员开心地击掌。望着神采飞扬的她，我的眼眶稍微有些湿润。孩子真的是最有潜力的，你只要信任他们，给他们机会并且鼓励他们，他们真的可以还你一个奇迹。这才是真正的涵涵，以前那个胆怯不自信的小姑娘只是被强势的妈妈压抑出来的。夏令营结束后，我跟涵涵妈妈又做了一次交谈，我把时间表和星星表的方法教给了涵涵妈妈。刚开学的第二个星期，涵涵妈妈就给我打来了电话，说涵涵进步特别大，上课认真举手发言，而且还变得爱说话了。时间表也执行得特别好，涵涵特别喜欢红星，每天结束，她都认真结算自己的红星。

期中考试后的一天，我又接到了涵涵妈妈的电话，电话里涵涵妈妈的声音特别低沉。"李老师，最近我真的头疼得要死。涵涵的老师经常给我打电话，说孩子在学校里，上课不认真听讲。听着听着会把脚跷到桌子上去，这是在小学一年级都没有发生过的状况。可能是上课注意力不集中，所以孩子写作业也很磨蹭，而且每次都不主动写。在班里期中考试也排倒数几名。现在由于我工作很忙，总是没有时间接孩子，所以都是爷爷奶奶去接她。早上出门的时候，孩子答应得好好的，说回家一定先写作业，可是等到我下了班回家，看到孩子又在那里看电视。

"我只能赶紧看着涵涵写作业。在写作业的时候，尤其是数学作业，有时候一道题要给涵涵讲好几遍，她听不懂了还发脾气。这样一来，等她所有的作业写完，就该上床睡觉了。有的时候我还有耐心，有的时候我工作太累了，看到她发脾气，我也烦得要死，那时候我们就会爆发战争。她现在还不如以前乖巧时候的她呢，学会顶嘴了。有时候她会大声喊：'反正我就这样了，我怎么做都学习不好，我就是个学习不好的孩子。'"

听了涵涵妈妈的话，我知道孩子和妈妈现在都进入了一个恶性循环的状态。我理解地对涵涵妈妈说："你最近一定特别着急吧，想想看刚开学的时候，涵涵还特别积极地挣红星,现在还在执行时间表吗？"涵涵妈妈沉默了一会儿："老师，我最近有点忙，时间表没有坚持。"我跟涵涵妈妈说："孩子最近在学校和家里一定没少被批评吧，她接收到的都是负面的信息，所以正面的言语鼓励和星星表的物质鼓励可以让孩子有成功的体验。时间表和星星表一定要重新开始，我们这段时间的目标就是只看孩子的优点，多鼓励孩子。"

过了两个星期，涵涵妈妈又给我打电话，仍然十分焦虑："李老师，方法没用啊。涵涵最近还是不爱复习，每次让她复习一下生词，不到三分钟她就说看完了。然后我一听写，她就得错20%。然后我又让她看，她又看不到三分钟，又说会了，一听写，还得错一些。你说，她就不能完全看会了，才让我给她听写吗？而且，在学校里面，脾气也很大。有一次当面顶撞了老师，后来还主动跟老师承认错误，去道歉。你说，她怎么这么以自己为中心啊，想发脾气就发脾气，事后还去跟老师道歉。早知道这样，当初为什么要发火呢。她怎么还是这样啊，我真担心，她期末考试还考班里倒数几名。"

耐心地听完涵涵妈妈的叙述，我问了一句话："那涵涵最近的作业完成得怎么样？"涵涵妈妈说："最近作业都写得很快，而且都是在我没回家之前，主动写完的。"我说："那你有没有言语鼓励孩子，给她红星，并且按照我们的约定送给孩子红星应得的奖励呢。"涵涵妈妈声音稍微有些迟疑地回答说："没有。"当时我就提醒涵涵妈妈："记得两个星期前，你给我打电话的时候，孩子还不能完成作业。现在不仅完成作业了，而且还是主动完成的。这不是孩子创造的奇迹吗？她的进步是多么大啊，她已经完成了两个星期前我们制定的目标了。"涵涵妈妈听了我的话一下子沉默了，一会儿才说："老师，你这么说还真是的，就连涵涵的老师也打电话跟我说她作业质量提高了很多。数学作业我回来检查的时候，几乎都是全对的。"涵涵妈妈说完这句话陷入了沉思："李老师，我知道了，孩子已经在进步了，我得回去鼓励她。"

那个期末，涵涵考得很好，妈妈打来电话激动地说："老师，这次期末考试我一点都没帮涵涵复习，我就是按照你说的办法鼓励她，肯定她。坚持做时间表和星星表，她的作业做得越来越顺畅，期末考试很自然就考得很好了。"

我们的爸爸妈妈都希望孩子不断进步，但是爸爸妈妈们，我们的孩子已经在进步了，你们看到了吗？真心地希望爸爸妈妈保护好孩子那种进步的热情。只要我们有足够的耐心、爱心，再配上合适的方法，我们的孩子一定会还给我们一个奇迹。

亲爱的爸爸妈妈，当你们发现孩子成绩没法提高时，请做以下调整。

（1）先看看最近时间表和星星表是否还在坚持，如果没有，请重新开始。如果一直坚持，请减少时间表的任务量，让孩子尽量多得红星，重新获得成功体验。

（2）多鼓励孩子，减少对孩子的批评，言语的鼓励和星星表的物质鼓励同时进行，可以起到事半功倍的效果。

## 十、孩子总忘记时间表怎么办

### 好甜的巧克力

第一次见到洋洋是在公司训练营的招生讲座上，洋洋爸爸带着洋洋一进来，我就被这个长着一双乌黑眼睛的小男孩吸引了，他的眼睛是那么有灵性。那天就只来了洋洋一个同学，我带他来到游戏室，然后向他介绍自己："你好，我是魔法学校的校长，我的名字叫卷卷飞。在这个游戏室里面，所有摆在桌子上的玩具都是可以玩的，除了这些还可以折纸、画画，看这里的课外书。"洋洋转动着黑黑的大眼睛看着我说："我叫洋洋，上一年级，你们魔法学校是干什么的啊？"我笑着说："我们魔法学校是学习魔法的。"洋洋有些疑惑："魔法？那能做什么呢？是能把一栋大楼变没了吗？"我看着洋洋那充满稚气的小脸儿，笑着说："你说的是魔术吧，我们的魔法可不是这样的，我们的魔法可以解决很多同学的问题。例如，有一个同学他胆子特别小，不敢在大家面前表演节目，结果参加了魔法学校之后他可以在全校的会演中表演了。"洋洋听了我的话若有所思地点了点头，随后他的眼睛一转："那学习你们的魔法可以让我吃到好吃的糖吗？我特别喜欢吃糖，可是爸爸说只有我表现好才能奖励我，不让我多吃。"我使劲儿点了点头："当然可以啊。"听了我肯定的回答，洋洋一下子来了精神："真的啊？我能参加你们魔法学校吗？"我上下打量了一下洋洋，"那我可得考验考验你。我先给你讲一个故事吧，小彩椒的故事。"

"从前啊，喜羊羊伯伯的菜园子里面种了很多的蔬菜，有白菜、萝卜、青椒，还有西红柿。大家都快乐地生活在这个园子里面。但是有一个小彩椒，它比较特殊，它的身体是彩色的，和大家都不一样。小彩椒因为自己的特殊总是被其他的蔬菜嘲笑，它们总是对小彩椒恶作剧。小彩椒变得越来越不开心了。有时，它还独自流泪……一天，灰太狼来偷菜，小彩椒想了一个特别棒的方法帮助了菜园子，赶跑了灰太狼，结果整个菜园子的蔬菜都对小彩椒改变了看法……"洋洋完全被故事吸引了。随着我的故事，他时而挠挠头，时而叹口气，有时候还哈哈大笑。当听到小彩椒最终被其他蔬菜认可时，洋洋脸上露出了开心的微笑。

"洋洋，你觉得小彩椒是不是特别会解决问题啊？"洋洋点了点头说："我在我们学校也是特别会解决问题的，我们老师都是这么说的。"我接着问他："洋洋，那现在卷卷飞要给你出个难题了，看你能不能解决。刚进游戏室，我跟你说在这里都能玩什么呢？"洋洋挠了挠头，他向四周看了看，然后对我说："桌子上的玩具都可以玩，还有课外书都可以看。还有折纸和画画。"我立刻鼓励和肯定了他："洋洋，你真的说得又快又准确，你是怎么记住的呢？"洋洋听了我的鼓励特别开心。"其实吧，我开始都忘了。我往旁边一看就看到了桌子上的玩具，还有彩笔和纸，我就想起来你刚才跟我说的话了。""哇，你可真是一个会解决问题的同学，我觉得你已经具备了参加魔法学校的资格，因为你是一个会解决问题的同学。"洋洋得到了肯定，开心得不得了。那天我还跟洋洋一起玩了折纸，洋洋特别认真地跟我学习怎么折小纸盒，怎么折兔子鞋。

过了大概一个星期，工作室接到一个家长的电话要找魔法学校的校长。很少有家长这样称呼我的。当我接到电话之后，那边一个爸爸恳切的声音传入耳内："你好，请问你是魔法学校的校长吗？"我笑着回答："是的，我是魔法学校的校长卷卷飞。"对方听了我肯定的答复后说："太好了，我是洋洋的爸爸，上周带孩子去你那里听过讲座。洋洋回来就跟我不停地讲你给他讲的故事，还教我折纸。我的孩子刚上一年级就成了学校鼎鼎有名的人，老师都对他特别头痛，他经常和同学发生冲突，可是上个星期，他就像换了一个人一样。学校的老师特别惊讶地问我，孩子是不是参加了什么训练，我想来想去，他念念不忘的就是你们这里了。"爸爸用略带激动的声音诉说着，"老师啊，听完讲座我还在想这到底对我的孩子有没有用，现在我觉得你们真的是一个魔法学校，太神奇了。卷卷飞校长，你对我的孩子影响太大了，我决定参加你们的训练营，但是开营前，我可不可以再带孩子去你们那里玩一下，哪怕半个小时也好，我觉得只要我的孩子待在你们那里就会被你们的神奇气场影响到。"听了洋洋爸爸的话，我的心里一阵阵温暖，脑海里面立刻又浮现出了那双黑亮的眼睛。

洋洋参加训练营了。他特别活泼和聪明，立刻就和其他的同学玩在了一起。可是没过多久就有同学过来告状："老师，洋洋打人。"我观察到洋洋最大的问题就是手上的动作特别快，他和两个同学一起玩棋，一个同学要悔棋，洋洋立刻用手去拽那个同学，"不能悔棋，我们都说好的。"洋洋的力量很大，那个同学被拽急了，也用手要去推洋洋。我立刻阻止了他们。"老师，洋洋打人。"另一个同学立刻告状。洋洋根本不知道发生了什么，茫然不知所措地嘴里还念叨着"不能悔棋，我们都说好的"。我把洋洋带到另一个房间："洋洋，你听到刚才和你下棋的那个同学说什么了吗？"洋洋点了点头："我没打他，我们都说好了不能悔棋，我就是不想让他悔棋。"我完全相信洋洋的话。然后看着他说："你还记得这里有一个规则吗？不经他人同意不能随意……"我故意停顿了一下。洋洋立刻接着说："不经他人同意不能随意触碰别人的身体，拿别人的物品。"我立刻鼓励和肯定他："洋洋，你对规则记得特别清晰，我要奖励你一个魔币。那你怎么才能做到不随意触碰别人的身体呢？"洋洋想了想：

"下回我就直接跟他说，不用手去碰他。"我点了点头表示同意，"这是一个方法，那如果你说话前就用手去拽同学了，你忘记了怎么办呢？"洋洋想了想："老师，我一定使劲儿记住，如果我又那样了你就让我'冰冻'（站在原地一动不动）吧。""好，我跟他约定好，如果这个方法不好用就要回来'冰冻'一分钟，然后还要再想一个办法。如果方法还不好用，'冰冻'的时间就要两倍。但是如果今天你想了一个好用的方法，除了奖励你 3 个魔币之外，在今天活动结束前我要给你一个惊喜。"我们俩拳头对拳头轻碰了一下，这是我和洋洋独有的做约定的手势。

洋洋出去了大概 5 分钟，就挠着头进来了。"老师，我刚才又拽同学了，第一次我都忍住了，可是说了之后他不听，我才拽的他。拽的同时说的话，我是来'冰冻'的。""洋洋，你真是一个诚实守约的同学。为你的诚实守约我要奖励你一个魔币。"洋洋"冰冻"之后，"老师，我刚才又想了一个方法，我要是一想动手，就挠自己的头，一挠头我就想起来了。""这个方法不错，那要是你说他还不听，你都着急了呢？"洋洋想了想："那我就来找老师，在老师身边待一会儿再回去。"我跟着洋洋走出房间，站在他的身边和他一起下棋的同学都不知道洋洋为什么走了，显然刚才洋洋拽他没有让他有任何的反感，还天真地问："洋洋，你为什么走了啊？"我在旁边观察，我发现洋洋真的是努力在管自己的手，他的手几次都要伸向同学，最后都抓住了自己的头发。实在和同学说不通了，他就跑到我身边，"卷卷飞，我得跟你待一会儿了。"这一天，洋洋就这样反反复复地训练自己，每次我发现他要忍不住时就走到他身边，拍拍他的肩膀，鼓励他："洋洋，我一直在观察你，我觉得你的方法到现在为止都特别好用，加油。"这样，洋洋就会情绪平稳一会儿。

那天洋洋终于没有再和任何一个同学发生肢体上的冲突，在活动要结束时，我把洋洋叫到身边。因为洋洋特别喜欢吃甜的东西，经过洋洋爸爸的同意，我专门为他准备了一粒从法国带回来的巧克力作为额外惊喜。"洋洋，你今天想了一个方法管住了自己的手，总结一下就是一个小口诀，'动手之前先动口，动口之前先举手'。我要把这个方法放到魔法学校的宝典里面，分享给其他同学，你愿意吗？"洋洋开心地问："动手之前先动口，动口之前先举手。是有很多同学都能看到吗？"我肯定地点了点头。"按照约定，我要给你惊喜了，请把眼睛闭上。"洋洋闭上眼睛，长长的睫毛还在一动一动的："老师，什么惊喜啊？"他满脸都是期待地追问。"是世界上最好吃的东西，你现在把嘴巴张开，一定要张得大大的，这个好吃的可大了。"洋洋兴奋极了："老师，是糖吗？我最喜欢吃糖了。"边说边把嘴巴张得大大的。我故意渲染气氛："你准备好了吗？嘴巴已经张到最大了吗？"洋洋拼命又张了张嘴，然后点了点头。我轻轻地把那一大粒巧克力放进了他的嘴巴里。洋洋立刻张开了眼睛："哎哟哎，是巧克力。"他含着巧克力说了一句，然后立刻闭上嘴开始细细品味巧克力，他那享受的表情真的是让人难忘。那一粒巧克力洋洋吃了好久好久，吃完之后他变得特别安静，就那么坐在那里，一会儿舔一下嘴唇，一会儿微笑一下，一会儿又轻轻吸口气，然后捂住嘴巴，但是就是不讲话。第二天洋洋告诉我："卷卷飞，昨天那块巧克力是我长这么大吃到的最甜巧克力，我都不愿意讲话，我要闭上嘴巴不让那个甜味跑走。"我这才知道昨天吃完巧克力，洋洋沉默的秘密。

训练营结束后，我把时间管理的方法介绍给了洋洋爸爸。让他把洋洋和同学和睦相处这一条放在时间表里面，星星表里的奖励也一定是洋洋喜欢的才可以。洋洋爸爸回去一个星期就打来了电话："老师，洋洋特别喜欢这个星星表奖励制度。因为他一表现好就可以挣到小红星，我跟他约定好每天一次可以用10颗红星换到他喜欢吃的巧克力。他现在挣星挣得可积极了，每天他都特别享受这个巧克力时间。"

过了一个月，我又接到了洋洋爸爸的电话："老师，这两周我发现洋洋总忘了时间表，忘了让我给他加星星，而且挣星也不那么积极了。在学校里面又有了和同学发生冲突的现象。"我问洋洋爸爸："洋洋现在每天还有巧克力时间吗？"爸爸回答说："他好像对巧克力也不是那么感兴趣了，最近一段时间我比较忙，都是妈妈在帮忙执行这个时间表，我也不清楚到底怎么回事。所以我现在都不用巧克力作为奖励了，当他情绪不好的时候，我就提你的名字，我发现这个对他有神经调节的作用。老师，你能跟他聊聊吗？我觉得他肯定听你的。"

我跟洋洋爸爸约定好，再次会员活动的时候把洋洋带来。会员活动的早上，我正在跟一些家长讲话，突然听到一个稚嫩的童音："卷卷飞。"一转身正对上洋洋那黑黑的眼睛，我突然发现自己好想这个小男孩，就蹲下身子，张开臂膀。洋洋向我飞奔过来，一下子扑到我的怀里。我用力搂紧他，说："我好想你啊，洋洋。"洋洋趴在我的肩膀上轻轻地说："我也好想你。"当我再次看到那双黑眼睛时，我发现里面竟然有晶莹的泪花。我的心狠狠地震颤了一下，旁边的家长和洋洋的爸爸妈妈都静静地望着我们，时间仿佛凝结在那一刻。我和洋洋说着悄悄话，洋洋开心地笑着。"你看看老师是怎么跟孩子沟通的，你就知道骂孩子，要不就溺爱他。"洋洋爸爸对旁边的妈妈说。我把洋洋带到另一个独立的房间，"洋洋，我听爸爸说你挣了好多好多的小红星，是吗？"洋洋自豪地说："是啊，我还吃了好吃的巧克力了呢。""真的啊，那你现在还爱吃巧克力吗？""当然爱吃了，巧克力是全天下我最爱吃的东西，而且现在爸爸忙，妈妈都不怎么管我，我想吃多少就吃多少。不过，还是那次在你这里吃的那颗巧克力最好吃。"哦，我一下子就知道了洋洋为什么最近总是忘记时间表了。我婉转地跟洋洋爸爸妈妈做了一个沟通，"孩子如果不挣红星就能吃到巧克力就不会积极挣星了，只有通过努力挣到自己想要的东西，成就感才会强。"

各位爸爸妈妈，当你们的孩子总忘记时间表的时候我们要注意：

（1）孩子想要的礼物是不是不用红星就能得到。

（2）家长是不是忘记对时间表的监督。

各位爸爸妈妈，我们有了孩子就有了问题和希望。我相信我们的爸爸妈妈都希望孩子成功，其实成功并不像我们想象的那么困难。我曾经看过一篇文章。1965年，韩国一位学生到剑桥大学主修心理学。在喝下午茶时，他常到学校的咖啡厅或茶座听一些成功人士聊天。这些成功人士包括诺贝尔奖获得者、某一些领域的学术权威和一些创造了经济神话的人，这些人幽默风趣，举重若轻，把自己的成功都看得非常自然和顺理成章。时间长了，他发现，在国内时，他被一些成功人士欺骗了。那些人为了让正在创业的人知难而退，普遍把自己的创业艰辛夸大了，也就是说，他们在用自己的成功经历吓唬那些还没有取得成功的人。

作为心理系的学生，他认为很有必要对韩国成功人士的心态加以研究。1970年，他把《成功并不像你想象的那么难》作为毕业论文，提交给现代经济心理学的创始人威尔·布雷登教授。布雷登教授读后，大为惊喜，他认为这是个新发现，这种现象虽然在东方甚至在世界各地普遍存在，但此前还没有一个人大胆地提出来并加以研究。惊喜之余，他写信给他的剑桥校友——当时正坐在韩国政坛第一把交椅上的人——朴正熙。他在信中说，"我不敢说这部著作对你有多大的帮助，但我敢肯定它比你的任何一个政令都能产生震动。"

后来这本书果然伴随着韩国的经济起飞了。这本书鼓舞了许多人，因为它从一个新的角度告诉人们，成功与"劳其筋骨，饿其体肤""三更灯火五更鸡""头悬梁，锥刺股"没有必然的联系。只要你对某一事业感兴趣，长久地坚持下去就会成功，因为上帝赋予你的时间和智慧够你圆满做完一件事情。后来，这位青年也获得了成功，他成了韩国泛业汽车公司的总裁。

各位爸爸妈妈，现在你们对孩子的成功是不是有了希望。教育孩子也需要一定的技巧，并且需要坚持的。那么我们就看看下面小故事里面的人是如何通过坚持获得成功的：

　　有一个人经常出差，经常买不到对号入座的车票。可是无论长途，还是短途，无论车上多挤，他总能找到座位。他的办法其实很简单，就是耐心地一节车厢一节车厢找过去。这个办法听上去似乎并不高明，但却很管用。每次，他都做好了从第一节车厢走到最后一节车厢的准备，可是每次他都用不着走到最后就会发现空位。他说，这是因为像他这样锲而不舍找座位的乘客实在不多。经常是在他落座的车厢里尚余若干座位，而在其他车厢的过道和车厢接头处，居然人满为患。

　　他说，大多数乘客轻易就被一两节车厢拥挤的表面现象迷惑了，不大细想在数十次停靠之中，从火车十几个车门上上下下的流动中蕴藏着不少提供座位的机遇；即使想到了，他们也没有那一份寻找的耐心。眼前一方小小立足之地很容易让大多数人满足，为了一两个座位背负着行囊挤来挤去，有些人也觉得不值。他们还担心万一找不到座位，回头连个好好站着的地方也没有了。

　　听完我的故事，爸爸妈妈一定明白了"坚持"的重要性。为了我们孩子的成功，就让我们从时间管理的小技巧着手吧。只要我们坚持，并且方法得当，我们的孩子都会是炫目的明日之星。豆豆妈妈与你们一起加油！

第九章

# 时间管理成功案例

## 案例一：磨蹭拖拉的瓜瓜学会了时间管理

瓜瓜是个 9 岁的小男孩儿，两只小眼睛虽然不大，却也咕噜咕噜地转着，透出一股灵气。他个头适中，外形健壮，很多第一次见到他的人都会觉得这是一个聪明伶俐的小男孩。

可是接触多了，你会发现，3 年级的小学生了，怎么说话还用叠音。例如，你问瓜瓜："哎，你吃饭了吗？"他会说："我吃饭饭了。"所以，当瓜瓜妈妈在 50 分钟的咨询中皱着眉头没喘气地抱怨她这个儿子时，我倒也不觉得意外了。听了半天，似乎最让瓜瓜妈妈生气的就是磨蹭、拖拉，没有一点时间观念。

好，现在咱们就一起"听听"当时的录音回放，原音重现瓜瓜妈妈的部分抱怨（始终是慷慨激昂的主旋律）："瓜瓜写作业磨蹭啊，我们上的是寄宿学校，当时就为了让孩子更独立，养成学习好习惯。周五接回家后从晚上 8 点开始写作业写到 10 点，周六再从早上 9 点写到中午 12 点。最长的一次是，周六又从早上 9 点一直写到晚上 11 点。他根本就不是写，而是坐在那儿跟你耗呢。你要是没不错眼珠地盯着、嘴里不停数落着，你就看吧，他一会儿抠手，一会儿玩橡皮，抠着、抠着，还能把桌子贴面给抠起来。老师反映上课不听讲，数学能听 30 分钟，语文 20 分钟，英语也就 10 分钟。最近刚考完期中考试，全班倒数第二，数学 86 分，语文 75 分，英语 69 分。怎么弄啊？"

伴随着瓜瓜妈妈幽怨的一声长叹，咱们先按下"暂停"键吧。毕竟光说问题不行，咱们还得一起看看怎么解决这些问题。我和瓜瓜妈妈确定的首要目标就是训练后让瓜瓜能够有效地进行时间管理，彻底解决磨蹭的问题。

### 第一次训练：建立自信——"我能行!"

瓜瓜第一次来到豆豆妈妈工作室的时候，我先给瓜瓜布置了一个任务："挑选一个主题，并将与主题相关的玩具按自己的想象摆成一幅作品。"瓜瓜很快就行动起来，乐呵呵地挑了"家"的主题并按要求摆了作品。中间有些玩具的摆放和人物之间的对话我都特意和孩子一一确认，确保我能正确理解他的创作本意。坐在一旁认真观察孩子的我，慢慢在脑海中勾勒出对瓜瓜的初步印象："很不自信，对自己所做的事总是犹豫再三，不能把握；注意力很容易分散，目标感很弱；完全没有时间观念。"对瓜瓜的时间管理训练也就针对这些方面按照难易程度逐级开始了。

瓜瓜把"家"的作品摆好给我看，并给我讲了一个非常有趣的故事。我先举起手中的笔，假装话筒，向瓜瓜抛出第一个问题："请问瓜瓜同学，你对自己的作品还满意吗？"瓜瓜脸涨得通红，低着头、斜眼睛瞟了我一眼后，迅速将目光转向自己的球鞋，然后用低得不能再低的声音，非常羞涩地回答："不知道。""不知道是吧？那你觉得这个作品有什么优点，说出一个优点，加一个魔币，挣来的魔币一会儿下课后就能换你喜欢的礼物了。"看得出来，瓜瓜很纠结，最终魔币占了上风。瓜瓜似乎暂时忘记了自己的羞涩，虽然声音不大，我却听得非常清楚："（1）写了一个大家庭；（2）描述了每一个人正在干的事情，有人在楼下做饭，有人在喝茶，还有人泡澡，还有人在玩耍；（3）把家具摆在具体的位置上；（4）我摆的作品非常自由，也很开放；（5）名字都很有创意。"

瓜瓜一口气儿连着说了5个，我不由暗自感叹你真的不知道孩子的潜能有多大！所以，我马上非常大声地告诉瓜瓜："哇，你真了不起，可以做出这么棒的作品，又有创意，描述了每一个人正在干的事情，最棒的是你刚才说虽然新家很乱，但是你能一天就把它整理好，你真能干！我觉得还有两个优点，可是我不知道你是不是同意，如果你同意，我们就再加两个魔币。第六个优点是非常真实，你把班里同学都编进作品中了；第七个优点是你中间用了很多成语，如承上启下、天高云淡等。你同意吗？"瓜瓜的小脸儿泛着亮光，两只小眼睛充满了灵动的喜悦，频频地向我点头，一下、两下……

此训练目的是为孩子制造"我能、我行"的成功体验，为后面制定时间表做准备，因为信心决定了一个孩子的做事动力。当孩子对事情开始有控制感，他的态度逐渐会从消极的态度变得更加积极，例如，"这么多作业，我写不完了"或是"真倒霉，老师为什么要留这么多作业"变为"我来看看怎么能把作业写完，先写哪个，后写哪个呢？"大量实践证明，孩子的态度决定了他的行为。无数次听到小学生的家长或者老师说："他能干，就看他想不想干了。要是说玩儿，他动作快着呢，一点儿都不磨蹭。"

## 第二次训练：训练孩子的时间观念

早上9点，瓜瓜蹦蹦跳跳地走进游戏室。我兴奋地冲着瓜瓜说："瓜瓜，你上次任务完成得那么出色，我准备交给你一个新的任务。""什么呀？"正在换牙的瓜瓜豁着牙，一脸喜色地看着我问，显然，他已经准备好了迎接新的挑战。

"瓜瓜，咱们今天一共有180分钟，我看看你能不能把咱们玩耍和写作业的时间都找出来。来，试试看。"说着，我将白纸和签字笔递给瓜瓜。瓜瓜的小脸儿似乎正在"晴转多云"。我立即兴奋地告诉他："嘿，你先写作业或者先玩耍都可以，如果你这次选择先玩耍，只要作业写完了，你猜怎么着？下次你还能继续这样做。为什么？你超级守信啊。当然，如果今天没写完，下次来的时候，没办法，你就得听我的了，我让你先写作业，你就只能写完再去玩耍了。"瓜瓜的情绪似乎又在向"晴天"偏移，大声说："好。"瓜瓜脚下生风，小跑着去书包里找出作业记事本，然后开始在白纸上列出语文、数学、英语、军旗、作品等所需的时间。小家伙若有所思，一边想一边慢慢地在纸上写"英语：30分钟，数学：40分钟，语文：40分钟，作品：20分钟，军旗：30分钟，自由时间：20分钟"。然后以最快的速度放在我的手上。我大声地告诉瓜瓜："非常好，就像咱们约定的一样。接下来告诉我，你最想先做的事儿，然后干什么，按照1、2、3、4、5、6等把标号写在这件事的前面。"瓜瓜10秒不到就递给我。我坐在一边继续我的观察，并按照瓜瓜的时间表倒计时，按照每件事的预计时间提前10分钟、5分钟、3分钟提醒孩子，最后还有10秒时我大声鼓励瓜瓜和我一起倒数。然后我请瓜瓜把做完的事用自己的方式删掉，瓜瓜很满意地在那项上面画了大大的对钩。就这样，瓜瓜还真是按照我们的约定一件一件完成了自己的时间表。

此阶段的目的是让孩子自己制定、实施时间表并确定优先次序。在实践工作中，我发现很多小朋友对时间没有概念，不知道5分钟是多少。我们当时的对话也很有趣："那你怎么知道你的时间到了？""我不知道，妈妈来催我了，我就知道时间到了。"难怪有时会听到家长抱怨，我孩子考试时答不完题，他还挺委屈，没写完老师就把卷子收走了。

### 第三次训练：训练孩子完成作业的速度

又是周六的早上，听到门铃响，我知道我等的孩子来了。果然是他们母子俩，妈妈还没进门就忙不迭地告诉我（看她一脸春风，我知道肯定是好消息）："瓜瓜上周五一放学就已经把数学作业写完了，这是从来没有过的，第一次啊……"一旁的瓜瓜也是美美地听着妈妈的赞扬，连他的半颗牙也跑出来"看热闹"了！

我拉着瓜瓜的小手走进游戏室，一关上门我们就先来"give me five"（击掌相庆）。接下来我故意苦着脸，探着头冲瓜瓜说："上周你赢了，所以我不能让你先写作业，还是得按照你说的，先玩后写作业。"一旁的瓜瓜早已按捺不住地兴奋起来，得意洋洋地冲着我吐舌头。看瓜瓜顽皮的样子，我扑哧一笑，递给他白纸和笔并告诉他："老规矩，拿记事本列清单、排序。"

看瓜瓜小小的身影忙碌着，我继续坐在边上观察。和上次不同，我今天还有一个非常重要的任务。因为昨天瓜瓜写作业时，我发现室外有声音或者门铃响时，瓜瓜都会伸着脖子往外看或者看着在写作业但是笔已经不动了。所以，我故作神秘地问瓜瓜："你一定想挣多多的魔币，然后去换多多的礼物，对不对？"我发现随着我的话，瓜瓜的小眼睛也持续闪闪发亮，然后咧着嘴频频点头。

"好，那我马上就给你 10 个魔币，因为我相信你今天完成作业前一定能不受外面的声音影响，头不抬，手不停，眼睛盯着作业。如果你受影响一次，我会减一个魔币，看你今天离开游戏室的时候还能剩几个魔币。我相信你一定能做到，对吗？"

瓜瓜大声地说："我能！"在瓜瓜写语文作业时，还真有人按门铃，看得出来，瓜瓜的第一反应又是伸脖子、停笔，嘴里还着急地问："谁呀，谁呀？"我很平静地看着瓜瓜说："哦，你还有 9 个魔币。""哎呀，我忘了，别扣啦，我知道了，求求你了。"瓜瓜回过神来着急地说。我微笑着看着瓜瓜，只是重复了一遍刚才的话。瓜瓜低下头开始赶作业，直到最后写完。各位能想象一下吗？瓜瓜居然提前了 20 分钟写完作业。我故意超大声地说："天哪，怎么会提前这么长时间呢？（说话间，我还"故意"揉了揉自己的眼睛），然后拖长声音说："嗯，难道是……难道是表坏了吗？"再看原本端坐在椅子上的瓜瓜，他早已笑得前仰后合，本来用来捂嘴的手也慢慢滑下……

此训练的目的是训练孩子集中注意力，一次只干一件事，提高完成作业的速度。

### 第四次训练：训练孩子完善作业质量

又到周六我和瓜瓜"约会"的日子，我早早爬起来，疾步赶到办公室。我心里十分肯定，瓜瓜将带给我更大的惊喜。

听到门外的铃响，急促又不间断，肯定是瓜瓜按的，我暗自思忖，脚步已滑向门口。接下来就是我和瓜瓜百玩不厌的"老游戏"，这个游戏总是能让瓜瓜兴奋不已，而这无疑也给我们后面的学习开启了一个良好的开端：我故意一边快速、不断地扭动门把手，一边大声说："嗯，怎么打不开呀，怎么办，怎么办。瓜瓜，你从外面扭门把手，用劲点。"然后，我和瓜瓜都很卖力地重复相同的动作大约1分钟。之后，我偷偷地拧开门上的小锁，并且大声喊："瓜瓜，加油，再使大点劲。"门一下"突然"被撞开，我和瓜瓜大笑着紧紧地拥抱在一起。

进到游戏室后，我拿了白纸和笔递给瓜瓜："老规矩，列出你要做的事以及需要的时间，最后按你喜欢的顺序排序。"瓜瓜洋洋现在可是轻车熟路，3分钟不到就已经把一张字迹清楚、计划完整的时间表交给我。看着眼前这个已经颇有些自信的小家伙，我不禁心里感叹："你永远不知道一个孩子的潜能有多大。"随后，我嘴里吐出的一句话也让瓜瓜洋洋得意地开始实施他的时间表："瓜瓜，你现在厉害啊，3分钟不到就能搞定了，真快！""瓜瓜，稍等一下，我和你说，我发现你上次任务执行得相当棒，你不仅提前完成了作业，还给自己多找了20分钟玩的时间。所以，我今天要给你一个超难的任务，看你行不行。这个任务难，所以，魔币数量加倍。""什么呀，什么呀？"瓜瓜急切地问（显然，瓜瓜的"胃口"已被大大地吊了起来）。"你今天写完作业后，我会问你检查完了没有？你自己检查完了作业以后交给我，如果全对，我每项作业给你6个魔币。如果有错，你能1次改对，你会有4个魔币；如果第2次才改对，你将得到2个魔币。如果第3次才改对，你有1个魔币。听懂了吗？"瓜瓜又兴奋起来，大声说："好！"哇，带着激情写作业的孩子就是不一样，瓜瓜的小眼睛也闪着亮光，小人儿说干就干，头早已经埋下去，盯着手里的书和作业了。意料之中的是，瓜瓜写完作业就直接交作业给我了。我只说了一句话："瓜瓜，你检查完了吗？""噢，对了，我还没检查呢。"也就是迅速地扫了一遍，瓜瓜就开心地说："我都检查完了。"我什么都没说，请瓜瓜按他的时间表去玩，我则守在角落的一个方桌上开始逐项检查瓜瓜的作业。然后，我轻声唤瓜瓜过来坐下。还没等我开口，瓜瓜已经脸上带着些许失望，急切地问："怎么啦，怎么啦，有错是吗？"我笑眯眯地看着他说："对，有 3 个错误。现在去找吧，1 次就能全改对还能加 4 个魔币。"瓜瓜迅速地拿着作业开始认真地找起来。此起彼伏的声音不时传过来："啊，我找到了。我又找到了。"可是，很快再听到的声音却像轮胎突然被扎，慢撒气般地传过来："第 3 个在哪儿啊，我找不着，我就是找不着，我怎么都找不着。"瓜瓜开始苦着脸、两条眉毛拧在一起，和我玩"苦情计"，"露露飞，你告诉我嘛，求求你了，在家我妈都告诉我具体在哪儿。"我微笑着摇头。瓜瓜又换一计："你要是不告诉我，我下周就不来了，哼。"我还是笑着看着他："我很希望你来，但是如果你不能来，我也会尊重你的决定。我们先来完成今天的任务，我知道你能行。"（最后一句话，我有意加重了语气，说话的同时，两眼坚定地看着他，因为我坚信眼睛可以传递力量和信心）。瓜瓜也真是聪明的孩子，当他发现他的"惯用伎俩"不太奏效后，马上又埋头找起来。突然，我听到了激动的声音："我找到了！"显然，瓜瓜被自己居然能找到这么难发现的错题"惊"着了，当然，是个大大的"惊"喜！无言的默契中，我们伸出双手，举过肩，从后往前开始推，嘴里大声喊："一、二、三、四"，当我们数到"五"时，四目相对，两只手紧紧地叠在一起……

### 第五次训练：训练孩子提高学习效率

这是瓜瓜的最后一次训练。一进游戏室的门，放下书包，瓜瓜就开始在桌上已经准备好的白纸上飞速（一点都不夸张）做完时间表。准备埋头写作业了。我请瓜瓜先等一下，先把生词本、黄冈小状元、每日一练等各种作业本拿给我。我特意找出作业中有"优 *"或者"优"的部分，一本正经地问瓜瓜："哎，为什么这个老师给'优 *'，你怎么做到的？"接着，我又连珠炮似的抛出一堆问题："老师说你现在上课的注意力都能达到 20 分钟了，你都怎么做到的？数学作业里尽是优啊，你怎么做的？"

瓜瓜嘿嘿笑着，想了一会儿，然后特别认真地开始总结：

（1）家庭听写本。看书时就要认真。如果遇到不会的词，就复习三遍。

（2）上课听讲。眼睛睁大、睁圆，看着老师，手放在桌子上，认真听讲。

（3）生字本。如果你觉得字写得不好看，就擦了重写，直到写好为准。

（4）数学的秘诀。乘法很难，要背口诀，就想我一定要考好，所以我一定要背熟。每道题都写乘法竖式，口算本一直练。除法的秘诀是一次算对，把数倒过来算。如果有余数，草稿纸上要列式子；认真读题，看清是乘，还是除。

（5）英语课上 10～20 分钟的注意力集中的秘诀。积极发言，有什么活动你都积极举手；背单词，晚上听磁带，要做到常听，常说。

很显然，瓜瓜对自己能"掌握"这么多的"秘诀"洋洋得意，小肚子挺着，两只小眼睛笑眯眯的。接下来的作业时间，瓜瓜就更是像上满了弦似的，全力冲刺。作业和作业之间居然是"零秒间隔"。最终，瓜瓜不仅提前 40 分钟写完了作业，而且自己检查后的作业也是一次通过。我知道此刻任何语言都是多余的，所以，直接递给瓜瓜 6 个魔币。我们最后一次的咨询也在瓜瓜的惊呼"耶"中结束。

当我和瓜瓜妈妈分享瓜瓜的努力时，她也忍不住低叹一声："完美的结局。"

此训练的目的是引导孩子有意识地在学习、生活中自己总结秘诀，从而提高学习效率。笔者在和多位重点小学班主任老师的沟通中，老师们都强调了孩子生活和学习之间的紧密联系，例如一个早上赖床、吃饭穿衣磨蹭的孩子，通常也会存在写作业磨蹭的问题。

### 案例二：爱走神的芸芸注意力更集中了

芸芸妈妈一看见我，就迫不及待地告诉我："我这孩子是夸着长大的，别的家长、老师现在夸我的孩子，我已经不那么兴奋、骄傲了。我每每听到这些话，心里都发毛。""嗯？"（我有意在此停下我们的谈话并提出心中的疑问，我知道往往不正常的现象后面都会有些不为人知的深层原因，而解决问题的"钥匙"也往往藏在其中）"唉，我小的时候和我孩子一样，聪明伶俐，大家都觉得我将来一定不同凡响，可以说就是在赞扬声中长大的。可是，你知道今天的我一事无成，完全辜负了我的父母、朋友、家人的期望。所以，我很希望我的孩子能够和我一样天资很好，但是长大以后可千万别像我一样，没有任何成就。你知道，没有成就，就谈不上做人的尊严。所以，我都怕人家夸。我今天赶过来，有个更火烧眉毛的事儿要让你给拿主意呢！上学期我的孩子被学校老师选入乐团，本来是件好事儿，但是我发现训练占了孩子大量的时间，我就担心以后升入高年级怎么办？如果需要花大量的时间在乐团，孩子的精力、身体及其他方面的发展，包括体育活动时间根本就无法安排，休息时间也无法保证。孩子是不想退，但是我们坚持和老师提出退出乐团，结果老师一再坚持，说我的孩子在音乐方面极具天赋，非常喜欢这个孩子，一直都在重点培养，希望她留在乐团。说实话，我们也不想得罪老师，你看，将来对升学也有一定的帮助。可是，这训练占用了大量的时间和精力，每周周三、周四、周五下午放学都得集训，再加上每周周六整个下午，如果有演出，当天还不能上课，每个寒暑假除了过年一礼拜，都得训练。所以现在也就陷入了两难，又怕得罪老师，可问题是她的时间根本就排不开啊。其实也不是排不开，我们要求她晚上9点上床睡觉，但从下午3:30放学开始，作业、练琴、自由活动、吃饭、阅读等，她的时间总是无法合理安排，每天睡觉严重超时。我们这孩子啊，哪儿都好，就是太磨蹭。"芸芸妈妈抱怨了诸多问题之后，开始慢慢放松下来，和我确定给芸芸的一对一训练目标：（1）芸芸能够合理地安排时间并能约束自己，最理想的状态就是不耽误学习的情况下还能参加学校乐团排练；（2）改掉粗心的坏毛病；（3）别再磨蹭。

### 第一次训练：建立自信——"我能行!"

芸芸看起来乖乖的，樱桃般的红唇，礼貌而又清晰地吐出三个字："老师好。"两个小辫子弯弯地垂在胸前，红色毛线裙的裙裾随着孩子走路，轻舞飞扬。我们一问一答的对话方式，也很是有趣：

"芸芸，你喜欢画画吗？"

"画画？喜欢啊！（芸芸的小眼睛里迸发出喜悦的光芒）我最喜欢画画了。"

"哦，我现在给你一张白纸和一桶水彩笔，五颜六色的哦，请你画一个大大的水族馆。看看你想让谁（海洋动物）住在你的水族馆里。"

我话音未落，芸芸已经迫不及待地拿笔在白纸上画起来。哇！正中间的居然是一条大鲨鱼，怒目圆睁，正张着血盆大口，六颗锋利的牙齿上三颗、下三颗，很是对称。更奇怪的是鲨鱼上排的第一颗牙已经碰到了一条小鱼的脑袋，小鱼随时会被吞下去。一眨眼的工夫，鲨鱼已经被小天使涂上了深蓝色。接下来看到的更是令人不可思议，离鲨鱼不远的地方，有两条小得不能再小的鱼似乎相依为命，紧紧地靠在一起。小鱼身上涂满了荧光绿色。旁边不远处，一个长得长长弯弯的东西和一条稍大点的橙色鱼挨在一起。虽然之前见过很多幅小朋友画的水族馆作品，但是这幅实在给我留下了深刻的印象。整个构图完全不成比例，鲨鱼的位置高高在上，身体比例也超出其他海洋生物的几十倍。为什么？带着心里的疑惑，我请芸芸来揭谜底。

"芸芸，超美的水族箱一定也有个超有趣的故事。"

"是啊，这个蓝色的是条大鲨鱼，就是妈妈。下面的这两条小鱼是我和爸爸。旁边那个拄着拐杖的是爷爷。爷爷每天什么都不干，就是看他的金鱼。"

"哦，妈妈最常对你说的一句话是什么？"

"写完作业了吗？"

"妈妈最常对爸爸说的一句话是什么？"

"你回来。"（妈妈推开楼上的窗户，冲着已经下楼的爸爸大声喊）

"爸爸最常对妈妈说的一句话是什么？"

"干吗？"（爸爸低着头烦躁不已，但又必须回去，只能小声叨咕一句）

我倾心听着孩子的故事，芸芸的训练计划也在我的脑海中逐步变得清晰起来。

## 第二次训练：训练孩子的时间观念

我请芸芸坐下后，先开口说话："芸芸，我会给你一张白色的 A4 纸和一大盒五颜六色的彩笔，36 种颜色呢！"芸芸的嘴瞬间呈大大的 O 形，欢呼雀跃着："哇，36 种颜色，真的吗？太棒了！"我微笑着点头，继续说："接下来，我会请你在白纸上列出今天你想做的事情，咱们一共有 3 小时，180 分钟。写作业和玩的时间都需要算进去。好好算算每项作业都需要用多长时间。"说到这儿，突然发现芸芸的眼中闪过些许迷茫，我马上停下来，等她开口。"可是，我不知道每项作业需要多少时间？"芸芸疑惑地问。此时我也非常好奇，想一探究竟："那你在家写作业的时候怎么知道你用的时间。"孩子没有任何声调地小声回答："我也不知道，妈妈来催我了，我就知道时间到了。"我有些意外，但是芸芸还等着我呢，并不容我多想："好，芸芸，我们来玩个游戏，就叫猜猜看。你先在白纸上列出所有你想干的事情，一共有 180 分钟，然后你猜猜看，像天气预报一样，预测一下每项作业需要的时间。然后你看着表开始计时写作业，做完一项你再看表，看看实际用掉的时间和你预测的　样不一样。多出来的时间就全是玩儿的时间。你猜对一项或者提前完成了，我会给你一个魔币。"旁边的芸芸眼睛亮亮的，摩拳擦掌，似乎已经要跃跃欲试了。芸芸想一想，写一写，大约 10 分钟后，孩子的时间安排已经跃然纸上了，依稀可见右侧的时间预测还有些蝌蚪样的小黑点和橡皮擦过的痕迹。我知道这对于第一次自己安排时间的芸芸来说也真有些犹豫、拿不定主意。所以，我大声地肯定芸芸："太棒了，你这么快就做好时间表了。在开始执行任务前，咱们先对表。你今天先看墙上的大表，晚上回家我会请妈妈给你买一块电子表，下次执行新的任务前，你就可以用自己的表和我对时间了。"芸芸一脸笑意地扬起小巧的下巴看时间，一字一顿地说："现在是 9 点 10 分。"接下来的画面就更有趣了，芸芸一边飞速地从书包里掏出英语作业本，一边拿起铅笔，大叫："开始。"芸芸就趴在桌子上认认真真地开始写作业。终于听到了她兴奋的大叫声"写完了"。再看一眼表，9 点 55 分："用了……用了（我猜芸芸的小脑袋里一定飞速转着 55 减 10），45 分钟。呀，我赢了，我计划的是 60 分钟。提前了 15 分钟。"接下来，芸芸似乎愈战愈勇，我仔细看了一下，所有的作业都在 11 点 20 分前完成了。

### 第三次训练：训练孩子完成作业的速度

今天的芸芸可是有些特别，虽然已经列好计划，并且开始写作业了。但是，她坐在那儿开始不停地挠头发，一片又一片的头皮屑飘下来落在她的书本上。"嗯，这可是个新问题。"我盯着芸芸看了足有 5 分钟，心下暗自思忖："之前没听她妈妈说她有头皮发痒的问题啊，可是看她手挠的样子和小脸上的痛苦表情似乎很严重。生理上的问题？皮肤病？几天没洗头发？"我一个疑问一个疑问地开始排除。突然，我开始尝试着从芸芸的角度重新考虑。芸芸上的是寄宿学校，一周五天都在学校住宿、学习。好不容易回家，周六不能睡懒觉，一早被揪过来写作业。能不烦吗？烦得直挠头皮，合理啊。心里有了主意，当下开口："芸芸，我突然觉得我和妈妈做得不对。"话刚说完，芸芸已经停下了挠头皮的手，看我一眼就低下头，可是微微张开的小嘴似乎想说，自己有些小小的惊讶，大人从来不会说自己错了。我继续说："你看，你在寄宿学校一个星期，已经很累很累了。可是周六还不能睡懒觉，还要到这儿来写作业，真是的。"芸芸的小脸儿有些微微发红，有点儿心事被我说穿，但又不知自己能不能说出心里话："就是这样的。"接着，我说："芸芸，你有两个选择，一个是继续现在这样，9 点到 12 点；另一个是 12 点到下午 3 点。你来决定。"看得出芸芸已经涨红脸，鼓足了勇气，可说出话来的声音却还是小小的："那就第二个吧。"我大声地说："好啊，就按你说的时间，你妈妈那边我来说。"这时再看芸芸，她小脸儿放光，举起刚才挠头皮的手，做了一个 V 形手势，嘴里大声说："耶！"然后，我看着她飞速转过身去开始写作业，似乎突然想起了什么，向后转身看表，自己给自己鼓劲，像上周一样，大声喊："开始。"

让我们两个最终兴奋不已的是，虽然刚才的小插曲——挠头皮风波占用了一些时间，但是她玩的时间并没有减少，也就是说，芸芸写作业的时间比上次还快了 15 分钟。

## 第四次训练：训练孩子完善作业质量

离 12 点还有 10 分钟时，门铃就开始叮叮咚咚地唱起来了。不用猜，一定是芸芸母女。果然，门刚打开，芸芸妈妈的笑脸已经迎上来了，后面跟着芸芸，也是一脸的春意盎然。

芸芸拉着我的手进了游戏室，一进门就迫不及待地向我报功："你知道吗？我今天的作业就只剩下数学、英语和一小点儿语文作业了。我在学校已经快把语文作业写完了。还有，中午吃饭前还把一篇日记也写完了呢。"我早已经眉开眼笑，却还故作矜持，假装很严肃地捧着她的脸看："咦，你是我认识的那个芸芸吗？眼睛和嘴巴都像。你知道吗？上周来了一个小孩儿也说自己叫芸芸，一让她写作业，她就开始挠头皮。哦，我明白了，那个是假芸芸。真芸芸跟她可不一样，又在学校写作业，又在吃饭前写日记。下回那个假芸芸再来捣乱，咱们就把她踢出去，好不好？"一旁的芸芸早已乐不可支，咯咯笑着，时不时还捂一捂肚子。我话音没落，她已经假装飞起一脚，嘴里还叨咕着："对，踢出去，哈哈哈哈，笑死我了。"

芸芸笑过后，开始在桌上认真地写时间表。我坐在芸芸左侧，和她耳语："哎，芸芸，你上周干得不错呀，比第一次还快了 15 分钟。我准备给你增加一个挑战级别。由于任务比较难，所以，分值也非常高，最高是 6 个魔币，但是你能不能都拿到，我就不知道了。"芸芸叽叽喳喳地靠过来："什么呀，什么呀？你说嘛。"我故意停顿了 1 分钟。芸芸又接着求道："说嘛，说嘛，露露飞，求求你了。"我缓缓地开口："今天你写完作业，自己先检查。你觉得没问题了再给我。我再检查，发现全对，马上就给你 6 个魔币。如果有问题，你还有机会拿回去重改。第一次就改对了，给你 4 个魔币。如果还有问题，第二次改对了，给你两个魔币。如果还有问题，第三次改对了，也还有 1 个魔币。"芸芸将左手举起来扬在空中，我赶快接招，将自己的左手迎上去。一拍即合！小姑娘又摩拳擦掌地忙碌起来。

我坐在一旁等着芸芸的作业，也仔细观察着，我知道第一次自己检查就全对，几乎是不可能完成的任务。芸芸写完直接就交给我。我眉头一皱，很快就放松下来，轻声问："作业检查完了吗？"芸芸想都没想，马上说："查完了。"我什么都没说："好，检查完了，对吧？那我就按咱们刚才的约定办了，最高是 6 个。"突然，芸芸开始抢我手里的本："等等，我再看看。"我笑不作声，任由她拿回去。她看得很仔细，鼻子尖都快贴到本上了。5 分钟后，她再次把本塞到我手里："这回没问题，你看吧。"我认真看了一遍，还是发现有错，因此把本给她。看得出，芸芸有些小小的失望："啊，还有？""嗯，一共还有两个。"两分钟后芸芸像发现了新大陆似的，大声指着本儿说："在这儿，在这儿。"我赶快俯下身问："哪儿呢，哪儿呢？你怎么发现的？""哦，我就又算了一遍，到这儿的时候发现不对。露露飞，还有一道在哪儿？你告诉我吧。"我平静地告诉她："我知道你一定找得出来。"芸芸不甘心，继续游说："我妈妈就告诉我。"我再次平静地重复："我知道你找得出来。"芸芸无奈，只好继续找着，两分钟后，开始有点着急："没有，没有，就是没有。"我平静地说："再找找吧，我知道你有办法找得出来。哎，用你刚才的方法，两个数再对一遍呢？"3分钟过去了，芸芸惊喜的声音传过来："啊，这个吧。我就看它不顺眼嘛，果然我再算一遍，就是它了。"芸芸和我好好算了一下，这次检查完作业以后，玩的时间也依然没有减少。天哪，也就是说，除去检查的时间，芸芸这次写作业比第一次快了30分钟。我和芸芸喜极，同时伸出左手，击掌相庆。

## 第五次训练：训练孩子提高学习效率

由于是周六，而且离12点还有半个小时，偌大的办公室除了我，空无一人。我必须承认，最后一次的训练是我最喜欢的，因为从以往的经验来看，孩子们将在这次厚积薄发，出现质的飞跃。

12点刚过，就听叮咚一声，芸芸和妈妈来了。芸芸还如往常一样，拉着我的手蹦蹦跳跳地走进游戏室。我跟在后面，没说一句话，只是睁大眼睛看她接下来会做什么。芸芸好像非常自然地进入自己的流程：先把书包放在桌子上，坐下来，拿起桌上已经摆好的彩色笔在A4白纸上做起时间表来。然后，自己从书包里取出书、作业本和笔开始写自己安排的第一项英语作业。一切进行得如此有条不紊，她还只是一个9岁的小女孩儿呢。我忍不住开始肯定她的出色表现："我注意看你很长时间了，你一直眼睛盯着书本，手一直没停笔，你写作业的时候太专注了。"芸芸这才微微抬起头，冲我憨憨地笑笑，然后就又埋头苦写了。

芸芸把做好的作业交给我，还特别自信地告诉我："我都检查过了，露露飞你查吧，肯定没错。"我笑着拿过作业，认真地开始检查，还真让孩子说着了，没有错误。我递给芸芸作业的同时，补上一句："没什么可说的，6个魔币一次全过。不过，我很好奇，你怎么检查的？一个错都没有。"芸芸有些小小的得意，笑着说："我有秘诀，不过我可以告诉你。你看，英语就是大小写一定区分好，K 占 3 格，小写的 k 是圆肚子，在倒数的第二格。背单词的时候要边读边写；数学也有秘诀，每个题审 3 遍，一道题一道题地检查，而且看着不顺眼的题还要问自己这个数字怎么来的。"我们两个几乎同时伸长脖子去看挂在墙上的表，时间和上次一样。接着，我马上大声告诉芸芸："虽然时间和上次一样快，但是这次可是全对啊，你真厉害！"芸芸显然对自己的表现也很满意，所以迎着我赞许的目光发自肺腑甜甜地笑了。

训练结束后的一个多月，有天早上在去中心的路上，突然收到芸芸妈妈发来的三条短信，其中一条这样写道："雨露老师，转发芸芸学校的两条短信。这两次考试芸芸都取得了第一的好成绩。虽然不是什么重要的考试，但关键是成绩的肯定加深了芸芸对自己的肯定。非常感谢你用这么好的方法帮芸芸找到并养成了适合她自己的学习习惯，也非常感谢你在芸芸身上倾注的耐心和精力。希望豆豆妈妈越办越好！"油然生起的满足感和成就感更坚定了我在这条"助人、自助"的路上继续走下去。同时，也不由想起我的老师——台湾著名亲子教育专家钟思嘉先生曾经对我说过的话："这些孩子都是蒙尘的珍珠，我们需要做的事情就是帮家长把珍珠上的灰尘掸掉，让珍珠发出应有的光芒。"

## 案例三：遇到问题绕着走的飞飞学会了挑战

"雨露老师吗？哎呀，还是我们同事给我你的电话呢，她孩子在你这儿训练过。"电话那头火急火燎地传来一位妈妈的声音。她急促的语调不由让我想起经常和孩子们一起玩的"噼里啪啦碰"游戏。不用问，又是一位被孩子折磨得不堪的家长，她简短、急促的声音仍在继续："我孩子上的是北京最好的小学，老师也当时托人反复确认是全校最好的老师——北京市紫金杯优秀班主任奖一等奖的获得者。你说偏碰上这么个不行的孩子，怎么办呢？"唉，一声长叹还夹杂着重重的呼吸。我想象着一位妈妈坐在桌前，拿着电话，双眉紧锁。想想也是，如果真的碰上这样"不行"的孩子，哪个家长能不心力交瘁呢？

似乎真紧急得有点儿迫在眉睫，很快我们就确认了隔天的咨询。90分钟的时间里，除了我偶尔需要确认的问题外，整个谈话都由飞飞妈妈"主持"，从飞飞生下来没人帮忙带开始，直到现在妈妈每天下午3点之前从来不敢答应别人的邀请，生怕接到学校老师的电话，需要马不停蹄地赶去飞飞的学校……飞飞的6个问题慢慢浮出水面：

（1）各科老师都反映孩子上课注意力不集中，班主任老师的课稍微好点儿，敲敲他的桌子，能好一会儿。

（2）遇到问题容易放弃，老想绕着走。寒假全家去泰国自由行，语言不通而处处受限，想着借此机会教育他一下，强调学好英语的重要性。他倒好，直接和妈妈说："妈妈，咱们以后出来旅行就去台湾，那儿能说中国话。"

（3）马虎、粗心大意。数学老师课间揪着他改错，趁老师不注意他就赶紧跑。

（4）学习不主动，写作业时家长就得在旁边盯着。

（5）没有上进心，老和班里差的同学比，一说就是谁还不如我呢。

（6）没有自信心，"我不行"经常挂在嘴边。

重新整理了思路之后，我开始和飞飞妈妈确认三大主目标：加强孩子学习的主动性及自信心；自己解决遇到的问题，改掉马虎粗心的毛病；注意力集中。飞飞妈妈似乎觉得我道出了她的心里话，身子不由自主往后靠了靠，舒了一口气，同时坚决地说："对。"

### 第一次训练：建立自信——"我能行!"

周五下午1点30分，悦耳的门铃"叮咚"响起之后，我赶过去开门。高大、略有些中年发福的飞飞妈妈和我轻声打招呼："雨露老师，我们来了。哎，你叫'老师好'啊"，说着有些不满地随手捅了飞飞一下。孩子似乎整个人都想藏在妈妈背后，听到妈妈叫他，才不得已露出黄色的小脑袋来怯怯地嗫嚅着："老师好。"当我慢慢看清飞飞时，有那么一瞬间我还是有些小小的惊讶，怎样的一个孩子啊。五年级的飞飞，看起来身高 1.3 米左右，学校发的黄色安全帽尺寸好像大了一号，扣在小小的脑袋上。等他终于走到我面前时，两眼满是气馁和失望。我一边尝试着用温暖的笑容融化这个可怜的宝贝，一边紧紧地拉着飞飞的手，慢慢走进游戏室。一进门，飞飞就把书包胡乱扔在地毯上，书包的带子也颓然无力地摊在地上。

我拿出男孩子们最喜欢玩的贵族棋。飞飞从我手中接过红色圆盒，仍是不和我的眼神有任何的交流。几十秒的沉默之后，他开始小声地读包装上的游戏规则。我在一旁静静地坐着看他开始玩棋，夹着旗子的右手食指和中指虽然常常有些迟疑，但是总还在一枚枚地从棋盘移到桌面。当最终棋盘上孤零零地剩下 3 枚棋子，无法移动时，飞飞突然自责般地小声嘟囔"我是个笨蛋"，并不再做任何尝试。

此情此景，我不免有些心疼这个敏感、自卑的宝贝。大脑充斥着一个强烈的声音："这个孩子眼下最要紧的是恢复他的自信心，飞飞必须相信自己能行，才有可能想办法去实现他妈妈和我确认的三大目标。"我决定马上开始游戏治疗，请飞飞选择一个自己喜欢的主题，并摆出一幅作品。我的目光也紧紧追随着飞飞的动作。当飞飞的眼睛最终定在玩具架上的恐龙时，飞飞脸上一种我无法想象的表情实实在在地映入我的眼帘：仿佛那是一个礼物，是个意外送上门来的惊喜包裹。跟着他的两只手好像也都不再慢动作了，15 分钟后一幅栩栩如生的恐龙激战作品跃然地上。趁着孩子的兴奋劲，我请他讲述他的作品。

我直视着他的眼睛，虽然他还是有些躲闪，但是看得出来，他对自己的作品很是满意。然后，我将麦克风伸到飞飞的嘴边，充满激情地大声问（我自信自己的笑容足够温暖）："哇，这个作品太棒了！怎么会这么有想象力。我可以知道你的名字吗？"飞飞似乎也感受到了我的真诚，看着我的眼睛说："我叫陈毅飞。"他脸上居然开始有些自信的笑容。"好兆头。"我暗自鼓励自己。接下来我趁热打铁，继续提问："请问陈毅飞同学，你觉得自己的作品有哪些优点呢？能说出一个优点，就有 1 个魔币。"魔币真的有魔力哦，飞飞这回的反应可是"超快"（与他自己刚才的反应比较），略做沉吟，就开始对着话筒说："（1）有成语；（2）想的破敌招数有技术含量；（3）想的招很帅；（4）招数威力都很大，攻击力很强；（5）命中率很强。没了。"我在大脑中飞速盘点刚才听到的故事，把话筒凑在嘴边说："我觉得还有两个优点呢：（6）快刀手速度很快，有惊人的力量；（7）有创意，化石最后是放在博物馆里。如果你同意，咱们也加魔币。"飞飞兴奋地、毫不犹豫地接话："同意。"

## 第二次训练：训练孩子的时间观念

接下来的周五下午，飞飞虽然是用只有我能听见的声音和我打招呼，但是他眼里闪出的亮光让我知道他和我一样都对游戏室将要发生的事充满期待……

飞飞拉着我的手进入游戏室后，紧紧地把厚重的木门关上，好像这里只是属于我们两个人的世界。"飞飞，今天可是有一个新任务需要你哟。"看着孩子自然垂下的眼皮，我知道，坏了，这个不确定的任务吓着他了。我赶快亮明态度："嘿，是咱们一起干的！""你看，我现在给你一张 A4 白纸，从现在到下课，咱们一共有 90 分钟，这么长时间，你可得好好计划一下咱们怎么能找出更多玩的时间，这样的话，让写作业的时间短，玩的时间更长。你一定有办法，我知道。"我故作神秘地点着他的太阳穴说："我一点就知道。"飞飞忍不住扑哧笑了，回我一句："露露飞（我的魔法名字），你骗人。"几分钟后，飞飞的时间表（也许是他人生第一张自己做的时间表）跃然纸上，新鲜出炉了。

90分钟

作品：13点30分～14点10分

写作业：14点10分～14点55分

魔币兑换：14点55分～15点

仔细地看过之后，我故作轻松地问飞飞："你想先写作业，还是先玩？"飞飞愣住了，脸上的表情也僵在那儿。眼睛睁得大大的，盯着我，似乎在问："你说笑话呢吧？"迟疑着，可还是鼓足勇气说："先……先……先玩。"我马上愉快地回应："当然可以，不过请注意如果你玩完之后，能在自己计划的时间写完作业的话，你猜怎么着？"我笑着向飞飞眨眨眼睛，等着他的回应。"不知道。"飞飞憨憨地说，两只眼睛仍直直地盯着我看。"下周你再来的时候啊，你还可以先玩，后写作业。你有特权。以后咱们全这样，这周决定下周是先玩还是先写作业。这事儿完全是你说了算。"飞飞胖胖的圆脸由于太过兴奋而憋得通红，亮晶晶的大眼睛、长长的睫毛扑闪扑闪地透着智慧的光芒。他看了一眼挂在墙上的钟表后，就直奔玩具架，开始搭自己的作品，随后抑扬顿挫地给我讲了一个"螳螂捕蝉，黄雀在后"的故事。接着，飞飞开始讲他作品的优点：（1）很具有想象力，能结合"螳螂捕蝉，黄雀在后"的故事编成这个故事！（2）摆得很好看！（3）故事非常有趣！（4）编的故事很长！（5）"隐藏"动词加得很好，变得很生动！（6）会想办法，让没地方装的玩具还可以装进去。我一边听，一边心里感叹，嘴里的话也不由自主地冒出来："你真是聪明孩子，我上周就说了一遍，你就都记住了，而且做得分毫不差！没啥可说的，直接加6个魔币。"飞飞有些小小的得意，顺手摘下自己的小黄帽，露出小脑袋。

飞飞一直在非常专注地写作业，甚至都没打开假扮的圣诞老人——我送来的甜蜜礼物的包装！只是在我往他口袋里装甜蜜礼物时，脸上一直憋着笑。

我不由感叹，"让孩子玩好，才能学好"，一点儿没错。

孩子提前 5 分钟写完了作业。我们击掌相庆，首战告捷！"下一次还能先玩后写，飞飞，感觉不错吧？"

### 第三次训练：训练孩子完成作业的速度

隔周的周五下午，"叮咚"门铃响起，气喘吁吁跑进来的是飞飞，而且笑着喊我"露露飞"后就自己继续跑步进入游戏室了。

意料之中也是我很期待的事发生了，飞飞主动从我手里拿走 A4 白纸，坐在桌前认真做起了计划。按照计划，飞飞自己手脚并用地开始设计、编排他的作品。我踮着脚，美美地听到一个更为美妙的关于疯狂赛车的故事。天哪，讲完作品后的飞飞像换了一个人，胖胖的圆脸笑呵呵的，左手还叉着腰，一副天下舍我其谁的表情，开始由衷赞叹自己的作品：（1）很搞笑，把半个地球都炸毁了！（2）比赛很激烈，一撞就转过头了！（3）必杀技太牛了，把地球炸了个洞！（4）结合了生活实际和科学幻想！（5）老是转播，不断换频道！（6）这可是实况转播啊！（7）从用过的材料中创造新的故事！（8）本来有一段特别想说"我不行"，可是没说，赶快想别的办法编辑作品！

后边准备执行时间表时，飞飞居然说要先写数学，因为那个比较难！哇，这对他而言，是很大的突破啊！飞飞居然提前 15 分钟就写完了作业，他当时的表情我特别难忘，他张着嘴，不敢相信但又不得不面对现实时，下意识地伸出他的小胖手，想用整个手掌捂住大大张开的嘴巴。

### 第四次训练：训练孩子完善作业质量

飞飞的训练已经进入倒计时了……根据以往的经验，往往第四次时，孩子和他们的家长总会渐入佳境，带给我很多意料之外的大惊喜。飞飞妈妈也不例外，一进门，就当着飞飞告诉我："英语老师以前说孩子磨蹭、懒，现在表扬孩子上课听讲注意力集中，能开始控制自己了。写课堂作业的时候，有同学故意逗他，他都能不理那个同学，继续写。我回家就问他呀，你现在英语课上怎么都能集中精力 20 分钟了？他说就是眼睛盯着老师，同学说话都不理。"飞飞妈妈说着说着，脸上的笑容早已情不自禁地呈怒放的菊花状了。一旁的飞飞看起来眯着双眼，很是受用哦。

像往常一样，孩子很快做好时间表后，拿给我看。我注意到，他特意加了一项：清理书包。由于今天需要完成的目标有些特殊，需要飞飞完成的作业质量要高。所以，我就请他自己拿出那几份得了高分的试卷，并且自己总结高分秘诀：（1）认真读题；（2）看题的单位名称；（3）单位不出错误；（4）认真抄题；（5）列竖式——计算用两个得数互相验算一下。

正是有了前面高分秘诀的铺垫，飞飞今天的作业检查得格外仔细，按照我们约定的 6-4-2-1 法则，他自己检查之后交给我检查。如果一次全对，给飞飞 6 个魔币。如果有错，孩子有机会改错；一次改对，4 个魔币；两次改对，2 个魔币；三次改对，1 个魔币。最终，虽然飞飞没有像上次一样提前完成作业，但是，他自己查错一项就获得了 4 个魔币。

## 第五次训练：训练孩子提高学习效率

今天的飞飞妈妈可是和以前都有很大的不同，不仅脸上化了淡妆，眉开眼笑，身上的衣服也是嫩绿色的套装，仿佛春姑娘的化身。这不，进门就举着手机给我念飞飞老师上周发的短信——李老师说："飞飞是班里几个能够上课积极发言的同学之一。"桑老师说得就更多了："飞飞这学期进步非常大，尤其是这段时间，数学成绩很高！飞飞每天在数学课上积极发言，每天 1~2 次！快期末了，我们数学需要做的题量很大，很多同学不能及时完成，可是飞飞都完成了，因为他能抓紧时间。"

接下来，飞飞妈妈喜上眉梢地告诉我这次希望杯虽然孩子一直走到了复赛，没进决赛，但是飞飞说："我明年还考。"飞飞妈妈特别高兴，因为这是以前从来没有过的。

飞飞一进游戏室就边从书包里掏卷子边小嘴"叭叭"不停地说："看看我这几个星期的战绩，两次数学都考了高分，一次还是满分呢！还有，我上周日不是去参加希望杯数学竞赛复赛的面试了嘛，我一点儿都没紧张，进去之前做了两次深呼吸，表现超好。特好玩儿，我面试的才艺不是表演魔术嘛，我表演完了，有个男老师让我给他揭秘，还说这样的话就给我加分。他说完，身边的女老师还用手捅了他一下。"

## 案例四：胆小不自信的美橙变得自信了

一个阴雨绵绵的周六的午后，一位孩子的父亲来访，自我介绍说是美橙的父亲。这位父亲金丝边眼镜架在清瘦的脸上，一身青色的中山装更显示出一位中国文人卓尔不凡的气质。美橙爸爸坐下来开始说孩子的问题，仍是不疾不徐、慢条斯理，只是在说到上周四他接孩子放学时发生的一件事时，他才微微皱起眉头："上周四我去接她放学，正好赶上她和同学在跳绳。我看着心里很难过，别的孩子都在高高兴兴地跳着、玩着，银铃般的笑声听起来悦耳极了。我的孩子呢，半天缩手缩脚地不敢跳，跳一下好像是怕错，赶紧再把脚收回来。偶尔也会发出笑声，可是，她分明是在假笑，似乎在刻意讨好谁。我看不下去了，所以，我想找你们看看，怎么办？"

"那现在让你特别困惑的是，或者说你急需想解决的问题是什么？"我直入主题，开始尝试和美橙爸爸明确孩子的训练目标。

"我觉得人不可能什么事情都比别人好，每个人都有自己的强项，但是美橙面对自己的弱项，总是逃避，连尝试学习的机会都不给自己，可能是太爱面子了，总怕学习的过程中被别人笑话。"美橙爸爸若有所思地看着窗外，慢慢诉说着。"听起来问题的根源还是出在自信心不足导致孩子不敢轻易尝试，总和不如自己的同学比较。"美橙爸爸边思考边点头表示同意。

### 第一次训练：建立自信——"我能行!"

周二下午如约而至的美橙父女脚步轻盈地走进中心。美橙柔软发丝下的瓜子脸上流露出 8 岁女孩儿的单纯天真，双唇饱满，犹如挂着晶莹露珠的鲜红草莓。咖啡色的毛衣裙下摆露出了穿在里面的湖蓝色雪纺绸衣裳裙角，如丝绸般在双膝上下飞扬，粉色的芭比娃娃书包上还别了一只造型可爱的粉色立体蝴蝶。"老师好!"美橙好听、清脆的童音问候之后，就乖乖地靠在爸爸身边。

我带美橙进入游戏室后向她介绍："美橙，你看这个游戏室里有 5 种主题：汽车、飞机、动物、家以及人，看看你最喜欢哪个主题。从中选一个主题之后呢，摆出你喜欢的样子。等你摆好后，请你告诉我，好吗?""好。"美橙很干脆地答应了。显然，孩子虽还有些紧张，但是那些放在玩具架上的栩栩如生的汽车、动物等更吸引她。我坐在地毯上静静地看着美橙。30 分钟后，一座精致的宏伟作品出现在美橙身后。"老师，摆好了。"美橙生机勃勃的大眼睛看着我说。"天哪，这么快你就建起这么大的作品。真了不起。你是怎么做到的?嗯，我猜这里面一定有个非常好玩儿的故事。美橙，讲给我听吧。我保证，谁都不告诉，行吗?"我故意用食指放在嘴唇中间，假装发出"嘘"的声音。美橙笑呵呵地点头答应了，开始讲述这个神奇的故事……

"哇，果然神奇! 谢谢你，美橙，带我进入一个太神奇的仙境。"我大声说。美橙甜甜地笑着，随后有些害羞地低下头用右手的中指玩弄左手的小指。我迅速换上行头，装扮成恐龙记者，采访美橙："请问，你对这个作品满意吗?""满意。"美橙有些兴奋地低声说，两个手指还纠缠在一起。"哦，那有哪些优点呢?"恐龙记者继续刨根问底。美橙抬眼迎着我充满鼓励的目光，鼓足勇气断断续续地小声说："嗯，（1）房顶上有马、熊、大象和小恐龙；（2）婴儿床上还有一只小狼；（3）仙境里有 10 个小士兵；（4）仙境的房子里居然长出了珊瑚和大树；（5）狮子那么重，它怎么跑到书柜顶上的，可是仙境里就能让它爬到顶上。""棒极了，一下就找到了 5 个优点，那我们就加 5 个魔币。"我边说边迅速换上便服，还原成露露飞老师。

### 第二次训练：训练孩子的时间观念

又是周二下午，美橙进了游戏室，她放下书包，就准备奔向玩具架。我笑眯眯地看着美橙说："稍等，美橙，我们今天有个新任务要完成哟。"美橙停下来，两只大眼睛好奇地看着我。"美橙，你看，这是一张 A4 白纸，这儿还有一罐五颜六色的水彩笔。好，想想看，我们今天都要干哪些事情，一共 90 分钟，你打算每件事给多长时间。然后，从彩笔罐里选一种你最喜欢的颜色写在白纸上。左边写要做的事情，右边写需要的时间。最后，请你按喜欢的顺序排列。"十几分钟后，也许是美橙人生中第一份自己做的时间表新鲜出炉了：

5 点 35 分～5 点 45 分，听写

5 点 45 分～5 点 50 分，写小卷子

5 点 50 分～6 点，预习第 14、15 页数学书

6 点～6 点 40 分，背诵

6 点 40 分～7 点 05 分，作品

美橙的时间表执行得很顺利，完全超出了我的意料。接下来的作品时间似乎是美橙的真正兴趣点。美橙兴致勃勃地主动和我说起她的作品。接下来，还没等我换好恐龙记者的行头，美橙自己就迫不及待地开口说起自己作品的优点了："露露飞，你看优点很多:（1）24 世纪的训练场真科技！（2）很科学，研究动物基因！（3）场面大！（4）动物排队去考试！（5）那些野生动物为什么不咬驯兽员呢？（6）一大一小一对儿的动物！（7）大老虎会说话！

（8）训练动物的特殊方式和做饭的小紫！（9）动物两旁的小士兵是监考员。"

美橙看着不断增多的魔币数，高兴极了。她怀里抱着今天换来的礼物，已经开始给自己定下一个目标了，声音有些亢奋，颇有些给自己打气的意思："我下次一定要把那个粉色的、梳着漂亮马尾辫的芭比娃娃带回家。"

### 第三次训练：训练孩子完成作业的速度

这个周二下午有些特别，美橙一见到我就奔过来，嘴里开心地嚷着："露露飞，抱抱，抱抱！"并像只热情欢乐的小狗般跳进我怀里。我也很是兴奋，把她抱起来，快速在空中旋转起来。几圈之后，我慢慢让美橙的脚回到地面上。之后，她拉着我的手进入游戏室。一进屋，美橙就掌心朝上，主动和我要白纸和彩笔罐。美橙拿笔的姿势帅极了，似乎她生下来就会做时间表。一边往白纸上飞快地写一边还自言自语地说："我今天得快点儿写作业，多找出点儿时间摆作品，太好玩儿了。"

5点35分～5点45分，听写

5点45分～5点50分，写小卷子

5点50分～6点，预习第20、21页数学书

6点～6点40分，背诵

6点40分～7点05分，作品

倒数第二项背诵做完了的时候，我听见美橙兴奋地尖叫道："啊，才6点11分啊，我都已经全部完成了今天的作业。"说完，美橙就直接冲到玩具架找她的恐龙朋友们去了。

虽然在最后兑换礼物时，美橙的魔币数没有挣够，没能把心爱的芭比娃娃带回家，有些许失望，但是，美橙依然信心百倍地说："下次，下次一定能。"

## 第四次训练：训练孩子完善作业质量

周二下午刚把游戏室的门关上，美橙就先告诉我一个好消息，老师今天当着全班同学的面表扬她，说："全班都要向美橙学习，她写得又快又好！"美橙说完，就张开双手，笑着看着我。我抱起她在空中旋转着，分享着孩子的喜悦。由于今天的训练目的是提高孩子作业的准确率。我先请美橙拿出那个老师表扬她写得又快又好的听写本。然后，请她总结为什么老师觉得她写得好。美橙歪着头，两只大眼睛骨碌碌转了转，开口说："因为我写得好啊，横平竖直，而且又一笔一画，又写得快。本来我们老师说给一节课，可以慢慢地写。梁老师读句子的时候开始抄，低着头检查，没下课的时候就检查完了。第一个交给老师，没有错字，所以老师全班表扬，说又快又好。"我握紧美橙的小手，双眼直视她的眼睛，认真地告诉她："美橙，你不仅能写得又快又好，还能总结出这么多秘诀，你棒极了！"孩子透亮的小脸蛋兴奋得有些发红。如往常一样，美橙准备在白纸上列时间表了。"美橙，今天你有一项特别任务需要执行。"我赶前一步和美橙说。"什么任务？"美橙扬着小脸问我。"哦，今天写完作业后，你自己先检查。你认为没问题了，再交给我。如果我发现全对，我会给你 6 个魔币，如果我发现有错误，你仍然有 3 次返回检查的机会。第一次返回检查后全对，给你 4 个魔币。第二次返回检查后全对，给你 2 个魔币。第三次返回检查后全对，你还能挣 1 个魔币。"

美橙今天的时间表上增加了 20 分钟的检查作业时间。

5 点 35 分～5 点 45 分，听写

5 点 45 分～5 点 50 分，写小卷子

5 点 50 分～6 点，预习第 25、26 页数学书

6 点～6 点 20 分，背诵

6 点 20 分～6 点 40 分，检查

6点40分～7点05分，作品

美橙顺利完成时间表，而且颇为自信地把几个作业本摞着堆在我的手上，那意思好像是"你查吧，没问题"。我心领神会地微微一笑，接过来认真地复查。"哦，哦，只有一处错误。"看了半天，我才发现一处。"哪儿呢，哪儿呢？"美橙着急地问。"我知道美橙一定有办法把它找出来。"我淡淡地说。"不能这样的。"美橙娇憨地拖长尾音说。我微笑着看着她，静静地等着她把那个错误找出来。美橙眼睛瞪得圆圆的，开始一个一个认真地用手比着找："找出来了。"美橙笑嘻嘻地拿给我。

## 第五次训练：训练孩子提高学习效率

想着一会儿放学就来的美橙，我此刻的心情还真有点儿复杂。这是我和美橙的最后一次训练，很快我就会把这个宝贝交回给她的爸爸，好像还真有些许不舍在里头呢。美橙亲热地给我一个"法式拥抱"后，就自觉地坐在桌前轻车熟路地写起时间表来。

5点35分～5点45分，听写

5点45分～5点50分，写小卷子

5点50分～6点，预习第30、31页数学书

6点～6点20分，背诵

6点20分～6点40分，检查

6点40分～7点05分，作品

坐在桌前，美橙的小身板挺得直直的，眼睛盯着本，下笔也如神助，飞快地在作业本上写着。"露露飞，你看，你看呀，还是6点11分，可是我今天连检查都做完了。给你本。你查吧，肯定没问题。"美橙叽叽喳喳地说着，同时把本递给我。我仔细查了之后，给了美橙一个结结实实的拥抱："天哪，你是怎么做到的？全对。一次6个魔币！""我就是手一直写一直写，眼睛盯

着书。最后检查的时候，我就把那个数字验算了两遍。如 70×8=560，我查的时候就用 560 除以 8，看是不是等于 70。""天啊，你可真有办法。"我摸着美橙的小脸儿，由衷地赞叹！

## 案例五：威胁家长的闹闹更合作了

"豆豆妈妈吗？我是闹闹妈妈，给你打了几次电话，都没找到你，急死我了，我一朋友的孩子在你这儿做过训练，她给我你的电话。我家这孩子可真要命，上课不听讲，老师读题的时候，大家都盯着书看，可他嘴里叼着铅笔东张西望，老师快读完了，他才开始低下头看题，结果是根本就不明白题意，没法做题，上课不专心，跟不上老师的节奏。"闹闹妈妈在电话里说着说着，声音也慢慢从高八度降下来。此时，虽和电话那端的闹闹妈妈从未谋面，但是我已经从电话线上接收到了太多的愤怒和无奈。问题总要面对和解决。于是，我们确认了三个训练目标：（1）放学回家后先完成作业再玩（或做其他事情）；（2）做作业时，不磨蹭，不做小动作，每次写作业时间都得坚持在40 分钟以上；（3）字迹工整。

### 第一次训练：建立自信——"我能行!"

周三下午，听到门铃响，毛毛虫老师刚一开门，一个栗色小脑袋抢先钻了进来，两只大眼睛也好奇地盯着我看，然后自己就推门而入，东张西望，似乎想看看妈妈说的这个魔法学校究竟神奇在哪里。"闹闹，我是露露飞，"我笑眯眯地向他自我介绍，"你的名字是？"他瞥了我一眼，一脸的满不在乎。一旁的妈妈看不下去了，急吼吼地说："老师问你话呢，快点儿。"我迅速向妈妈使了个眼神儿，示意她先别说。我伸出手，对着闹闹发出邀请："来，咱们去最好玩儿的游戏室。"小家伙儿也不接我的手，倒是仰着小脑袋问我："游戏室是干什么的？""跟我来吧，来了就知道，一见吓一跳。"我轻松地调侃着。闹闹好看的嘴角弯起来，头也不回地跟着我进了游戏室。

"闹闹，可能你已经发现这个游戏室里的游戏太多了，你都想玩玩，对吗？"我笑眯眯地盯着闹闹问。"对！"闹闹毫不客气，底气十足地说。"好，我们现在就开始第一个。你看咱们有5个主题：家、动物、汽车、飞机和小人儿，你从里面挑一个你喜欢的主题，然后在地上摆成一个作品。"我边说边蹲在玩具架旁。"我能不能选几个主题一起摆？"闹闹已经向我发出了第一个挑战。沉吟片刻，我马上回应"可以"。再看闹闹，百米冲刺般冲向玩具架，开始认真挑选、摆他的作品。摆的中间还时不时地会被玩具架上的其他东西所吸引，"哎，这是什么？""哎，这是干什么的呀？"当他第二次再问我时，我笑着告诉他："如果你还有问题的话，我都会记下来。等你摆完作品后，一并告诉你答案。换句话说，只要再有和作品无关的问题，我就先不回答了。""为什么呀？"闹闹的小眉毛挑着，多少有些小小的挑衅。我依然微笑着说："因为咱们一次只干一件事。我相信你做得到。"闹闹没再说什么，低头继续摆他的作品。10分钟后，地上已经摆了一幅巨作。我马上说："哎呀，我看不懂，这么多完全不同的种类都加入了你的作品，飞机、汽车、动物……"边说我边故意夸张地摇晃着我的大脑袋。一旁的闹闹倒是十分得意地说："你不懂，那我得给你讲讲。"我一边听一边频频点头，暗自思忖，这娃太强大了，居然能和现在的日本大地震联系起来，而且故事的逻辑关系也都安排得合情合理。当闹闹讲完故事后，我把刚才的心里话一股脑地全告诉他。闹闹听了，得意洋洋地笑了。他突然从地毯上一跃而起，扑向玩具架上的家，说道："我再给你摆一个，这回摆家。"边说边动手从玩具架上取和家相关的所有模块。我坐在墙角，静静地观察着忙得不亦乐乎的闹闹。他搭了几次发现房子都无法站立。我赶快起身走过去，告诉他："房子现在少了5颗螺丝，所以房子无法站立。你看，房子现在需要固定，看看你有什么好办法。哎呀，这个任务太难了，所以币值 5 个魔币。"闹闹的身体还瘫坐在地毯上，却突然间眼睛发亮，说："有了，在两块板之间，中间部位加一个梯子。""好，咱们试试，如果成功了，这个办法好用，我就给你 Double（给"双倍魔币"的意思），10 个魔币。""好。"闹闹依旧底气十足地说。我们一起试了一下，果然能行。闹闹怡然自得地靠在房子的门上踮着脚，看着我好像在说："我做到了，你可要兑现啊。"闹闹把家建好之后，讲了一个超级有趣的故事。我笑着对闹闹说："我猜这是你特别想过的生活，教委规定不许让孩子们考试，对吗？"闹闹破天荒地有点儿脸红，好像心里的小秘密突然被发现了，但还是重重地点点头。

## 第二次训练：训练孩子的时间观念

突然冲进来的闹闹吓了我一跳，我捂着胸口说："你吓死我了。"闹闹豪爽的笑声立刻在办公室弥漫开来，其他几位原本对着电脑埋头打字的老师也忍俊不禁，笑出声来。闹闹拽着我的手，走进旁边的游戏室。进到屋里，我马上拿出一张白纸，对他说："闹闹，我会给你白纸和彩色蜡笔。想想看你最喜欢哪个颜色，选出你最喜欢的蜡笔颜色，然后在这张白纸上做个时间表……""为什么呀？"还没等我把话说完，心急的闹闹已经迫不及待地插话了，嘟着小嘴，显然很不满意。"我们做个比赛，看你每次能找出多少玩儿的时间。比一比，看看你今天找出来玩的时间多，还是下周找出来玩的时间多。""好！"闹闹的脸立刻多云转晴，笑着回答。接下来，我们开始有问有答地计算要写的作业和需要的时间以及玩的时间。"闹闹，你今天一共有几项作业？""我算算，4 项。数学 41～49 页，语文伴你成长 10 页，期中回顾 4 页，9 单元 4 页，一共 27 页。""好，咱们一共有 180 分钟，除了 27 页作业，你还能找出玩的时间，不容易啊。我很想看看你怎么能找出来。""分 3 轮，每轮 9 页，写完了 9 页就玩半小时，然后再写第二轮，再玩。""那你写 9 页需要多长时间？""半小时就能写完。""好，你第一轮的 9 页如果半小时写完了，咱们就玩半小时。

如果你没写完，往后延了 10 分钟，那咱们就玩 20 分钟。""我一定能写完。""这 4 项里，你最想先写哪项？""嗯，语文伴你成长。""好，请你写在这张白纸上，按照你喜欢的顺序，在每项作业的前面标号。"闹闹也不含糊，拿起蓝色的蜡笔就在白纸上开工了，5 分钟后，闹闹就把一张时间表放在我的手上了：

17 点 30 分～18 点，语文伴你成长 20～28 页

18 点～18 点 30 分，玩

18 点 30 分～19 点，数学 41～49 页

19 点～19 点 30 分，玩

19 点 30 分～20 点，期中回顾 +9 单元 + 语文伴你成长 29 页

20 点～20 点 30 分，作品

闹闹迅速地拿出书包，把几个作业本都拿出来，开始写起来，我则坐在一边，静静地观察孩子和他做题的准确率。闹闹真的用 30 分钟就完成了第一轮作业，我们拿出打鸭子的游戏，开始对决，"哈哈，我有两张瞄准，你的两个鸭子都被我盯上了。一会儿我点发射，你就死了。"闹闹坐在地毯上，磕着脚兴奋地说。接下来的第二轮，闹闹写数学作业时超了 10 分钟，他也按约定玩了 20 分钟。全部作业结束时，比时间表超了 10 分钟。闹闹拍着小胸脯和我保证，下次一定能写完。

## 第三次训练：训练孩子完成作业的速度

"闹闹，老规矩吧，在白纸上写出你的时间表，看看这次能不能把你想玩的 3 个半小时都能玩够？"我笑着把白纸和蓝色的蜡笔递给闹闹。"好，看我的！"还是那个底气十足的小家伙。上了一天学，他怎么还那么大的精神头，我私下里佩服不已。唰唰几笔，闹闹就把时间表递给了我。

17 点 30 分～18 点，语文伴你成长 30～38 页

18 点～18 点 30 分，玩

18 点 30 分～19 点，数学 50～58 页

19 点～19 点 30 分，玩

19 点 30 分～20 点，10 单元 + 语文伴你成长 39 页

20 点～20 点 30 分，作品

闹闹像个训练有素的小士兵一样，迅速从书包里拿出作业本开始头不抬、手不停地写起来。眼见着第一轮的时间还有 10 分钟，闹闹有点儿着急，眼睛盯着灰色的迷你计时器，手中的笔移动得更快了。"妈呀，终于赶完了。"18 点一到，闹闹扔下笔，开始大叫。"你终于把玩的时间给抢出来了，你特高兴，对吧？""咱们别说话了，得赶紧玩。"闹闹边着急地摊开棋盘，边冲着我说。

闹闹居然在 20 点准时把作业全部写完。我马上大声地肯定他："呀，你真厉害，你说今天肯定能写完，而且三轮玩的时间都要玩够，你就真的做到了！"他自己洋洋得意地冲着我吐舌头，还大声说："我想做的时候，我就能做到。"

### 第四次训练：训练孩子完善作业质量

等我和闹闹进入游戏室，他就掌心朝上，看我一眼。我马上心领神会地把 A4 白纸和他最喜欢的蓝色蜡笔递给他。他下笔如有神助，两分钟后就交给我做好的时间表：

17 点 30 分～18 点，语文伴你成长 40～48 页

18 点～18 点 30 分，玩

18 点 30 分～19 点，数学 59～67 页

19 点～19 点 30 分，玩

19 点 30 分～20 点，11 单元 + 语文伴你成长 49 页

20 点～20 点 30 分，作品

写到这里，我不禁哑然失笑。想想我们当时的样子，特像两个接头的特工，

不用只言片语，我们已经配合默契地达成了双方的愿望，不是吗？！闹闹如往常一样，拿出作业，刚要提笔的时候，我打断了他，请他稍等两分钟，问他："闹闹，你想要的大礼物什么时候才能带回家啊？你小心别的小朋友魔币数量挣够了，就拿走了呀。"我故意有些着急地问，眉毛也配合地拧在一起。"可是，我得的魔币不够啊！"闹闹的馋虫彻底被我钓了起来。"嗯，嗯，有了。"我一边观察着闹闹脸上的表情一边故意慢慢地说。"什么呀？你快告诉我呀！快点儿，露露飞，求你了。"闹闹一改往日的满不在乎，极其认真、焦急地想知道答案。"我给你想了两个挣魔币的好办法，第一个是你今天作业做完之后，你自己先检查，然后我再检查，如果一次全对，给你 6 个魔币。如果有错，给你第一次机会，改对了，给 4 个魔币；如果还有错，你还有第二次机会，改对了，给 2 个魔币；如果还有问题，第三次机会改对了，就给 1 个魔币。第二个嘛，有点难，挑战难度高，可是币值也高，50 个，这样，加上你之前挣到的，那就够了呀。你妈妈说你上课的时候，她偷偷地在教室外面观察你，她发现你的思路跟着老师，反应非常快，总是第一个发言！所以，我们的挑战项目就是看你举手快不快，举完手之后还能第一个发言。""好！"闹闹应声答道，声如洪钟。闹闹说着就又把自己埋进题海中去了。

我坐在一边观察闹闹写作业，我看到的几个得数都对。趁着闹闹每轮玩时，我开始看他已经检查过的作业。全部正确，所以，我也如约给他相应的魔币。

## 第五次训练：训练孩子提高学习效率

闹闹妈妈今天看起来和往日都不太一样，进门就搂着闹闹，兴高采烈地说："上周日他们上课，我发现他举完手还能第一个发言，特别棒，跟明星似的，课后还有家长拿他说自己孩子呢，'你看人家那个坐前面、栗色头发的孩子，你看人家，手举得多高。'"

　　我伸出手，闹闹就从妈妈怀里滑过来。我搂着闹闹的肩进了游戏室。一进门，闹闹就神色有些黯然地告诉我："我这周数学周测考了 95 分。"于是，我们之间的对话就从这 95 分慢慢展开：

　　雨：哦，你好像上周数学周测就是 100 分。

　　闹：（立马神气起来）我开学以来数学周测都是 100 分。

　　雨：那你能跟我说说你考那些 100 分都有哪些必做的事儿吗？说 3 件就好。

　　闹：（1）本身就会；（2）认真检查（没时间的话就检查 2～3 次，我那几个数学得 100 分的都是检查了 5 遍）；（3）上课认真听讲，积极举手回答问题，如今天就回答了 3 次，周二还是周四就回答了 4 次。

　　雨：那这个 95 分的是没做哪件事儿啊？

　　闹："本身就会"，我不会啊。那道题是数的组成，我都学的奥数，他问我 230 由几个数组成？两个 100，3 个 10 组成。

　　雨：这种本身不会的你怎么办呢？

　　闹：按着老师的去做。

　　雨：哦，按着老师的去做？

　　闹：啊，老师细讲，按着老师的去做就行了。

　　雨：那要万一老师没细讲呢，怎么办呀？（尽可能去掉这些非可控因素，强调孩子自己的努力）

　　闹：老师认识到了，已经细讲了呀。

　　接下来，闹闹像上了发条的机器人，唰唰几笔填好放在桌上的 A4 白纸，然后开始写作业、玩、检查作业。我坐在一边看着闹闹，感觉他已经给自己加载了全套程序，然后按照流程执行。习惯的力量如此，好习惯的建设性和坏习惯的破坏性威力等同。当好习惯建起来时，孩子会停不下来。我认真检查每项作业后，也履行诺言，给闹闹相应的魔币。

今天的训练结束后，我请闹闹在游戏室里等我两分钟，转身去仓库里拿出他心仪已久的褐色大变形金刚。然后，我把礼物藏在身后，请他闭上眼睛，等我从3数到1时再睁开眼睛，他会有一个大大的惊喜。闹闹乖乖地闭上眼睛，坐在椅子上缩着小脑袋，脸上挂着甜甜的笑。我大声数着："3、2、1.5。"我数到1.5时，闹闹笑着大喊："嘿，不能这样的。"可是让我惊奇的是，他仍然严格遵守着我们的约定，闭着眼睛在那儿"盲喊"。"1。"我使出全身的力气喊出来。闹闹睁大眼睛，扑向我，准确地说，扑向他的宝贝变形金刚，紧紧地搂在怀里。"妈妈，你看，这是我得的。"他大声喊着，冲向坐在大厅的妈妈……

## 案例六：不催不动的小伟主动学习了

第一次在咨询室里见到小伟妈妈时，和多数之前见过的家长一样——焦虑、困惑，满脸的无奈，只是眼前的小伟妈妈更多了些优雅和高贵。红色羊毛呢斗篷与黑色职业长裤相得益彰，朱唇圆润，黑黑的长发随意地散着。听到我问："小伟妈妈吧"？小伟妈妈得体地欠欠身，极其礼貌地向我问好。可几分钟后说到儿子小伟时，越说越激动，等最后终于说完时，整个人就像泄了气的皮球似的陷在红沙发里，不能自拔。能让优雅的妈妈瞬间气急败坏的小伟到底是个什么样的孩子呢？

"先说他的纪律问题，老师上课时他去打老师屁股，用头撞老师，最过分时还会把老师的鞋扔出窗外。别的小朋友都乖乖坐好，他不坐下，在教室里溜达，老师亲自把他领到座位上才坐下。坐下后开始脱鞋、脱袜子，还把脚跷到桌子上，老师制止后，又开始不停地转椅子，弄得椅子吱吱呀呀乱响。

"接下来是学习，我感觉我们进入了一个恶性循环。他考不好，是因为上课完全不听讲，不会，我回家每晚都要给他补，包括语文、英语，几乎没有时间玩，我给他补，他嫌烦，不爱学，哭闹，逼得急了就一边打自己头一边说自己是大笨蛋。当然，这又引发了写作业磨蹭、拖拉，甚至厌学问题。让他做卷子时也不好好做，趴在桌子上，嘴里发着怪声，在卷子上乱画，这在我们家是常态。可问题是我不给他补，他每次成绩这样差，我又怕继续下去会打击孩子的自信心。真不知道我这妈该怎么当！

"再有就是他的攻击行为，我们小区院儿里有个小广场，有些大爷大妈经常在那儿用录音机放着音乐跳舞。有一天几个孩子在那儿玩儿，其中一个孩子说了什么他没听见，就马上开始发脾气，嘴里一边嘟囔着'这个破音乐'，一边跑过去把录音机关了。大爷大妈也很生气，大声责备他，谁家孩子怎么这么没礼貌。他冲过去，面目狰狞，恶狠狠地反击：'敢说我们，看我不把你绑起来，捏死你。'跟小朋友也是这样，稍不如意，就嘴上学着老虎'嗷、嗷'大声叫，眼睛瞪得像铜铃，使劲地用拳头打人。我怎么生出这么个东西来？"

说到最后一句话的时候，小伟妈妈痛不欲生，泪水如断了线的珠子一般再也收不住，噼里啪啦匆忙落在她本来完美的精致妆容上。我坐在旁边静静地等待她慢慢平静下来，也开始思考这个孩子的训练目标。我们也开始一一讨论起目前急需解决的问题。尽管千头万绪，我们最终确定了三个训练目标：（1）遵守纪律；（2）提高时间管理；（3）减少，直至消灭攻击行为。

## 第一次训练：诊断孩子问题行为成因

小伟出现这样或那样的破坏行为绝非一日之寒，以前遇到过类似状况的孩子，通常问题出在安全感上。孩子安全感的困扰解决了，其他浮在冰山表面的问题行为也都能一一迎刃而解了。但是，小伟问题行为的根源是不是也是如此呢？我还不知道，一次颇长见识的心灵之旅也慢慢拉开帷幕……

隔周见到小伟时，尽管有所准备，可诚实地说，我心里还是暗自一惊。他嘴里嚼着泡泡糖，斜着眼睛挑衅般地看着我，满脸的不在乎，右手还插在裤兜里装酷。青春期逆反的孩子通常会是这样，可他才是个 9 岁半的孩子呀。我调整了一下自己的情绪，也"酷酷"地问他："你妈妈说你是小伟，你想我在游戏室里怎么称呼你？叫你的大名吴大伟、小伟，还是你有你自己的魔法名字？我的魔法名字是露露飞，因为我有魔法，一喝杏仁露就能飞。"可能又是魔法名字又是听上去很不靠谱的新奇魔法，小伟听完也顾不上装酷了，两眼发亮盯着我问："你真能飞？你骗人呢吧。"接着，他拖长尾音，边说边想："我嘛，魔法名字就是魔术怪兽。"在你一句我一句的对答中，游戏室的气氛也逐渐缓和下来。按照常规，我先请小伟完成一幅作品，他可以从墙角淡蓝色的展架上选取自己喜欢的主题玩具，如汽车、陆地动物、海洋生物、人物等。孩子动作迅速地行动起来，面无表情地选了各种各样的恐龙。他毫无悬念地选了最吓人的绿色巨型恐龙放在桌子中间，其他中型、小型、迷你型的恐龙则布满了桌面。

由于小伟的情况在和妈妈前期沟通时就感觉比较特殊，没有孩子会没有来由地出现那么多不主动学习、攻击行为以及上课纪律问题。所以，此次训练的重点是诊断问题的根源。孩子的安全感问题是最不容易解决的问题，也是所有行为问题的主要根源。

### 第二次训练：解决纪律、攻击行为问题

我在综合考虑了小伟的特殊成长经历以及和小伟妈妈共同制定教育目标后，决定先解决目前最棘手的上课纪律以及攻击行为，因为这些问题不解决，孩子的情绪不稳定，他很难专心学习。由此，让他主动学习将只能是个梦想。

隔周小伟再见到我时，老远就一脸喜气地大声喊我的名字："露露飞。"妈妈在一边不住地说："特别愿意到你这儿来，今天早上是他站在门口的玄关等我，使劲儿催我快点儿，快点儿。"

游戏室的门在我们飞奔进去之后,徐徐关上。小伟和我都很兴奋,互相问:

"咱们今天玩儿什么呀？"我先拿出事先在桌子上摆好的一张纸和一支笔递给小伟说："来，你来计划一下，60分钟咱们都做些什么呢？你需要给我留15分钟，因为我有问题不知道怎么办，所以需要请你帮我解决。剩下的时间你来看看咱们玩儿什么，你做决定。"很显然，小伟对于我最后的四个字很是满意，微笑着点点头就坐下来开始计划了。最后的15分钟，我煞有介事地皱起眉头，很焦虑地问小伟："我现在遇到了一个很难办的问题，我不知道该怎么办？你能帮我解决一下吗？""什么事儿啊？"小伟忍住笑问我。"嗯，我认识一个小朋友，他很容易生气，如老师让他做事或者同学有的时候骂他什么的，他生气了就打人。这个小朋友问我该怎么办？我不知道，所以我就想起你，因为我知道你的办法多，一定能解决问题。"小伟见我这么重视他的想法，非常高兴。也就两分钟不到，他就迫不及待地说："很简单，急的时候捏捏手心，把气出在手上。"我马上肯定他："我就说你会想办法吧，你看这么一小会儿你就想出好办法来了。还有没有第二个好办法？"小伟听了以后，士气大增，一连串儿地想出好多刚才在焦糖米奇多和巧克力豆游戏中刚学会的几个方法："深呼吸5次，画漫画儿，给自己找点笑料，跳绳，跑步，听听音乐；画画，写会儿字，把他当空气，扭头不理他，转过脸儿，走人，回家和家长诉说发生的一切，实在不行找老师，出去遛遛弯儿；把整件事情告诉家长，让家长想办法；实在不行，在没人的地方大声说出事情的经过解气。"我进一步引导孩子，那怎么能让同学喜欢自己呢？小伟的脸因过度兴奋而有些发红，不过他看起来可是一副越斗越勇的样子。他马上接话："这难不倒我，（1）假如有同学有些不高兴，闷闷不乐或者伤心难过，你可以问他情况，一般同学会诉说。然后我跟老师说明一下，说这位同学怎么怎么着，需要老师帮助一下，一般情况下，老师就会过去问清究竟的。（2）如果有同学的东西掉了让你帮忙捡一下，你就帮忙捡，因为要是你不满足她，尤其是女生，她会一一地和你朋友和她朋友诉说一切。她会把你哪儿不好的事情向她朋友传播（自己的朋友

也不例外 )。"我一边说："太棒了，这么多好办法，你怎么想出来的？"一边站起来想拥抱他，他明显向后躲了一下，我马上明白自己错了，忘了他的安全感还在建立中。所以，我赶快话锋一转说："小伟，你什么时候想拥抱我了，请你告诉我。我刚才太激动了，这些办法真的都非常棒！你用过了没？"小伟的眼神有些闪烁，含糊其辞地说："嗯，没有。"我等的就是这句话，所以马上说："那咱们做个试验吧，下周你把这些方法用一用，看看哪个好用，然后咱们把好用的告诉那个小朋友，帮帮他。因为他自己想不出来，行吗？"小伟的两眼一亮，点头说："行，我最喜欢做试验了。"

### 第三次训练：训练孩子的时间观念

考虑到小伟童年时安全感不足，上学之后家长由于老师不停告状、学习压力过大转而盯着小伟学习，这进一步引起小伟厌学。因此，第三次的训练目标在于巩固前面提到的纪律和攻击行为，并且引导孩子愿意主动学习。

关上游戏室大门，我还没来得及问小伟在学校的试验，他就迫不及待地告诉我："老师，你快告诉那个小朋友吧。上次想的那些办法我都用过了。"我双眼充满希望地盯着他问："好用吗？"我能感觉到小伟的成就感瞬间得到了完全满足，因为他的小胸脯主动往前一挺，骄傲地说："当然了！我们老师都表扬我了呢。我就喜欢看他们吃惊的样子，好像没见过我一样。"小伟边说边嘿嘿自得地笑了笑，嘴角都弯上去了。我也兴奋不已，马上接话："太棒了，小伟，你已经做完了试验，我要把你的试验成果告诉那个小朋友，咱们一起帮助他解决他遇到的问题。"小伟也不说话，就那么酷酷地看着我。

接下来，我递给他一张 A4 白纸和一支笔："老规矩，列计划吧，我今天还是需要 15 分钟，继续向你请教问题，其他时间你做决定。"小伟的脸上开始出现不耐烦的神情，嘴上开始嘟囔："啊，还有什么问题啊？怎么还请教啊？为什么不能全排玩儿的时间呢？我是来玩儿的。"我马上站起来先同意他的情绪："嗯，你肯定是觉得有点儿烦了，你是来玩儿的呀，对吗？"小伟马上跳起来说："对！"我故作神秘，将食指竖起放在嘴中间，说："嘘，我保证会是个惊喜，先透露一下，我想请你当我的老师。"小伟的嘴有些合不上了，他先用手指指自己，然后反问："我当你的老师？"我笑着看着他："没当过，对不对？来，咱们先玩儿，时间你排吧，还是先排 60 分钟。"小伟摸摸自己的小脑袋，傻傻地冲我笑笑，然后迅速地扫了游戏台一眼。他唰唰几笔就在白纸上写下："世界大战 20 分钟（注意力集中、问题解决），心脏跳（注意力集中）10 分钟，比谁快 15 分钟（注意力集中），惊喜 15 分钟。"

　　好像终于熬到了该惊喜时，小伟乐滋滋地问我："什么惊喜，总该说了吧。我都等着急了。"嗯……我假装有些难为情，却又非常真诚地看着小伟说："我好多上小学时的知识都忘了，你能不能当我的老师？每次来都给我讲讲你们当天的重点，然后再出题让我做。语文、数学、英语我都想学，你看能行吗？""给你出题，你做？好玩儿！行！"小伟答应得痛快，显然能给眼前这个大个子老师当老师，还能给她出题让她做，这让他的成就感再一次地满足了。小伟"老师"很认真地给我讲，我也努力地记，还积极地做题。当然，到了最后有一道数学题，我怎么都做不对。看着他有点着急，我说："小伟老师，你看这样行吗？分数我怎么都没听懂，所以，就总做不对。你看能不能你去学校时上课再听听，然后下次再来时就给我讲，然后让我做题行吗？"小伟的学习热情好像被点燃起来，马上答应说一定要去问清楚。

　　此次训练的目的是激发孩子的学习动力，愿意主动学习。在训练中的几个游戏训练也是为了下周快速完成作业做准备。

## 第四次训练：训练孩子完成作业的速度

　　周四和同事逛街时，收到小伟妈妈转发孩子班主任的一条短信："孩子最近上课纪律明显好转，还能积极举手回答问题，我们叫起来居然还回答得都对。

当然了，有时和老师说话还是没有礼貌，家长要注意引导。"小伟妈妈在转发的同时还附加了一句话，"真心谢谢豆豆妈妈给孩子的帮助，我们原来怕他就这样了，好不了了。"

小伟一阵风似的冲进游戏室，冲着我大叫："老师，老师，我知道怎么给你讲了，保你一学就会。"我眨眨眼睛，也用同样亢奋的声音"打趣"他："一做就对？"嘿嘿，小伟抓着后脑勺，不好意思地笑了。接下来，小伟像是一辆动力十足的"宝马"，开始给我排任务了。"老师，咱们今天好像没时间玩了。你看一共60分钟，我给你上课，你再做题就得20分钟，我妈让我在这儿完成作业，最少也得40分钟。"我马上回应他："好好好，那咱们马上开始吧。不过，我觉得你的作业肯定会低于40分钟，剩下的时间咱们玩儿。"

小伟也没说话，直接开讲，活力四射、口若悬河，还真有大师范儿呢！我兴奋不已，想着这孩子上课一定认真听了，要不然不可能把知识点掌握得那么牢。老师讲得好，我做题当然也是一次就过。这让初出茅庐的小伟"老师"喜出望外。可紧跟着他的脸色又开始有些凝重起来："哎呀，我还得写我自己的作业呢！"我马上肯定孩子，"小伟的时间观念真强。这样，我觉得你一定能在40分钟之内写完作业。我们计时，提前一分钟，给你一个魔币。""好。"孩子话音未落，已经把书包里的东西都倒出来了，抓起作业本就开始写，生怕耽误一分钟似的。5分钟后，我慢慢走到孩子身边，欣赏地看着他认真俯身写作业的背影，说："小伟写得真快，手不停，头不抬，眼睛一直看着书。"我在一旁静静地等待，盯着手中的计时器一秒一秒过去。突然，耳边响起孩子"炸雷"般的声音："老师，我写完了。"我再一看表，天哪，23分钟。我把计时器举到孩子面前让他看，同时问他："23分钟？你是怎么做到的？"他得意地笑笑，说："老师，咱们赶快玩会儿吧，上次我看上面放了一个封面是'真真假假'的游戏，那是什么意思呀？"想玩儿真真假假？太好了！我几乎笑出声来，那是下次课正需要的针对孩子们"粗心"的游戏课程。

　　此次训练的目的在于训练孩子注意力集中，专心一次只做一件事，从而实现时间管理中的快速完成任务的目标。

## 第五次训练：训练孩子完善作业质量

　　小伟现在不是走着进门，他已经连着两次像风一样"刮"进来了。进门的第一件事就是抓住我，给我上课出题，盯着我做题，还煞有介事地拿支红笔在我的习题本上极认真地给我批改作业、打分，仿佛要把当老师的威风做足。也是，他就我这么一个学生，还这么虚心好学。低下头想着，我不禁捂嘴偷乐。当然，对着小伟"老师"，我还是极尽谦卑之能事。

　　忙完"教育"我的重要任务之后，小伟"老师"又开始紧赶慢赶地把整个书包里的书本都倒在桌子上，从中找出自己需要的书和作业本。我心下暗自佩服这小子那么乱的书包居然一揪就能揪出自己眼下需要的书本，但毕竟这种倒书包的做法还是不值得鼓励，我也就生生将到嘴边的话强咽下去了。我用手挡在孩子的本子上："先停。"小伟愣了一下，抬眼看我。"小伟，你太能干了，我准备给你一个新的挑战，看你能不能完成。我知道你行！今天两项挑战，第一项和上次一样，快速完成你的作业，提前1分钟一个魔币。第二项是个完全全新的挑战，每项作业你做完了，自己检查，检查完了再给我，一次全对6个魔币。如果有错误，第一次改对，给4个魔币；第二次改对，给2个魔币；如果还没改对，还给机会修改，第三次改对，给1个魔币。"我边说边目光笃定地看着他。小伟嘴里重复着"一次6个"，兴奋不已。小伟坐在那儿像上足了发条似的飞快写着，而且今天令人难以置信地又提前了两分钟，21分钟。轮到需要自己检查后再交给我作业时，他显然有些不知所措，因为从来没检查过，通常都是孩子在家写完，家长检查，然后孩子改错。所以，当孩子交给我作业时，我知道他的作业中出现错误是正常的，果然，有两个完全是粗心造成的小错误。我笑着在小伟的作业上方画了一个圈，里面写了2。

这孩子冰雪聪明，马上抬头问我："两个错误？"我含笑点头，伸出大拇指！小伟也找得很快，5分钟后举着本儿干净利落地对我说："搞定！"我马上肯定他："好，非常好！就这两个错，怎么找到的？"小伟反应很快，马上说："那个加号我看错了，我经常这样。"我笑着摇头，"我没问你怎么错的？我想知道的是你下次怎么能避免这种小错误。"小伟绝对的小人精，5秒不到想到了两个办法：（1）看好加减号再做题；（2）看好进退位，例如57-48=9，轻轻用铅笔画点表示退位，画1表示进位，如果满20就画2表示。

## 案例七：爱紧张的小羽克服了焦虑

我相识已久的一位学校老师给我打电话说她好朋友的孩子非常优秀，但是孩子在课上回答问题时有时会结巴，老师没有那么多时间等她，所以只好让她考虑好再站起来回答问题。孩子告诉家长那些问题自己全会，但当时就是说不出来。孩子和家长为此都非常苦恼。真正让家长觉得必须行动起来找心理咨询师的是孩子的考试成绩有时不太稳定，越是重要考试，如期末考试、迎春杯数学竞赛等大考时，孩子的成绩就越容易不好。

周二下午两点，小羽妈妈如约来到咨询室。9岁孩子的妈妈居然满头白发，有几缕白发还肆意地在风中飞扬，她体形丰满，走起路来还有些呼哧带喘。深蓝色上衣的口袋上方还有几块已经干了的淡黄色奶渍。什么样的生活磨砺能让一个正值生命旺季的女人对自己的形象不管不顾？我心下暗自思忖，但职业习惯让我很快调整自己，率先破冰，热情地和小羽妈妈打招呼："李老师昨天电话里和我说了一些，我很想听你说说现在的困惑。"小羽妈妈坐下来先深深地吐了一口气，似乎要把太多的埋怨和不快都吐出去："我两个孩子，小的还在吃奶。本来想着老大9岁了，学习也不错，不太用管她了。结果最近老是回答问题时结巴，平时在家没这事儿，挺好的呀。最让我头疼的就是最近几次考试太不稳定，尤其是大考。问她吧，她自己也说不出来。她要不会我也就认了，可会为什么当时答不对。不懂，不懂……"小羽妈妈一边摇晃着脑袋，满头的白发在阳光下也非常醒目，一边紧紧地盯着我的眼睛，似乎答案就在里面。我微笑着看着小羽妈妈，一字一顿地说："我也不知道，和孩子沟通以后再找答案。不过，我很想知道你说的成绩不好是多少？"听到我的话，小羽妈妈焦虑无比的双眸显然平添了太多的失望，表情有些复杂地回答说："嗯，其实初试都过了，就是怕她不能进复试，不进复试，就没有名次。"说完，她又焦急地补了一句："可是，将来重点中学是要名次的呀。"我点头说知道了。接下来和小羽妈妈约定周六开始小羽的训练，最终达到克服焦虑、提高效率和成绩的目标。

## 第一次训练：建立自信——"我能行!"

周六早上 10 点，训练中心的门铃如约响起。开门之后，小羽妈妈先走了进来，跟在后面的小羽像是被妈妈扯了进来，"叫'老师好'！"妈妈下了第一个命令。我再看小羽，两只小眼睛上挂着个小眼镜，蚊子般地小声说："老师好！"说完后便立在一边不再说话了，只是静静地立着，不像多数孩子表现出来的那样企图挣脱妈妈的手，四处张望着，忙不迭地想去探索完全陌生的中心和游戏室。"这孩子太不自信了！"小羽算是深深地给我留下了第一印象。我知道我需要有所调整，所以，先伸出手给小羽："来，咱们去游戏室玩吧。"同时，我给小羽妈妈使眼色，她非常配合，说："你快去吧，和老师玩玩。"小羽像是领了圣旨，马上就和我进去了。

当我拿到一种魔法教具时，她很兴奋地说："这个我知道，"但是也就十几秒之后，她眼睛里的光芒慢慢散去，严肃紧张的表情重回脸上，"我肯定做不好。"我盯着她的眼睛，温柔却坚定地说："我知道你会，来吧。"她看了我一眼，低头去拿魔法教具，可嘴里却还是一边做，一边不停地嘟嘟囔囔："我不会，哎呀，我肯定弄不好的，我都知道……"看到她成功地挽上一个活扣，我马上大声地肯定她："你刚才说你不行，我也以为你不行。可是，你看，你真的做到了！"孩子的眼里亮晶晶的，不反驳了。我趁势继续肯定，拍着手说："天哪，你是怎么做到的？"我感觉孩子慢慢对自己有了些自信，也欣然地接受了自己的成功。可几分钟后，她突然来了一句："我就是学习方法的问题。"然而，她向我投来的却是求援的目光，显然，她并不希望我同意她的观点。所以，我像没听见她的话一样，继续目光殷切地看着她问："你刚才是怎么做到的？"她收起疑疑惑惑的神情，慢慢把目光转回魔法教具，有些兴奋地说："我就是把那个绳子一搭再一抛，然后一点点往回收，最后就做好了。"

### 第二次训练：训练孩子的时间观念

第二周约定的时间到了，和上次大不一样，小羽蹦蹦跳跳地先跑进来，后面是气喘吁吁的妈妈。小羽妈妈连声说："这孩子，说电梯老不来，太慢，非要爬楼梯。"小羽也不理会，粉嘟嘟的小脸上挂着甜甜的笑容，拉着我的手就进了游戏室。一进门，我就大声说："小羽，我给你一个任务，我知道你一定能完成。"小羽略带沙哑的声音问："什么呀？"我马上肯定她："小羽，我要给你1个魔币，因为你问我的是什么任务而不是我不会。特别好！很勇敢！"小羽像是瞬间得到了力量，站得更直了，一副马上要开始干活的样子。孩子真是给点儿阳光就灿烂，我心里不住感叹！"好，给你一张 A4 白纸和铅笔，请你来做一个 60 分钟的计划，看看你想怎么安排。请给我留 15 分钟，因为咱俩还得说说这个星期咱们遇到的高兴和不高兴的事儿呢，对吧？"小羽忙不迭地点头，并埋下头去奋笔疾书。她一边小声嘀咕着，一边往纸上写：露露飞 15 分钟，真真假假（游戏目标：注意力集中）10 分钟，一起飞（游戏目标：问题解决）15 分钟，米奇朵（游戏目标：目标管理）20 分钟。我请小羽按她喜欢的顺序来一一完成计划中的任务。没有任何悬念，小羽将露露飞排到了最后。米奇朵的游戏中，孩子故意不告诉我答案，而是给我 3 个选择，让我猜。我说是 3。她歪着头，拖着长长的声音问我："你确定？"我故意开始犹豫，说："嗯嗯嗯，急死我了，要不是 2 ？"孩子坚定地说了一句让我印象深刻的话："不要让人家的表情忽略了自己的信念。"天哪，9 岁的孩子从哪儿学到了这句话？我喜笑颜开，伸出 5 个手指："小羽，我要给你 5 个魔币！你说得对，要自信！"小羽喜滋滋地看着我将一个一个金灿灿的魔币放在她的小裤兜里。我放完之后，她用小手紧紧地捂着自己的口袋，迟迟不肯拿开。小羽的小脸此时却像极了春天午后的暖阳。

### 第三次训练：训练孩子完成作业的速度

周六早上 10 点，小羽和往常一样，跑进游戏室之后，又悄悄地开门往外看，确认妈妈没在门外又关上门。之后小手插在裤兜里就开始抱怨："我妈可烦了，她老学你，问她什么问题她都不告诉我，以前我哪个字不会写或者题不会做，她都马上告诉我。"我静默不语，微笑着看着她。因为听着是抱怨，但是不知为何，我听着小朋友有些"炫耀"的味道在里面。她看我没什么反应，两个小眼睛瞪得大大的，皱着眉头，突然问我一句："我问你，是不是你教她这样做的。"我还是静静地笑着看着她，没说话。小羽从裤兜里拿出一块湖蓝色巧克力，慢慢地剥开糖纸，悠悠然地来了一句："我们班同学都是家长告诉的，我妈不告诉我，我都是自己找。这样，我期末考试就能比他们都考得好了。"小朋友说完，有些得意地看着我笑。我拿着一张 A4 纸和铅笔直接放到她的怀里，轻声说："老规矩，做个计划吧，我还是需要 15 分钟。"她也不多说话，拿起笔埋头开始写，"唰唰唰"，笔一直不停，3 分钟后一张漂亮的时间计划表已经跃然纸上。按照计划，我们一项一项地完成任务。

最后的 15 分钟，我先开口，直入主题："我知道题你都会，但是好像越重要的考试你反而发挥得不如平时好。愿意和我说说吗？"小羽张口就说："我怕。"我继续引导："你怕？怕老师，还是家长？还是……能多说一点儿吗？"小羽突然一屁股坐在游戏室的地毯上，泪眼婆娑地望着我说："我也不知道，每次有重要考试时，从出家门我就紧张，坐下来等着发卷子时我又开始紧张，写卷子时，写着写着，我就开始想我要考不好我妈肯定会批评我的，要考不好可怎么办？老师怎么看你，同学怎么看你。突然又一个声音说：'陈小羽，别想那么多了，赶快先写吧。'可是我刚写两笔，我又开始想万一没考好怎么办。就老这样。"我明白了，试探着和孩子确认："你觉得有两个小人儿在打架，一个让你写，另一个说要没考好可怎么办。别的同学都能把 100% 的时间和精力用来答题，你不行，可能 50% 的精力在答题，对吗？"小羽都要哭出声了，拼命点头称"是"。她拉着我的手问："露露飞，你快说怎么办呀，求求你了，快帮我想个好办法吧。"我故作沉吟，说："宝贝，我上学考试时和你一样，后来找到了一个神奇的青蛙呼吸法，要不你也试试。就是你紧张时，深深地呼吸。呼时肚子鼓出来，吸时肚子吸进来。来，咱们现在试一试。"小羽听到青蛙呼吸法来了精神，从地上爬起来连声说好。我也进入状态，说："假如现在要发卷子了，你特别紧张，青蛙呼吸来吧！"小羽慢慢做起来，之后说："我还是紧张。"我安静地说："那就接着再做一遍。"3 次以后，小羽夸张地叫起来："露露飞，我一紧张就做，再紧张再做，好像就行了。"我和孩子确认是几遍？她说是 3 次。我也高声呼喊起来："太棒了，看来你需要 3 次，小羽，你终于找到自己的办法了！我以前是两次。看来每个人都是不一样的。"

### 第四次训练：训练孩子完善作业质量

又是周六早上 10 点，我特意给门留了一条缝，坐在游戏室里静静地等着小羽来。10 点不到，小羽就冲进来告诉我一个好消息："我挺厉害的，以前几个年级的数学都是 80 多分，这次我考了 90 多分呢！"我马上惊呼："啊？这么厉害啊！你是怎么做到的？"小羽的小嘴从进来就没停过："这次考试，我一紧张，我就用我的青蛙呼吸。特好用。然后我就一道道地答题，那些题我都会啊。"小羽说得神采飞扬，我也听得如痴如醉。

"可是，露露飞……"小羽话锋一转，声调开始有些低沉，明显声调下扬。"嗯？"我心中的好奇宝宝一个个都像肉虫子般探头探脑地慢慢爬上来。小羽接着说："我这周六要去参加迎春杯复试，这个考试太重要了，我觉得我肯定考不过。"我听了一字一顿慢慢和小羽说："宝贝，不急，先列时间表，这个事儿呢咱们留到一会儿的露露飞时间，好吗？你这次考试也是很重要的考试，可是你还是考得很好啊。"小羽直接去拿桌上已经准备好的A4纸和铅笔制订计划。我们有条不紊，一项一项按计划做着。终于到了最后一项的露露飞时间，从小羽的表情上来看，她和我一样，也是非常期待。我先说话："宝贝，你和我说说这次你的数学考试从80多分到90多分你都用了哪些魔法？"小羽不说话了，坐在椅子上慢慢地想着，然后说："你等等啊，我再看看卷子。"我把卷子上打对钩的大题每道都特意指出来让她看。也就5分钟吧，小羽大声告诉我："老师，我知道了，读题要仔细，做题时要一字一字地读题，不能把'虚线''实线'等看反了。另外，做选择题时要把几个选项每一个是多少都看清楚再去做；还有就是抄答案时，要认真。不是抄别人的答案。'抄'答案是把你算出来的竖式、计算的结果抄到横式或题里面去。最关键的是一定要把数抄对了才行，不能犯'少写了一个0呀，抄错了地方呀'这类粗心的小毛病哦。"孩子话音刚落，我就笑着和小羽开玩笑，"哎呀，好像说完这些话，我们小羽的力量一下子就大涨了，对吗？"小羽不好意思地挠挠头，可马上眼神坚定地和我说："老师，我知道了，我现在已经有两个宝贝，所向无敌了。"话一说完就出去找妈妈了。我真高兴孩子们从这儿出去时都信心满满，充满力量！

## 第五次训练：训练孩子提高学习效率

小羽的最后一次训练终于还是来了。我得承认有时快到训练结束时我还是挺舍不得她们的。小羽大呼小叫着进门，我就知道大大的惊喜即将降临这个小小的游戏室。"露露飞飞，"小羽恶作剧般地用叠字叫我的名字，"露露飞，我迎春杯一等奖！""真的？"我伸出双臂拥抱着这个飞奔过来的宝贝！"你是怎么做到的？"我再次问她。小羽大声喊："露露飞飞，你知道吗？我特棒！我简直太棒了！因为考试时我发现做了 4 次还不行还是紧张。我就做了 5 次，然后我还加了 1 句，1、2、3，陈小羽写吧。然后，我就特别专心地只做题，没再想别的。结果……结果，你都知道啦！"小羽幸福无比地看了我一眼，就继续沉浸在自我陶醉中了。两分钟后，我在小羽耳边轻声耳语："哎，醒醒，老规矩，先做个计划吧。"小羽嬉笑着睁开双眼开始列计划。

最后的 15 分钟依然是露露飞时间，我拿起她最喜欢的小狮子毛绒玩具当话筒，开始采访她："陈小羽同学，你最近考试又是 90 多分，又是迎春杯一等奖，其他科目的作业本上也是一堆的优，有什么魔法和我们大家分享一下吧！"小狮子的毛毛显然把她的脖子弄得痒痒了，她咯咯地笑了起来。笑过之后，开始特别认真地总结：

（1）语文。所有的都做完，不会的认真继续去拼写。虽然已经做完了，重点看小本上的内容。押题很准。看着别扭的需要重新修改，上课要听讲。

（2）语文。背生字时，要按规律背，如"聪"：耳朵认真地听，眼睛看着老师，嘴巴要说，心要跟着老师；"翻"：一个小米粒戴个小草帽，在田里学习，又学习；"媚"：女人的眉毛才是阳光明媚的。

（3）数学。脱式练习，做时就检查，再代入一下检查。

（4）数学。多检查。写完了先从头到尾看一遍有没有落题，然后再一边默读，一边用手指着题，一字一字地查三遍。

（5）数学。口算要有技巧。口算既是卷子里最简单的一项，又是卷子里最烦人的一项：说简单，题太少，太好做；说难，时间太少，做不完。窍门：先心算 3～8 题。记住：要检查。

（6）英语。大小写一定区分好。K占3格；小写的k是圆肚子，在倒数的第二格。

（7）英语。背单词，边读，边写。

总结完这些学习规律，小羽低下头在日记本上边思考，边写下几句话，她脸上的表情恢复了以往的严肃，看得我心都往下一沉。幸好，孩子写完就主动交给我，让我看："我妈她变了，她变了，她的教育思想变了。我考得越来越好，我妈说原来我考得不好，有一半都是她的原因。"

## 案例八：孤零零的安安交到了朋友

办公室墙上的淡绿色石英钟已经指向下午2点，可约好的来访者并没有来。2点18分时，听见外面门铃响，一位风风火火的女士等不及我们开门，自己闯了进来。她穿一件紫红色的羽绒服，脸上皮肤黝黑、消瘦。披肩长发显然很少打理，发梢枯黄，而且中段部分还有打结，可能着急出门没来得及梳通。她一边往里走，一边自顾自地说："哎呀，手机掉下水道了，等了一会儿，看没什么希望就赶快跑来了。"我连忙迎上前去，握着她冻得有些发红的双手问："是安安妈妈吧？别着急，坐下说。""是我，雨露老师，我来晚了。"

请安安妈妈坐下后，我安静地坐在暗红色沙发对面等她开口。"雨露老师，真正让我下决心来找你是因为昨天去孩子学校听公开课，孩子在学校根本没有朋友，他就像窗边的小豆豆，特可怜，自己孤零零单独靠墙坐一个位子，前后左右谁都不挨着，就他自己。我看他有时也想和同学玩，和同学又说又笑，同学都不理他，我看着心里真不是个滋味。下午第二节课课间，我看还有一个孩子把他手上的书拿过来撕得粉碎，还踩在脚底下。我孩子也不说话，就看他两只小眼睛使劲往外鼓着，脖子上的青筋凸起。两只小拳头紧紧攥着。"说完，两行清泪就落在清瘦的双颊上。"自己至亲至爱的孩子不受别人待见，你心里肯定特别难过。"我边说边伸出右手，搭在安安妈妈瘦弱的肩头，想稍微安抚一下她的情绪。"唉，"安安妈妈长叹了一口气说，"我这也是哀其不幸，怒其不争啊。"安安妈妈接着说："当然，除此之外，我来这儿还有一个目的就是安安写作业太慢，完全没有时间观念。老师现在下了课得揪着他改错，那他有时也趁老师不备，挣脱着溜走。毕竟几门主课老师都是女老师，拽不住他，然后就找家长。我对他说，他每次答应得好好的，可到了学校还那样。"

最后和安安妈妈确定三个问题：写作业慢，准确率低，在学校没朋友。

### 第一次训练：建立自信——"我能行！"

安安的训练时间是周日晚上 8 点，奔波了一天去上各种课外班的安安还是拖着疲惫的小身体准时来了。我看着安安就有些心疼，不到 8 岁的孩子个头不高，一副有着酒瓶盖厚的镜片的眼镜架在小小的鼻梁上，肩膀松松垮垮地耷拉着，走路也拖着地走。见到安安的一刹那，我想第一步什么都不干，先把孩子的自信心建起来才能说别的。就像建一座漂亮的高楼大厦（自我管理、目标管理、时间管理），首先打一个坚实的地基，否则只忙着建高楼，地基不稳，迟早得坍塌，或者没有效率。

安安进到咨询室好奇地东张西望，但还是习惯性地低着头。我先开口："安安，请问在学校老师和同学怎么称呼你呢？"他终于抬起头，有些莫名其妙地仰头看着我，低声说："陈秋安。"我接过话："好，陈秋安同学，你看这个玩具架上有很多不同主题的东东，有的是小人儿，有的是动物，有的是汽车，还有的是飞机……接下来我要请你帮忙，选各种你喜欢的东东摆在桌面上，好像画一幅画给我看，好吗？"安安也不理我，径直跑到书架边拿起一只最大的绿色恐龙就抱在怀里，接着目光专注地挑选其他自己喜欢的东东。最终当他完整地摆出"一幅画"时，才终于坐在黑色的转椅上，仍低着头，好像在等着我"批评"他的作品。我先问安安："请问，你最喜欢哪个动物？"没有任何迟疑，安安就迫不及待地冲我大声嚷着："小狗。我原来有一只，叫小安安。我都养了 3 年，我每天回家都能和它玩儿，告诉它我好多不开心的事儿。可是，妈妈非说太脏，不让我养，就送到乡下大舅家了。我一年都见不了一次小安安，我们离得太远了。"安安边说边又低下头，耷拉着脑袋不说话。我听了倒是心里暗喜，知道这将是一个很好的突破点，晚些时候就能派上用场了。安安对小安安绝对是非一般的感情，否则，以他这么腼腆的孩子来说很难一下子就打开话匣子，和我说这么多话。我接着问："陈秋安同学，请问你对自己的作品满意吗？"我看到安安只是仰头笑嘻嘻地看着斑点狗，然后回答："满意。""那请问你觉得这个作品有什么优点？说出一个优点，加 1 个魔币。"安安依旧笑容满面地仰头看着他的斑点狗，似乎斑点狗给了他足够的力量，去完成我布置的任务。"嗯，我这个故事很有趣，有点儿像连续剧。"我马上大声肯定安安："非常好！两个魔币。我很好奇，为什么有点儿像连续剧？"安安有些结结巴巴地说不上来，"嗯"了半天，终于凑成一句话："一个小孩碰到另一个小孩，后来又碰到了恐龙。"我接话："非常好！还有呢？"看孩子实在说不上来，我问了一句："陈秋安同学，我还发现了一个优点，你的作品配色非常漂亮，绿色的恐龙，配上金橙色的小女孩头发，再加上粉色和湖蓝色相融合的外套，几种颜色配在一起，显得整个画面活力十足！你如果同意，我就给你加 1 个魔币。"安安还是深情地望着他的斑点狗，点头说"好"。

　　机会来了，我试探着问安安："陈秋安同学，我发现你太喜欢小狗了，我要交给你一个不可能完成的任务。从现在开始到下周咱俩见面，你在你们班里挨个同学问问，看谁像你一样也喜欢小狗。只问一个问题就好，'你喜欢小狗吗？'我觉得你们班一定也有别的孩子和你一样这么喜欢小狗。找找看，好吗？"安安居然有些害羞地点点头同意了。

### 第二次训练：训练孩子的时间观念

还是周日晚上 8 点，安安落落大方地向我打了招呼，就站在妈妈身边不说话了。我拉起安安的手脚步轻盈地走进游戏室。一进游戏室的门，安安就像变了一个人，镜片后面两只小眼睛发着光，有些兴奋地说："露露飞，我每个同学都问了，最后找到两个同学和我一样都喜欢小狗，一个男生，一个女生。我们下课以后说了好多，上课铃响了都没说完。我们同学家的小狗一个叫'黑哥'，一个叫'可乐'。我说我家小狗叫'小安安'，他们居然说是我儿子，所以才叫'小安安'。"话没说完，安安自己还捂上嘴不停地笑了又笑。我心中狂喜，首战告捷！于是，我马上肯定他这么快就找到了两个朋友。安安的自信心在我们击掌相庆的那一刻至少涨了三成。每个孩子都需要有成功的体验和与之相伴的成就感，不是吗？

接下来，我拿出一张 A4 白纸和一支铅笔递给安安。看他有些茫然，我马上开口："陈秋安，既然你这么能干，今天我还要交给你一个任务。请在这张白纸上做一个 60 分钟的计划。时间怎么分配你自己决定。""我能都玩儿吗？"安安明显有些底气不足地盯着我问。"当然，这都是你的时间，你做决定。可是我需要你告诉我你都玩儿什么？例如，星球大战你准备分配多少分钟，你需要在白纸上写'星球大战'，如 20 分钟，其他你还要做什么都一一列在上面。最后，总时间加起来不能超过 60 分钟。"安安沙哑的嗓音响起："Got it（明白）。"接下来我就看着安安对着桌上的游戏目录，一边想一边往纸上写着也许是他人生的第一份计划。我们按照孩子的计划时间、科目以及优先次序一一实施。

### 第三次训练：训练孩子完成作业的速度

安安蹦蹦跳跳地跑进来向我宣布他的"伟大胜利"："露露飞，我都有 3

个朋友了，我们下课不是都在操场上玩儿嘛，上星期我每天下课都在操场上问别班的同学看有没有也喜欢小狗的。3 班的一个男生也喜欢，他家现在就有，那只狗特别好玩儿，每天叼着他的鞋在他们家客厅来回溜达。"我们激动地抱在一起，分开后又看着对方兴奋过度的红脸笑个不停。好不容易不笑了，我拿出事先准备好的 A4 白纸和墨绿色 2B 铅笔递给他。他接过来，一点儿都不茫然，对着目录写起来。和上次一样，我们按照计划一项一项实施着。可在一项新加的游戏中不太顺利。这个游戏涉及的大量内容都是安安最头疼的数学。安安明显有些左顾右盼，时不时地动动右手边上的彩色 EQ 玩具。"安安，咱们一次只干一件事。我相信你一定能做到！"我发现问题之后马上和安安说。安安明显好了一些，但是 5 分钟后，可能游戏内容确实有些难度。所以，安安的小手忍不住又去玩那个彩色玩具，但 1 分钟后他好像突然意识到什么似的，把手又偷偷收回来，最好笑的是他的小眼睛还悄悄眯着往左瞄了我一眼，碰上我的眼睛后还是有些"心虚"地转回来，假装看别处。我马上说："陈秋安，我要给你 3 个魔币！你做得太棒了！你特别想玩那个彩色玩具，你碰了一下就马上把手收回来。因为咱们一次只干……"我故意拖长声调，等着他补充。"一件事。"安安听到表扬，马上小胸脯挺着，大声说，后面的计划就容易多了，安安已经知道一次只干一件事了，相当专注。

## 第四次训练：训练孩子完善作业质量

周六晚上 8 点的钟声一过，我站在咨询室门外，只为安安的到来。楼道远处的地方已经听到急匆匆的脚步声，一看到我，安安立马扑过来，给我一个大大的熊抱。我们相互拉扯着进了游戏室，就这么几步路，安安还是迫不及待地和我分享他这周和好朋友在一起的高兴事，进到房间，我继续静静听着，眼里满是欣赏之情。安安显然已经感受到了，更加兴奋地手舞足蹈。等他说完，我也将早已准备好的 A4 白纸和铅笔递给安安，拍着双手快乐地说："开工喽。"受到我的感染，孩子也兴奋地把纸和笔扔向空中重复着"开工喽""开工喽"。"陈秋安同学，今天的任务还真有点儿难度。"我小心翼翼地试探着。"没问题！"天哪，眼前这个小胸脯挺得高高的、小眼睛圆睁、眉眼间透着自信的孩子还是那个几周前蔫头耷脑的小孩儿吗？我真的相信孩子给点儿阳光就灿烂啊！我一边递给安安一张魔法全测（专业学习速度及精度测试），一边说："陈秋安，今天你的任务是完成魔法全测并且做完自己检查。我检查，如果全对，6个魔币。如果有错，一次改对4个魔币，需要两次改对两个魔币，需要3次改对1个魔币。"魔法全测？安安来了精神，拍手说"好"！当听到一次6个魔币时，安安兴奋地举起食指和中指超大声地喊"耶"。

安安坐在我们古色古香的书桌旁非常专注地做着自己的魔法全测。我马上肯定孩子头不抬，手不停，眼睛一直盯着自己的卷子，非常专心。安安朝我飞快地用手指比了一个"2"就又埋头奋笔疾书了。31分20秒，安安结束战斗，扫了一眼计时器就美滋滋地等着我表扬了。我笑嘻嘻地望着他说："你神了，31分钟就搞定！咱们接下来就看看6个魔币是不是一次就扛回家了啊,嘿嘿！"我认真地从上往下看了一遍，发现了两个错误：（1）450/5=80；（2）98/2=46，并在魔法全测上方标了一个2。安安有点儿急了："啊？错了两个？"我双眼笃定地看着他说："我知道你能找出来。"安安看了几分钟后，着急地冲我小声嘟囔："没有。"看我没有反应，又试探着吞吞吐吐地说："你会不会看错了？有什么误会？"我还是含笑不语。他也慢慢平静下来，反反复复地左看右看，有时还在边上打个草稿，再算一遍什么的。终于，他大声喊："肯定是这个吧？我都找到了。"我轻声说："我不知道，你改好了给我。"孩子递给我以后，我伸出右手，他马上反应过来，大嘴咧着呵呵笑着和我的手撞在一起。我观察到安安是个非常有想法的孩子，因此，当务之急是需要引导孩子找出他认为的好办法来解决这些问题，否则，按照传统方法告诉他怎么做，他不执行，粗心问题依然还会存在。所以，我接下来引导孩子自己为自己的口算错误来想办法。他想到了好几个办法：（1）做完一遍再检查一遍；（2）别着急，慢慢写。

## 第五次训练：训练孩子提高学习效率

又是周六晚上 8 点，一进门安安妈妈就边抚摸着安安的头边向我报喜："我们安安这周英语考了 98 分，数学考了 93 分，老师还发短信给我让我回家表扬孩子，在微信群里发的孩子单元测试优的同学名单里居然也破天荒地有了'陈秋安'的名字。"安安缩着小脖子有点儿害羞地站在妈妈身边，可他一脸的成就感告诉我他此刻正在"心花怒放"中。

一进游戏室，我就对安安耳语："安安，咱们今天不学习，一起做一件特别好玩儿的事。""什么呀？什么呀？"安安愉快的声音响起，有孩子在的游戏室气氛才对，马上充满了欢乐！我大声说："我发现你特会找捷径，而且也知道怎么快速解决问题，你今天做一份高手秘籍吧，这样，咱们可以帮助那些在学习上有很多困惑的小同学，好吗？"听到能帮助别的同学，安安有些小小的兴奋，连声说："对，其实谁不想考好啊？我也特别想。"

安安在 A4 纸上又是写字，又是用彩笔在上面涂涂画画，中间还不断地找我要橡皮、尺子，还跑过来特认真地和我讨论"高手秘籍"的广告语。我们你一言、我一语地说了半天，最后决定头脑风暴，把每个人想到的广告语都写下来，最后再由安安决定用哪个。安安的最终决定是"让学习提高，快来买吧！"高手秘籍终于完成，安安兴奋地手抄了两份，一份给我，另一份说要带给妈妈。

### 高手秘籍——让学习提高，快来买吧！

**听写得优：**

（1）回家复习时要听写，还要把语文书看一遍。

（2）掌握得比较好。

（3）上课认真听，不做小动作。

（4）老师让认字时你就都认。

（5）写大练字本时，写得很好。

（6）一次只干一件事。

**数学得优：**

（1）上课时认真听（老师讲课时，眼睛一直冲着老师，手也没玩儿橡皮、尺子，积极回答问题，不东张西望地玩）。

（2）写字时很好看。

（3）一次只干一件事。

（4）改错及时。

**20分钟写完6道题（前3个办法最有效）：**

（1）一次只干一件事。

（2）不抬头。

（3）不看其他人的作业。

（4）写的速度快。

（5）不和别人说话。

## 案例九：爱发脾气的大奇变得安静了

2010年夏末秋初的一个下午，我应邀去一家世界500强企业设在京郊的工厂做亲子关系讲座。前来参加讲座的都是已身为人父人母的各部门员工以及部分高管。两个小时的讲座结束后，现场的家长围着我，不断地就自家孩子的具体问题发问。我注意到其中有位先生就站在我身边，他又大又黑的双眸紧紧盯着我，仔细听着我说的每一个字。终于他在别人发问的间隙抢了一句话："老师，我孩子有特殊情况，我在旁边等你，一会儿详细和你说。"我不由自主地点点头，可心中也在好奇地揣测一会儿会听到什么不同寻常的故事。10分钟后，那位父亲眉宇间充满痛苦地向我描述了他正在上小学的儿子，他的语速非常快，"我这孩子现在10岁，四年级，这孩子我看没法儿要了！"说完他重重地叹了一口气，这位父亲非常聪明也很敏感，马上看出我有些疑惑，接着讲了一连串儿孩子平时的表现，似乎在为他刚才的定论提供证据。"在学校小卖部里偷东西都让人告到家里，撒谎，我跟你说他撒谎那是张嘴就来，都不用打草稿，而且现在最可气的就是他有时撒更大的谎来圆他之前撒的谎，发脾气说脏话，他要不想写作业，你催他，越催越不动，最后催急了，他直接把作业本扔到家里花园的游泳池里，完全不管这样做的后果。在班里大家都在上课，他因为什么事儿对前面的同学有意见，马上推翻前面的桌子，一点儿不管不顾。都10岁的孩子了，一点儿责任心都没有，怎么办啊？"说完又意味深长地盯着我看了十几秒钟。我注意到他在中间描述时怒睁双眼，拳头还紧紧地握在一起，随时都能出手"砸人"，可说到最后时，语气中充满了无奈，拳头松开，双手也不自觉地耷拉着，垂在熨得笔直的裤缝中间。接下来，我和大奇（孩子的小名）父亲确定了对大奇的3个训练目标：（1）不发脾气，能控制自己的情绪；（2）诚实；（3）上课注意力集中。

### 第一次训练：建立自信——"我能行!"

周六早上10点，门外急促的"叮咚"声响起，我弹簧一样从椅子上弹起来开门。门外是满脸笑意的大奇爸爸和妈妈，大奇倒是一脸酷酷的样子，两只手插在兜里，一进门就四下张望着。"先叫'老师好'。"大奇妈妈催促着。大奇还是一副无所谓的样子，目光漠然。有意思的是这小子时不时会偷偷打量我一眼，可仍是一言不发。我热情地招呼大奇进到游戏室，并请大奇的爸爸妈妈在豆豆妈妈的橙色大厅等候。

大奇晃晃悠悠地跟我进了游戏室，脸上还是那副谁都不服的表情，似乎在向我挑衅。直到我说游戏室只有一个规则就是你不能打我，他才扑哧一笑，乐出声来，可那可爱的表情转瞬即逝。我知道只有游戏才能让他恢复孩子的真实状态，我也才有机会进入他的内心，进行引导，真正解决孩子的问题。因此，我从灰色的大帆布包里拿出各种各样的动物玩偶，大大小小三十多个满满地铺了一地。大奇脸上的表情开始出现了一些变化，他觉得莫名其妙，不知道我要唱哪出戏，愣愣地看着我。

我蹲下来，举起其中一只玩偶递给他说："来，我们玩一个游戏，这么多动物玩偶，你来当导演，导一出大戏给我看。"他来了兴趣，小身子非常灵活，马上也蹲了下来。可很快他又站起来问我："可是演什么呢？"看到他眼睛里开始有了亮光，我知道他已经开始对这个游戏有了兴趣。

我马上大声肯定他："你脑子转得真快！游戏主题是你在学校的一天，可以演一件或者两件让你特别愤怒的事情。你当然可以从这些动物玩偶里面寻找你需要的演员。你可以给我台词，让我来演这部戏中的一些人物，如你的同学、老师什么的都可以。再从中找一只像你的动物来代表你自己。"大奇马上行动起来，挑选、思考，并把他找到的动物玩偶一一铺在淡黄色的地毯中央。

他把一只灰色身子、吐着粉红色舌头的雪狼递给我，同时愤愤地大声说："这是我们老师，她就是一只狼。她永远在批评我，这也不行，那也不行。她还偏心眼儿，别的同学干了坏事儿她就不说，我干一件她就马上给我爸打电话或者让同学给我告状。她坏透了！"他气得小脸刷白，在地上走来走去。我慢慢地坐在那儿听着，试探着伸出左手在他背上划了划。看他没有厌恶地推开，反而好像有点儿受用。我一边轻轻地拍着他的肩膀，一边说："嗯，你非常生气，你觉得老师不公平。""对，"他眉头紧锁，小拳头紧紧攥着，掷地有声，"昨天下午第二节课课间时她就这样。"

我从地上一跃而起，有些兴奋地对他说："哎，不如我们把她演出来，行吗？"大奇拍手称好。我看着他手忙脚乱地把挑出来的玩偶套在自己和我的手上，开始说话："下课了，我在教室外面的地上蹦来蹦去，来回跑着玩儿。突然，我们班小薇大喊起来，冲我嚷嚷，'你踩我手了'。朗朗跑去告诉老师。然后……"大奇示意我举起手中的雪狼挡在眼前，他在一边配音，捏着声音模仿老师又尖又亮的嗓门："干什么你，你为什么踩小薇的手？多疼啊！"这时大奇举起自己手中的小狗："老师，我不是故意的。"他接着模仿老师的声音说："什么不是故意的，你每次都这样，你这孩子就是成心。别以为我不知道，不就是因为我让小薇盯着你改错，你故意报复，踩她的手嘛！"大奇接话："没有，老师，我真不是故意的。"老师的尖嗓门儿再次响起："行啦，行啦，我给你爸爸打电话，让他好好教育教育你。"

"你爸爸回家凶你了吗？"我小心翼翼地问了一句。大奇一脸厌恶地捡起地上的一只猪套在右手上接话："我爸爸就是一头蠢猪，老师说什么他都信，他凶我：'你为什么故意踩同学手，你把人踩坏了怎么办？你学习这么差，还故意踩同学手就因为人家催你改错。'"话音未落，大奇就用右手的猪不停地砸向他左手上的小狗，同时还恶狠狠地说："我打死你，打死你这个不争气的东西。"我缓缓地将雪狼放在了地毯中央，对大奇说："你一定很生老师的气，你明明不是故意的，可是老师误解你，还害得你回家挨了爸爸一顿打，对吗？""对，老师太坏了！"他突然冲向地毯中央，对着雪狼拳打脚踢，雪狼在地毯上不停地翻滚着，大奇嘴里也一直念念有词，狠狠地说着老师平时对他不好的很多事情。突然，他又把套在右手上的猪拔下来，和雪狼一起打。

我在旁边紧紧地盯着他的每一个举动，同时，嘴里也在说着："宝贝儿，我知道你平时受的委屈太多了，都说出来吧。在游戏室里你可以做任何出了这个门不能做的事情。"大奇对两个玩偶大打出手，大冬天的，孩子居然头冒白汗，鬓角处的头发都湿了，一绺一绺的，小脸气得通红，充满愤怒的两只大眼睛向外鼓着。十几分钟后，他终于打累了，一屁股坐在地上，大声喘气，慢慢地他平静下来，我开口说："我知道你肯定不是故意踩同学手的，对吗？"他两只圆圆的大眼睛定定地看着我，使劲点头说："对。""好。那你快想个好办法，下次怎么避免踩到同学的手？"大奇摇摇头，一脸茫然地说："没办法，我在地上玩儿呢，小薇蹲在地上那谁看得见。哦，对了，可以让小薇到别的地方去玩儿啊，这样，我就不会踩到她手了。"说起后面的这个办法，大奇的积极性显然增加了一些。"没错儿，是个好办法，我就知道你能想出办法来。"我鼓励道。

大奇有些洋洋得意。我乘胜追击，接着"出招"："好，我来个难的，看你怎么办？"我有意停顿了一下。"什么？什么？"大奇追着问。"小薇就想在地上玩儿，不想去别的地方，但是，你就喜欢在地上跑来跑去。"大奇歪着头，一言不发坐在地上开始啃指甲。我静静地看着墙上的表，3分钟以后大奇仍旧坐在地上啃着他的指甲。我心里也着急，但是决定就这样慢慢地等着他。4分钟后，他从地上一跃而起，顾不得从嘴里掏出手指，兴奋地说："露露飞，这好办啊。我玩之前先观察一下地形，看看地上有没有人躺着啊、卧着啊什么的，然后等我快到他们面前时，我绕着走。"

我笑盈盈地看着他，伸出大拇指，兴奋地喊："我就知道你有的是办法！"大奇更得意了，嘴都咧到耳根子后面了。我也不说话，继续笑着看着他。他急火火地大声喊："还有一个好办法，小薇非在这儿玩，我可以去别的地方玩儿。"我马上大声肯定孩子："大奇，我就知道你肯定有办法解决，你看，你想了想就解决了。"此时的大奇气定神闲地说："我想解决的事我都能解决！"

正如我的恩师钟思嘉先生10年前就告诫过我的，有情绪问题的孩子先解决情绪后再去集合他的资源解决他父母困惑的问题。而且，在我的咨询工作实践中我也发现，通常有攻击行为的孩子，如发脾气、搞破坏等，他自己本身也是有意无意地受到了很多伤害，所以他们的第一反应通常是防御，因为他们觉得这个世界上没有人爱他，在乎他，理解他。

### 第二次训练：训练孩子的时间观念

周六，大奇和我进入游戏室，我拿出一张 A4 白纸和铅笔递给大奇。大奇有些莫名其妙，可能在想露露飞又搞什么新名堂。第一次我就观察到大奇是个非常有想法的孩子，你一定得先告诉他你这样做的目的，否则他才不会逆来顺受、乖乖就范呢。"大奇，游戏室是干吗的？"我继续卖关子。"当然是玩儿啊！"大奇歪头看着我理直气壮地说。"好，咱们来做 80 分钟的计划，看看都玩儿什么！你做决定。"大奇这才接过纸边思考游戏台上的各类游戏，边往纸上写着名称。貌似可以玩的游戏太多，大奇一直在那里删删减减，有的项目是删了，想了一会儿，他又加上去。8 分钟过后，大奇递给我他的计划："EQ toy 20 分钟，菠萝菠萝蜜 20 分钟，天才画家 20 分钟，魔法城堡 20 分钟。""非常好！接下来还是你做决定，看看先玩儿哪个，后玩儿哪个，排排序。"大奇更兴奋了，拿过来唰唰几笔做好排序。定好时间后，我们也就按顺序一个接一个地开始执行。

当最后一个游戏的定时器响时，我冲大奇竖起大拇指并大声说："哇，你第一次做计划表，就能一遍过，太厉害了！时间和你要玩儿的游戏都掐得相当精准，而且重点是我注意到有一个游戏你其实还想再玩儿，但是定时器响了之后你还是果断地收了，换下一个游戏。服了！"我两只手抱拳冲他作揖。大奇可能觉得我太滑稽了，笑得前仰后合。

### 第三次训练：训练孩子完成作业的速度

周六早上，听到门铃响，我知道大奇一家人来了。大奇妈妈一脸的阳光，和窗外的雾霾天气形成了巨大的反差。大奇妈妈温柔地往前推着孩子："你跟豆豆妈妈说说。"大奇脸有点儿红，不好意思地让妈妈说。"谢谢你。大奇班主任牛老师特意给我们发了短信，说孩子最近进步特别大：（1）数学老师当着全班同学，举着孩子的数学作业本说'你们看看大奇写得多工整'。（2）改错时会问别的同学题怎么做。（3）写作业时，桌子上都摆着字典和辞典，就怕写错。其中有个词'糟糕'，他在字典里没有找到，问老师说没有'糟糕'的解释。老师说那你先查'糟'，如果没有就查'糕'。第二天课堂练习时，能够举一反三，字典里没有'公司'，所以自己查了'公'，找到'公司'两个字，并成为班里唯一一个写对的同学。"

我拉着大奇进了游戏室，没等关上门，我们俩就超默契地伸出各自的右手，击掌相庆！我也不忘揶揄大奇一把："大奇，你现在是你们班主任的姓，牛啊！"大奇咧开嘴哈哈大笑。如往常一样，我递给大奇一张 A4 纸和一支铅笔。"来，大奇，任务增加难度。请打开书包，把你的记事本拿出来，列个计划，预测每项作业的完成时间，当然，你有特权，可以按照你喜欢先完成的作业排列先后顺序。"大奇相当合作，很利落地把书包里的书和本拿出来，一边对着一边开始列计划。5 分钟后就递给我他的计划。我一边看一边笑，同时冲他竖起了大拇指："你太厉害了，居然还能给自己找出 20 分钟玩的时间。好！"大奇用旋风般的速度打开书和作业，全身心地投入作业中。孩子一直做得非常专心。最终，他顺利地完成了计划中的各项内容，而且也如愿以偿地玩了 20 分钟。

### 第四次训练：训练孩子完善作业质量

周六一早 9 点刚过，大奇已经迫不及待地拉着我的手奔向游戏室了。一进门，他反客为主，一脸兴奋地问我："说吧，今天什么任务？我肯定能完成！"我开心地大笑起来，"行！跟游戏闯关一样，肯定是越来越难。今儿这关的难点在于你需要自己检查作业后再交给我。我再复查，如果全对，加 6 颗星，当然，如果有错，自己去找，第一次能改对，加 4 颗星。如果还有问题，再拿回去改，第二次能改对，加 2 颗星，第三次加 1 颗星。"大奇一路小跑到书桌前，一把抓过桌上的纸和笔开始列计划。我只是象征性地扫了一眼，对大奇的计划我已经很放心了。他又一路小跑拿起沙发上的书包，"哗啦"就把里面所有的东西倒出来。他很快拿出自己需要的书和本就写起来。整个过程他完全做到了头不抬，手不停，眼睛一直盯着书本。等他检查完，我看了一遍，居然全对。他马上"耶"了三声，还把右手攥成小拳头用力往下一挥，超有成就感的样子。接下来，我激动地和他分享了我内心的喜悦，我们击掌相庆，很默契地笑了。

### 第五次训练：训练孩子提高学习效率

一周一周过得真快，转眼就到了大奇的最后一次训练。我先请大奇拿出书包里所有的作业本和考试卷，特意指着其中的优\*\*、优和 95 分等高分问大奇："你是怎么做到的？我太好奇了！"大奇豪放地坐在地毯中央，神气地对我说："拿笔来！"我很配合地双手送上 A4 纸和笔，并且说："你要的草纸和神笔都拿来了，请写一封高手秘籍吧，待日后留给世人传看。"大奇"笑点"低了一些，他又坐那儿捧腹大笑。笑过后却也认真地开始边思考边下笔了。

整整 30 分钟，大奇都没有离开座位，一直在研究他的"高手秘籍"。好不容易看着他写完了，他又主动提出来今天不玩儿了，就是把这一件事做好。考虑到他以前的表现以及总结成功经验会大大提高他的学习效率，我马上同意了，可又忍不住好奇地多问了一句："不过，我看你好像已经写完了呀。"大奇手一挥，颇有点儿领导的范儿："这个不行，这是初稿，我现在要与作业本上和书上都对一遍，然后你再给我一张纸，我要工工整整地誊写到一张新的白纸上。"我向他竖起大拇指，按照他的要求给他一张 A4 纸。他全神贯注地开始执行自己刚才订好的计划。直到训练快结束，他的脸上才露出满意的微笑，递给我一张"高手秘籍"——大奇学习的成功经验。

## 高手秘籍——大奇学习的成功经验

**语文：**

（1）平常不会的字就查字典，顺便看看其他的字。

（2）卷子上不会的字，看看卷子上有没有。

（3）多看书（3～4遍）。

（4）多看像全解一样的书。

（5）多看书上的标点符号。

（6）选择正确的读音，多读几遍词，再写。

（7）看好题目，再做题。

（8）看好关键词，以及不能少于多少字的字数。

**数学：**

（1）上课听讲：眼睛看着黑板。

（2）时针题：最长、中长、最短；认识半圆仪。

（3）眼睛看着老师。

（4）先看出的是什么问题。

（5）自己用半圆仪测量。

（6）看好题目，再做题。

（7）不会的题，做竖式。

**英语：**

（1）用心听。

（2）阅读，看课文不能直接蒙。

（3）写句子，第一个字母要大写。

当我把这张孩子用心写出的"高手秘籍"交到大奇的爸爸妈妈手里时，他们一个字一个字地仔仔细细读完后，什么都没说，拉着孩子向我深鞠了一躬。我也深深地向他们回鞠了一躬，并且饱含深情地摸着大奇的头对他们说："谢谢你们对我的信任，让我能够有机会和大奇开始一次神奇的魔幻成长之旅！"

## 案例十：丢三落四的彤彤更细心了

2013 年秋天，我应邀做客 EF 家长论坛，当天的讲座主题是《孩子不听话，家长怎么办？》。讲座结束，现场家长的掌声刚停，就看从后排跑过来一位老人，她的腿脚不是很利索。当老奶奶跑到我跟前，还没把气喘匀就用右手指着投影大屏幕说："我们那小孙女儿就是刚说的那种丢三落四、粗心大意的孩子。我是孩子的奶奶。她爸爸妈妈都是外交部的，长年驻外。你看人家挺信任我，把孩子托付给我，我也没给孩子养成好习惯。这孩子吧，东西乱，常丢铅笔、橡皮。还经常找不着作业本、练习册。一个小姑娘还特别粗心，5 和 8，2 和 7，0 和 6，经常不分，她写的东西太乱，自己都不知道写的什么，所以计算第二步时，看不清第一步的数，那肯定得算错……"听到这儿，我知道这个训练难度不小，因为爸爸妈妈在国外完全配合不上，我又很难请老人家去看一些参考书籍。总之，我需要在孩子身上倾注更多的精力才行。由于后面还有家长问问题，我递给奶奶一张名片，请奶奶先回去想想需要训练的 3 个目标。这个奶奶很酷，会用电脑，周　我居然收到了彤彤奶奶的 3 个训练问题：（1）丢三落四，粗心大意；（2）磨蹭；（3）胆小不自信。

### 第一次训练：建立自信——"我能行!"

周日下午两点，门铃响起，我开门，看到的只有奶奶一个人，彤彤呢？

奶奶喊了两遍："彤彤快来叫'老师好'。"没有人回应。第三遍时，奶奶有点儿急了，想把她从身后给拉过来，彤彤开始往楼道里退，两只漂亮的大眼睛倒是一直盯着我看。我轻声和奶奶说等一下，就转身回屋拿了一个动物玩偶——一只粉红色的小斑点狗。我把小狗套在右手上，身子躲在门后，只探出右手上的小狗，用非常富有磁性的声音先"汪汪汪"叫了几下，然后，捏着嗓子细声细气地说："彤彤，彤彤，咱们一起玩会儿打鸭子好吗？"可能是听到了打鸭子（很多孩子在学校最爱玩儿的一个游戏，类似打沙包），我似乎听到彤彤的脚步迟迟疑疑地往前蹭。三四分钟的光景吧，彤彤终于"挪"过来了。我小心地拉着孩子的手进入游戏室，并请彤彤奶奶在豆豆妈妈的橙色大厅等候。

我领着彤彤来到游戏架前，指着各层不同的汽车、人物、交通工具、建筑物等给孩子介绍，并请她从上面拿任何她喜欢的东西，最后完成一个作品给我看。看到那么多好玩儿的玩具，彤彤一下精神了。她开始一趟一趟地从架子上往下搬东西，完成她的作品。她先把一个木制房子放在中央。然后陆续往里面搬东西。突然红色的房子塌方了，彤彤抬眼看着我，问："怎么办？"我笑着拍拍她的小脑袋，轻声说："来吧，我们的小侦探，你先去看看是什么原因把咱们的房子弄塌了？"她蹲在那儿仔仔细细地看了一遍又一遍，突然兴奋地喊起来："老师，我知道了，房子的螺丝太少了，所以房子只能站一小会儿。"我马上伸出拇指鼓励她："你说得对，房子的螺丝少了3个，你的观察力真棒啊，真是个细心的孩子。"彤彤有些不好意思了，胖嘟嘟的小圆脸上绽放出自信的笑容。我接着引导："彤彤，你这个细心的优点奶奶知道吗？"彤彤的小嘴马上就噘起来了，声音很小，扭扭捏捏地晃着小身子说："奶奶老说我粗心。"我马上大声说："粗心的孩子能发现螺丝少了吗？"小姑娘抿嘴笑了。我继续说："宝贝儿，一会儿下课后我要把这件事告诉奶奶，让奶奶重新认识我们的小姑娘，好吗？"彤彤很用力地点点头。"好了，那现在咱们怎么办呢？"我问。彤彤马上回应："这还不简单，加螺丝啊！"我试探着吞吞吐吐地说："可是咱们没有螺丝呀，怎么办？真有点儿难。"我一边说一边观察彤彤的反应，小人儿皱着眉在那儿想呢。几秒钟过后，彤彤蹲下小身子忙活起来，一会儿用小棍子挡一下，一会儿用椅子靠一下，但是怎么都不行，有的干脆就不行，有的坚持了几秒又掉了。我多少次想告诉她，你把房子的一边靠在墙上就能让它固定了，但是我忍住了。孩子需要的是自己面对问题，并在最终解决问题后获得成就感。她的自信心也会随之加强。看出孩子有些着急，我大声地肯定孩子："彤彤，我要给你 2 个魔币。"她惊讶地望着我，忽闪忽闪地眨着两只大眼睛。"彤彤，你看，你想了好几个办法，都不行，但你还是在坚持想办法。嗯，怎么能让房子立住呢？"我一字一顿地大声肯定着孩子。彤彤像打了兴奋剂一般更加努力地思考、尝试新的办法。5 分钟后，孩子终于想出了在两块板之间，中间部位加一个楼梯。我马上肯定孩子，她终于解决了问题，我们俩手拉手在那儿等着看看房子会不会突然倒塌。5 分钟过去了，房子安然无恙。我们欢乐地抱在一起！重点是彤彤的眼睛里亮晶晶的。我们约定下节课再完成这个作品。

## 第二次训练：训练孩子的时间观念

今天天气相当不错，万里无云。我特意早到了一会儿，开窗通风，不一会儿，游戏室里充满了阳光的味道。真幸福啊！我闭上双眼仰卧在红色的沙发上，静静地等待着彤彤和她的奶奶。两点的钟声响起，门铃也"叮咚叮咚"响个不停。我以百米冲刺的速度去给祖孙俩开门，彤彤先大声地和我打招呼："老师好！"奶奶则在一旁慈爱地摸着彤彤的小脑袋解释说她调皮，刚才不停地摁门铃。我没有接话，先肯定孩子："我们彤彤进步了，上一次还躲在奶奶身后怎么都不肯进来呢。"孩子的嘴马上咧开了，快乐得像只小鸟，接着拉着我往游戏室里走。进屋后，我先递给她 A4 纸和铅笔说："宝贝儿，来，咱们先做个 80 分钟的计划，看看今天你想怎么安排，都要玩什么。"彤彤慢慢安静下来，坐在那儿乖乖地边想边往纸上写着。5 分钟后，她递给我她的计划："作品：30 分钟；打鸭子：25 分钟；乐学宝：25 分钟。"我迅速扫了一遍后开口道："非常好！第一次做计划就能做得这么好，时间和游戏的名称都能写下来，而且没有一个错别字，厉害！"

这一次她可是熟门熟路，马上就把房子搭起来了，一会儿从架子上拿一些小椅子、小桌子，一会儿再拿些食物（塑料制品），巧克力、鸡腿儿、可乐什么的，我在旁边看着，含笑不语。25 分钟后，她拉着我的手去看她的作品。由于时间比较紧，我也想通过这个作品更多了解孩子的内心，于是，我就请小朋友给我讲个故事，彤彤拍手大声说好。

从作品来看，孩子的学习"压力山大"啊，她每天盼望的只是玩儿。在游戏室里先让孩子快乐地畅想一下吧。看到孩子胖胖的小鼻子尖儿上因为刚才的忙碌而生出一层细细的汗珠儿，我拿出随身携带的纸巾给孩子擦了擦。彤彤娇憨地朝我笑笑，顺势倒在我的怀里。我正在想怎么提醒孩子，后面还有没做完的事情呢，孩子猛地一跃而起，雀跃着说："老师，我还有两件事儿没干呢。""彤彤你真厉害，老师还没提醒你呢，你都开始做了，真有时间观念。"我大声地肯定着孩子，并煞有介事地仔细看了她刚才做的计划，她也抢过来拿去看，然后大声说："露露飞，咱们该做打鸭子了。"按照游戏规则，我请她把一沓纸牌平均分配给我们两个人。她盘腿坐在地上，手里拿着纸牌问我："有秤吗？"我说："没有。"她马上说："我拿自己当秤。"然后左手放一沓纸牌，右手再放一沓纸牌，来回称。看着她一脸的认真样儿，我开始狂笑，笑过后，我肯定她："天呐，你太有创意了！重点是你这样做更节省时间，两分钟就分好了。"彤彤得意极了，说自己很厉害的，胖胖的小圆肚子也往前"骄傲"地鼓着。我心中暗喜，太棒了，我就需要她这种状态，这样，才有可能完成我后边 3 次的训练目标。第三件事也按照既定的规则有计划地进行着。等 3

件事都做完，彤彤高兴地蹦起来。"太棒了，你成功了，都做到了！这还是那个胆小不自信的小姑娘吗？"我边喜悦地大声说着边把孩子揽入怀中。当然，这句话的后半部分被我迅速地吞入肚中，一点儿都不想让孩子听见。

### 第三次训练：训练孩子完成作业的速度

阳光明媚的下午，祖孙俩到了，从脚步声就能听出来。开门后，彤彤第一件事就是向我展示她的粉色芭比娃娃书包，急切地问我："露露飞，露露飞，我按照咱们的约定拿来了，对吧？"我也马上肯定孩子遵守约定，记忆力超强，我说一遍就能记住。彤彤心情美美地跟着我进了游戏室。一进门，彤彤就两眼亮晶晶地看着我。我揶揄她："哟，迫不及待地等着领新任务呢？"彤彤娇憨地笑笑，使劲点点头。"好，请先把书包里的记事本拿出来，数一数有几项作业，预测一下完成每项任务需要的时间，然后像以前一样，按自己喜欢的顺序排排序。最后请在每项作业的旁边写上自己预测的时间。"彤彤的两只小胖手就开始动起来了。两分钟不到，她已经在书桌旁就座了。我拿着计时器，模仿短跑比赛中裁判的抑扬顿挫的声音："各就各位，预备起，你点头发个信号，我就知道你准备好了，我再开始计时。"彤彤早笑得花枝乱颤，"饱含热泪"地点了好几下头。我看她稍微平静了一些，就喊"开始"。孩子按照自己的计划一项一项进行着。可彤彤写到一半儿多时，突然开始玩橡皮，把橡皮在桌子上搓来搓去，然后再把橡皮屑吹着玩。我不动声色地走到她面前，开始一项一项地数她已经做完的作业（记事本上孩子都做了标记）："嗯，都写了6项了，太好了！你马上就要写完了。我觉得你这么短时间能写完这么多都是因为你一次只干一件事儿，对吗？"彤彤真是聪明孩子，也不回应，马上就放下橡皮，继续完成她后面的几项作业。

彤彤如约按照自己的计划在规定的时间内完成了所有的作业，有几项还提前了10分钟呢。听着我对她的肯定，她胖胖的小圆脸上乐出了两个小酒窝。

我坚信孩子此时心里一定盛满了成就感和满足感！趁热打铁，我赶快抛出一个问题："彤彤，我很好奇，我发现你最近的记事本作业记得好像特别全，我还注意到你铅笔盒里的橡皮和铅笔上的名字标签和两周前的一模一样（细心的奶奶在孩子的名字上方还标了日期），你是怎么做到的呢？"彤彤笑着告诉我："办法很多，现在不告诉你。"

### 第四次训练：训练孩子完善作业质量

周日下午两点，我在楼道里等着彤彤祖孙俩。一见到我，奶奶就笑容满面地向我夸彤彤："我们彤彤啊，现在学校的通知、作业都能记全，橡皮、铅笔什么的都能记得拿回来，真好。而且她现在抄作文也从原来的五六十分钟进步到现在的二十几分钟，老师见了我都夸她。"彤彤冲奶奶做了个鬼脸，祖孙俩和我都哈哈大笑。一进游戏室的门，我就先问彤彤："那么快就抄完了？我太好奇了，你是怎么做到的呀？"彤彤招手让我蹲下来，她趴在我耳朵上悄悄告诉我一个小秘密："我原来是一个字一个字地抄，一个逗号一个逗号地抄，而且中间有时候就去干别的了，等再回来时就忘记抄到哪儿了。现在我是半句半句地抄，别的事情放在后面。你忘啦，你说我写作业快是因为我一次只干一件事情，对吧？"我频频点头，非常大声地肯定她："你的记忆力真强，我说一遍你就记住了。"彤彤急切地找我要任务："是不是还和上次一样？不对，肯定有新任务。"说完，彤彤笑嘻嘻地看着我。我伸出右手的指尖轻轻地点点她胖嘟嘟的小鼻子，快乐地说："你说对了，肯定是新任务，你是个有能力的孩子，当然会给你更难的任务。"彤彤假装带些小幽怨，对我撒娇："哎呀，你快点儿嘛。"我答应了，语速极快地说："今天的任务只增加了一个难点就是你在给我作业之前需要自己先检查一遍。如果我拿过来检查以后发现全对，一次给 6 个魔币（功能同红星，目的是为了让孩子用自己的好行为换取自己喜欢的礼物或学习用品）。如果发现有错，你拿回去改正：第一次改对了，给 4 个魔币；第二次改对了，给 2 个魔币；第三次改对了，给 1 个魔币。"

彤彤驾轻就熟地开始了和上次一样的流程。到最后，我看小人儿还真认认真真地坐在那儿检查呢。然后，她明显有些忐忑不安地把作业给我。我检查了一下都是些基础错误，如口算中的 18+17=38。我在作业上方标出两个错误，让她回去改正。她咬着下嘴唇，无奈地坐在那儿找，找了几遍都没有找到，彤彤像霜打了的茄子一样坐在那儿发呆。我不免有些心急，知道这样下去不是办法，会变成孩子只是在那儿耗时间，当务之急是需要给孩子找回信心。我一边调整情绪，一边积极地想办法。我恰好看到她摊在桌面上的生字本，一个"舞"字引起了我的注意，这个字儿笔画这么多，彤彤都能记住而且细心地没有写错一笔。于是，我右手指着那个"舞"字，对着她大声说出我刚才心中的感叹："你真了不起，这么多笔画你都能细心地写对每一个笔画。你是怎么做到的？"听到这儿，彤彤的双眸一亮，大声说："我就给她编了个故事，舞上有个小帘子，舞蹈口有很多格子，左边趴了一只小狗，另一边有个人在遛狗，遛得很好，然后和他就遛到舞台上，让大家看看他遛得有多好。"我心中暗自惊叹，这孩子很独特，看来只能引导她用自己的办法解决她的粗心和不爱学英语的问题。"太好了，你真厉害！那现在我给你 5 分钟，再回去找找。""好！"彤彤答应得非常痛快。两分钟后她就开始在作业本上用橡皮擦错题了，然后重写。我从远处瞄了一眼，还就是那两道题。于是，等她改得差不多要停笔时，我走过去拍着她胖乎乎的小圆脸说："就是这两道题，你还都改对了。""耶！"彤彤一蹦三尺高，看来孩子是发自内心地高兴啊！

## 第五次训练：训练孩子提高学习效率

到了最后一次的训练，彤彤一进门就拉着我的手往游戏室冲。

考虑到孩子主要是在口算方面粗心而且时间也比较有限，于是，我就请彤彤只拿出数学的口算作业。彤彤信心满满地告诉我这次一定全对，然后就全身心地投入到她的"工作流程"去了。20分钟后，她把准备交给我的口算又拿回去了，嘴里念叨着："不行，我得再检查一遍。"等我认认真真地一道题一道题地查完后发现真的全对，冲她快乐地大喊："嘿，你真的全部做对了，秘诀在哪里？"她淘气地把食指压在自己的小嘴上："嘘，不能告诉你。"我佯装生气，故意愤愤不平地说："哼，又不告诉我。"她捂着嘴在一旁偷偷地笑个不停。然后，我从桌上拿出早已准备好的A4纸和铅笔，装作无奈地说："好吧，看来高手的秘密都是不能说的，那我就准备笔墨纸砚等高手写完攻略再拜读吧。"

彤彤大笑后，慢慢把手从捂着的嘴上放下来，接过纸和笔。接着，她就开始坐在桌子前认认真真地写她的"高手攻略"。我坐在一边观察她的表情，她一会儿正襟危坐地在那儿奋笔疾书，一会儿又右手托腮做冥想状，中间还翻翻她的书包和作业本。难道书包里还能找到灵感？我暗自思忖着时，她突然又抓起笔在纸上书写起来。

20分钟后，她走到我面前，恭恭敬敬地还给我刚才的A4纸，一份"高手攻略"跃然纸上。

## 高手攻略

**丢铅笔、橡皮、尺子：**

（1）在铅笔盒里只放铅笔、橡皮和尺子。

（2）把多余的藏在书包里的第一个口袋里。

（3）借给同学的，放学的时候去找同学要。

**数学：**

（1）口算时做记号。

（2）认真仔细，每个字写工整。

（3）认真审题，看准题。

"太完美了！"我惊叹。可能是受到我的情绪的影响，孩子决定拿着由她自己设计完成的"高手攻略"去橙色大厅找奶奶，给奶奶看，我想她是想让奶奶也来分享自己的成功！

# 豆豆妈妈亲子成长档案
## （电子版50页）

关注豆豆妈妈微信公众号 doudoumama2004 免费获得《儿童时间管理训练手册——30 天让孩子的学习更高效（升级版）》训练表格电子版（50 页）。

当您关注豆豆妈妈微信公众号并下载《豆豆妈妈亲子成长档案》的时候，就是您准备送给孩子最好的礼物——不吼、不叫、不纠结的家长之时。

不吼，即生气了，但是不对孩子发脾气。生气是因为孩子没有达到自己的期望，换句话说就是自己对孩子的期望高于孩子当下的水平。因此，家长生气不是孩子的错，对孩子发脾气不仅无效，反而有害。

不叫，即不再对孩子提醒、催促、唠叨、警告、奖励、贿赂等。这种"狼追型"方法只能让孩子因为恐惧、焦虑、不安等被迫做事，不仅没有效率，而且会扼杀孩子的主动性，贻误孩子的成长。

不纠结，即看到孩子的种种行为，无论好与不好，都会发自内心地接纳、理解孩子，并给予及时的帮助，真正遵循了民主教育的原则：放弃控制，尊重孩子，信任孩子，允许犯错。

这份礼物弥足珍贵，不是钱能买到的，而需要家长付出时间和精力，就像妈妈孕育宝宝的过程一样，您的每一次记录、每一条美言录、每一次戒吼、每一次发脾气后的反思……无不是爱的表达。

我们都不缺少爱，我们欠缺的是爱的表达能力！这种能力的提高仅有知识是不够的，还需要日积月累的学习和坚持。"不吼、不叫、不纠结"是三个不同层次的、逐渐递增的境界。《儿童时间管理训练手册——30 天让孩子的学习更高效（升级版）》+《豆豆妈妈亲子成长档案》的目的就是帮助家长"学中做，做中学"，随着家长爱的表达能力日臻成熟，自己的人生境界也会不断提高，并终将成就孩子的幸福人生！

**说明和建议：**

1. 表格均来自《儿童时间管理训练手册——30天让孩子的学习更高效（升级版）》第一章至第六章。

2. 每页下面都有"天天美言录"和"天天戒吼"，因为空间有限，您可以简单描述，更多的可以记录在手机、电脑等设备里。

3. 为了美观和可读性高，家长可以发挥想象力和创造力，比如画画、贴照片、彩笔写字、小贴画，也可以展示孩子的作品、作业等，或者邀请孩子画画。

4. 表格中虽然是"戒吼30天"，但是您可以坚持戒吼更多天。

豆豆妈妈儿童时间管理学习地图　图by：杨巍

一定要有自主时间

礼物表

星星表

时间表

沟通原则 一接纳一反映一讨论

增加任务，调整三表
原则：试运行，可调整

必须符合孩子的经济法则

期望 目标
问题 行动
三变三为
SMART原则

出现问题请回到此处检查
全科玉律
一离二呼三凉水
情绪压力状态 亲子关系

工具
任务单
重要
紧急 A
B
C 不紧急
不重要
任务排序ABC法

了解孩子在哪儿
孩子现状类型
磨蹭类型
记录时间日志

美言录 三要素 必须有 不能有
对孩子只说美言录